新世纪研究生教学用书 · 会计系列

含
MPAcc、MAud
及MBA、EMBA财会方向

绩效审计

（第三版）Performance Auditing

郑石桥 主编

东北财经大学出版社 大连
Dongbei University of Finance & Economics Press

图书在版编目（CIP）数据

绩效审计 / 郑石桥主编. —3版. —大连：东北财经大学出版社，2020.10

（新世纪研究生教学用书·会计系列）

ISBN 978-7-5654-3978-0

Ⅰ. 绩… Ⅱ. 郑… Ⅲ. 效益审计-研究生-教材 Ⅳ. F239.42

中国版本图书馆CIP数据核字（2020）第176199号

东北财经大学出版社出版

（大连市黑石礁尖山街217号 邮政编码 116025）

网 址：http://www.dufep.cn

读者信箱：dufep@dufe.edu.cn

大连永发彩色广告印刷有限公司印刷 东北财经大学出版社发行

幅面尺寸：170mm×240mm 字数：309千字 印张：15.25

2020年10月第3版 2020年10月第1次印刷

责任编辑：王 莹 责任校对：佟 欣

封面设计：张智波 版式设计：钟福建

定价：45.00元

教学支持 售后服务 联系电话：（0411）84710309

如有印装质量问题，请联系营销部：（0411）84710711

第三版前言

虽然各国绩效审计呈现不同的特色，但是，总体来说，20世纪70年代以来，绩效审计已经成为各国公共部门审计的重心，经济性、效率性和效果性是绩效审计的核心内容。我国自1983年恢复审计制度至今，绩效审计从独立探索、与国际接轨探索直至全面推进，成效显著。绩效审计在提高财政支出绩效，促进高效、精干、廉洁的公共部门的建立等方面起到了重要作用。但是，由于绩效审计在我国起步较晚，无论理论上还是实践上都还有许多问题需要解决，绩效审计的发展任重道远。

本书以绩效审计技术为重点，对绩效审计相关理论、操作及应用作了全面且深入的阐述。

本书由郑石桥主编，各章具体分工如下：第一章至第四章，郑石桥；第五章和第六章，陈希晖；第七章，贾云洁；第八章至第十章，戚振东；第十一章，王素梅；第十二章，王士红。

绩效审计涉及面较广，本书对绩效审计相关知识的介绍只是体现了我们对绩效审计的理解，这种理解可能存在不当之处，敬请读者批评指正。

郑石桥

2020年8月

目　录

第一篇　理论篇

第二篇　技术篇

第三篇　应用篇

第一篇

理论篇

本篇对绩效审计技术相关理论作简要介绍，主要包括以下内容：(1) 绩效审计概述，主要内容包括：国外绩效审计的产生和发展；我国绩效审计的产生和发展；绩效管理基本框架及绩效审计定位；绩效审计基本框架。(2) 绩效审计模式，主要内容包括：绩效审计模式概述；结果导向、过程导向、问题导向和风险导向绩效审计模式；宏观服务和微观服务绩效审计模式；独立型和结合型绩效审计模式。

第一章

第一章

绩效审计概述

主要知识点

本章对绩效审计的基本问题作简要介绍，主要内容包括：国外绩效审计的产生和发展；我国绩效审计的产生和发展；绩效管理基本框架及绩效审计定位；绩效审计基本框架。

关键概念

绩效管理；绩效审计；综合审计；经济性；效率性；效果性

●第一节　国外绩效审计的产生和发展

从绩效审计的视角出发，迄今为止，国家审计的历史可分为三大发展阶段：20世纪40年代以前，以财务审计为中心的阶段；20世纪40年代至70年代，以财务审计为中心向以绩效审计为中心转型的阶段；20世纪70年代以来，以绩效审计为中心的阶段。

一、代表性国家的绩效审计的产生和发展

（一）美国绩效审计的产生和发展

美国是世界上最早开展政府绩效审计的国家，绩效审计工作量占整个审计工作量的比重已经超过85%。

美国在审计发展初期曾借鉴英国的经验，于1789年在联邦财政部内设审计办公室，审计一直是财政的一部分。1920年国会提出议案，决定成立美国审计署(GAO)，并报送威尔逊总统批准，但因为有审计长独立于总统的条款，遭到总统否决。国会对法案稍作修改后，提交下任总统哈定。哈定总统于1921年6月20日以《1921年预算与会计法》的修正条款批准了这项法案，并于当年生效。从那时开始到20世纪50年代初，美国国家审计的重点一直是发票检查，也就是说，审计

人员的工作是审核财政开支的每张凭单，以判断其真实性和合法性。总体来说，这个时期的审计方法是账项基础审计。

20世纪40年代以来，由于受到1929—1933年资本主义世界经济危机的影响，凯恩斯主义盛行，美国政府在社会经济生活中发挥着越来越重要的作用，再加上第二次世界大战的影响，需要审核的事项增多。为了审计所有账单，美国审计署大量增加雇员，但仍无法完成工作，1945年未审计凭证达3 500万张。在这种背景下，当时的审计长认为，美国审计署需要从庞杂的基础性工作中解脱出来，每张凭单的具体审查将由各政府部门自己完成，美国审计署重点检查财务控制和程序，审计人员需要理解和评估审计事项运作的标准，分析实际情况，并与标准作比较，衡量"现在怎样"以及"应该怎样"，于是"标准、原因与结果"就成为这一时期审计报告的基本格式。这一变化，就审计内容来说，实现了从单纯财务审计向综合审计的转变；就审计方法来说，实现了从以发票检查为特征的账项基础审计向以控制评价为特征的制度基础审计的转变。

20世纪70年代，美国的绩效审计走向准则化和法定化。1972年，美国审计署根据立法所赋予的权限制定了《政府机构、计划项目、活动和职责的审计准则》(Standards for Audit of Governmental Organizations, Programs, Activities and Functions)。这份被称为"黄皮书"的审计准则，突出强调利用资源的经济性(economy)、效率性（efficiency)、效果性（effectiveness）进行评价（"3E"审计）的重要性，并规定了如下审计目标：检查财务活动和遵循现行法律规定的情况；评价管理工作的经济性和效率性；评价项目成果与预期成果的关系。这是首次在具有法规性的文件中明确阐述与绩效审计有关的审计目标。1974年，《国会预算与截流控制法案》首次以立法方式提出了政府绩效审计方法的新发展——项目评估。20世纪80年代以来，新公共管理运动席卷全球，其包括两个核心思想：一是强调绩效观念；二是重视量化的评估方法。在新公共管理运动浪潮的推动下，1993年《政府绩效和成果法案》将绩效预算、绩效评估、绩效审计有机结合，建立起崭新的以绩效为导向的财政管理制度，进一步肯定、强调了项目评估这一新的绩效审计方法。

（二）英国绩效审计的产生和发展

英国绩效审计称为货币价值审计，也称衡工量值审计（value-for-money audit)。英国审计署（NAO）十分重视绩效审计，每年投入绩效审计的力量约占35%。

英国凭借工业革命及资本主义经济所创造的雄厚实力，对世界政治、经济、军事、文化、社会等各个方面产生了前所未有的影响。英国"日不落帝国"的风光早已不再，但如今仍是世界上主要发达国家之一。就审计领域来看，英联邦50多个成员国很大程度上受到英国审计的影响。即使是非英联邦国家，也有不少借鉴英国的审计经验。

英国国家审计有很长的历史。早在1314年，英国财政部就有负责审计政府支出的官员。从此以后，英国历代王朝都设立审计机构。19世纪，英国的政治体制发生了较大的变化，由封建主义制度逐步转化为资本主义代议制，议会于1866年通过了《国库和审计部门法》，设立了由审计长领导的国库和审计部门，对政府部门和公共机构进行审计。1921年，议会对该法做出修改，通过了《国库和审计部门法修正案》，规定审计长应检查：政府拨款和赠款的使用是否符合议会的要求；支款程序是否符合授权权限；政府部门及其下属机构的商业、生产活动账目是否真实和正确。《国库和审计部门法》与《国库和审计部门法修正案》都没有授权审计长进行绩效审计，但是，后者允许依赖内部控制制度进行抽查。

第二次世界大战之后，随着公共支出的增加，英国出现了具有绩效审计特征的审计业务。1979年撒切尔夫人执政以后，英国保守党政府推行了西欧最激进的改革计划，开始了在公共管理领域内以注重商业管理技术、引入竞争机制和顾客导向为特征的新公共管理改革，这就是新公共管理（new public management）运动。在此背景下，货币价值审计（衡工量值审计）备受关注。1980年3月，英国政府发表了“绿皮书”，该文件归纳了与国家审计机构有关的各种建议。1981年2月，英国公共决算委员会发布了著名的特别报告——《审计长的作用》。该报告主张制定相应的法律条款，对审计总体结构进行规定。1983年《国家审计法》颁布，将国库和审计部门改为英国审计署，直接向议会报告工作，确立了立法型审计体制。该法规定，审计长可以检查任何部门、机构或其他团体履行职能过程中使用资源的经济性、效率性和效果性，第一次从法律上正式授权英国国家审计部门实施绩效审计。

目前，英国绩效审计一般可以分为四类：对严重的铺张浪费、效率低下和控制薄弱现象的检查；针对特定部门、重大项目、工程的调查；对管理活动的检查；其他较小规模的检查。

（三）加拿大绩效审计的产生和发展

加拿大审计署的绩效审计与财务审计相结合，称为综合审计（comprehensive audit）。审计资源中用于经济性、效率性和效果性审计的约占43%。

1973年之前，加拿大国家审计部门基本上从事单一的财务审计。1973年，詹姆斯·麦克唐纳出任审计长。在他的推动下，议会设立威尔逊委员会，专门审视审计署的职责、与政府部门的关系、报告程序及审计署的独立性。1975年，威尔逊委员会向议会提交报告，建议审计署关心已经支出的公共资金是否有效益，审计署应该向议会报告其所发现的不良结果。威尔逊委员会所做的工作及其他相关因素推动议会于1977年通过了《审计长法》。这个法案将加拿大审计署的任务扩展到审查经济性、效率性和效果性，标志着综合审计在立法意义上正式确立。。

与此同时，民间审计组织也在积极开展公共部门的绩效审计研究。1978年，加拿大特许会计师协会组成的亚当斯委员会在其出具的报告中指出，在非营利领域里缺乏诸如盈利和竞争之类的刺激因素，因此扩大对这种机构的审计范围，与企业一样，使审计内容包括经济性、效率性和效果性可能是适宜的。

正是在国家审计和民间审计的共同推动下，加拿大出现了一种称为综合审计的现代审计模式。这种审计模式把传统的财务审计与绩效审计结合起来，既检查和评价被审计单位遵守法律、法规及会计准则的情况，又检查和评价被审计单位的绩效情况，充分体现其审计的综合性。为了便于识别和说明综合审计的性质和范围，加拿大审计署创造了一个词组——“FRAME”。其含义如下：F表示财务控制，R表示向议会呈报，A表示验证和法规，M表示管理控制，E表示计算机控制。

1980年，加拿大综合审计基金会（Canadian Comprehensive Auditing Foundation，CCAF）成立，CCAF的中心任务是在联邦公共部门、省及地方政府以及医院和学校的审计活动中传播综合审计经验。在审计署和CCAF的联合影响下，加拿大的综合审计得以大大拓展，成为国家审计部门的主要业务之一。

（四）澳大利亚绩效审计的产生和发展

澳大利亚绩效审计的发展则颇为艰辛。澳大利亚审计署从20世纪70年代初期开始对联邦公共部门开展绩效审计。1974年，由库姆斯（H. C. Coombs）担任主席的澳大利亚政府管理皇家专门调查委员会成立。该委员会第一次对联邦官僚机构进行了广泛的检查，并指出内阁成员政治背景的差异已使得政府各部门的官僚机构不再是中立机构，而且很多部长以及官僚机构所负责的管理领域没有很好地履职尽责，希望能通过绩效审计这一制度安排来检查公共管理部门负责人的业绩与表现，强化政府公共管理的责任。同时，库姆斯明确表示，绩效审计不应涉及政策本身的合理性问题，他将绩效审计分为“效率审计”和“效果审计”，前者由审计机关实施，后者由于涉及政治问题，由内阁和总理幕僚来完成。该委员会关于授予审计机关绩效审查权力的这些建议，遭到澳大利亚财政部等部门的强烈反对，它们认为，一些政策问题很难与管理事务相区分，而且对部长进行双重“猜疑”也是不妥的。但是，澳大利亚总理以及大部分内阁高官认为有必要对公共管理过程与行为进行审查与监督。1979年，有关绩效审计的授权最终写入修订后的《审计法》。修订后的《审计法》赋予审计长对政府公共管理机构实施绩效审计的权力，但对国有公司的绩效审计必须得到澳大利亚总理的同意，同时，还特别要求审计机关必须向议会提供绩效审计报告并征求被审计单位的意见。绩效审计主要面向三个方面：其一是政府当局、部长们的责任；其二是确保纳税人的资金得到合理使用；其三是为被审计单位提供更有效的管理及使用资源的建议并协助政策的履行。

1979—1990年是澳大利亚绩效审计艰难探索的时期。在此期间，澳大利亚审计署和被审计单位之间的关系并不密切。为了消除来自各方面的偏见甚至是敌意，始终处于被质疑的阴霾中的澳大利亚审计署不得不积极进行调整。历任审计长不断摸索，最终凭借自身的绩效审计业绩赢得了社会的理解，为确立绩效审计地位打下了坚实的基础。

1990年以来是澳大利亚绩效审计逐渐被公众接受的关键时期。到20世纪90年代末，许多问题逐步得到了解决，特别是澳大利亚审计署在绩效审计方面取得了公认的成绩，也正是在这一时期，澳大利亚绩效审计的地位得以最终确立。绩效审计支出已占澳大利亚审计署总预算的50%。澳大利亚审计署内设四个业务局，两个从事财务审计，两个从事绩效审计，绩效审计与财务审计平起平坐。

（五）德国绩效审计的产生和发展

德国的审计有着数百年的历史，但是，总体来说，无论是实务还是理论研究，德国在绩效审计方面的成就并不引人注目。

德国从1714年开始确立审计制度。1871年，德国审计法庭建立，隶属于国王。1950年，德国联邦审计院设立，属于联邦最高机构。1985年，《联邦审计院法》修改，审计院既不隶属于议会或政府，也不隶属于司法机构。

德国真正意义上的绩效审计开始于20世纪60年代。1969年，德国修改了《预算法》，进一步扩大了审计院的权力和审计范围，明确了审计院有权开展绩效审计。从此，审计院的工作重点产生了重大变化，主要任务已经不再是审查财务收支的合规性、合法性，而是审查经济合理性。总体来说，绩效审计关心的问题主要是财政预算和公共财政涉及的内容：一是审查财政预算及经营活动，审查政府部门是否按照规定程序和科学方法合理安排预算收支；二是重点审计民众广泛关注的养老、医疗保险和高等教育资金的使用效率和效果；三是审计公共投资及其资产，审查政府投资项目确立的目标是否适当、项目可行性研究是否与客观情况相符，以及项目的可操作性、合规性、效益性、满意度等；四是对政府在私人企业中所占股份的绩效审计，主要审查政府在该企业的投资或资助是否取得最大收益。

横向审计作为德国联邦审计院进行绩效审计的一种独特审计方式，是德国绩效审计的特色。横向审计主要是就同一审计题目或问题，利用数值分析、情况分析对不同的公共部门和具有代表性的管理部门进行比较，就限定范围内的管理工作做出评价，其实质是比较分析方法在审计工作中的灵活运用。横向审计能够帮助审计人员找到评价经济性的标准，查明问题产生的原因，有针对性地提出被审计单位易于接受的处理办法和改进建议。同时，横向审计有助于审计人员发现有普遍性、代表性的问题，从宏观角度提出意见和建议，促使财政预算的调整和立法的完善。

（六）法国绩效审计的产生和发展

法国的绩效审计始于20世纪70年代，但是，绩效审计本身的特点决定其难以进入司法程序。法国的司法型审计体制，制约了其绩效审计的发展。

早在1318年，菲利普五世就敕令建立由法官审查公款使用的制度，奠定了法国司法型审计的基础。1807年，拿破仑创立审计法院，为法国现代审计奠定了基础，当时不存在开展绩效审计的内在动因，主要开展合法性审计。20世纪40年代至70年代中期是法国的传统审计时代，这一时期的主要特点是完善合法性审计，同时扩大审计范围。20世纪70年代后期，法国进入现代审计时代。1976年，议会立法，法国审计法院开始对国有企业的账目和管理发表意见。1982年，为适应地方分权的需要，审计法院开始进行管理审计。1991年，《组织法》第58条赋予审计法院公共政策调查的权力。法国1996年宪法修正案规定，审计法院协助议会监督公共资金的使用。2006年，审计法院开始对国家财政支出的绩效进行认证。法国的绩效审计遵循两个指导性原则：资金的良好使用和良好管理。

总体来说，法国的绩效审计主要由管理审计和公共政策的绩效审计组成。管理审计涉及的主要范围包括：政府各个部门以及公共机构；社会保险机构；国有企业以及国家拥有部分资产的合资企业；国家给予财政补贴或享受国家税收优惠的企业。审计法院开展管理审计，旨在对管理活动提出管理意见和建议。至于公共政策的绩效审计，主要是在美国审计署的影响下，于20世纪90年代初期发展起来的。这类审计涉及的范围相当广泛，如教育体制、医疗卫生体制、社会保障体制、交通建设、就业政策、领土整治、环境保护、移民政策、司法管理、国防建设等。

（七）瑞典绩效审计的产生和发展

瑞典国家审计始于1539年皇家审计厅的设立。皇家审计厅主要审计皇家的财政，并开展相关审计与控制工作。后来，瑞典国家审计经历了一系列变革。1920年，瑞典成立了属于中央政府的审计机构，后改组为瑞典国家审计局。在20世纪上半叶瑞典向福利国家迈进的过程中，政府一方面增加税收，一方面扩大支出，因此，瑞典国家审计局的工作重点一直放在对政府各项拨款与支出的审计上，以保证政府福利国家目标的实现。除了国家审计工作，瑞典国家审计局还负责政府会计和政府管理工作。当时，为弥补国家审计的缺陷，瑞典还设有议会审计局，负责对议会和内阁各部门的审计工作，议会审计局的审计师由议会从议员中选出。

尽管20世纪60年代瑞典国家审计局开始实施绩效审计，但是，直到20世纪80年代，绩效审计才成为国家审计的主要内容之一。20世纪70年代至80年代是瑞典国家审计发展的重要时期，其标志有两个：一是《瑞典国家审计局法》发布，使国家审计有了法律依据，同时也有了审计行为的基本规范；二是绩效审计得到大力发展。随着法律规定的日益完善和绩效审计的日趋成熟，绩效审计成果显著并积累了丰富的经验，已经成为一种比较规范的审计方式。在国家审计局的工作中，绩效审计占用审计资源的80%，取得了与财务审计、财政管理同等重要的地位。

2003年之前，瑞典国家审计体制属于行政型。2003年7月1日起，议会审计局和瑞典国家审计局合并为瑞典国家审计总署，直接对议会负责，隶属于议会。它主要有两大任务：一是对政府机构及其所属的270个办事处的经营活动进行年度审计，即财务审计；二是对政府工作的效力和效率进行审计，即绩效审计。

二、绩效审计产生和发展的背景

以上介绍了代表性国家的绩效审计是如何产生和发展的。为什么绩效审计会产生呢？为什么绩效审计会发展呢？为什么不同国家的绩效审计会有区别呢？尽管不同的学者有不同的解释，但是，这些解释都可以归结为环境因素制约绩效审计的产生和发展。在众多的环境因素中，经济环境和政治环境可能是发挥主要作用的环境因素。

政府绩效审计的经济环境是指对政府绩效审计产生影响的经济发展水平、经济规模、经济体制等。20世纪30年代，主张国家全面干预经济活动的凯恩斯主义在资本主义国家兴起，由此带来政府职能迅速扩张，公共开支急剧增加，在这种背景下，授权政府使用和管理公共资源的公众要求评估政府绩效、减少和优化政府职能、强化经济责任的呼声越来越高。具有独立地位和专业资格的审计组织对政府官员所负的经济责任进行审查，提供客观公正的反馈信息，使公众及其代表能够直接了解政府管理公共资源的状况和履行经济责任的情况，帮助立法机构乃至整个社会监督政府，从而使得绩效审计应运而生。此外，科学管理技术在公共管理中的逐渐运用，也为绩效管理、绩效评估提供了重要的技术支持。

政府绩效审计的政治环境是指在一定的社会政治制度下形成的对政府绩效审计产生影响的政治体制、预算管理体制等制度条件。政治体制和预算管理体制对政府绩效审计有重大影响：在不同的政治体制下，审计机关的权限、审计重心、审计独立性、审计的组织形式等皆有不同；在不同的预算管理体制下，绩效审计的效果也不同。例如，美国实行立法、行政、司法三权分立制度，这一制度使其国家机器运转的诸多方面呈现出权力制衡关系。政府绩效审计针对财政资金使用部门的业绩、效率进行客观公正的分析及评价。美国的预算编制和预算执行分别由两个独立的部门去完成，联邦预算管理局负责编制预算，财政部则负责执行预算，这样审计机关对预算执行部门进行审计就不会遇到自身预算受到不正当限制的问题，同时，美国审计署的预算经费直接由国会审批。这种管理体制确保了美国对预算执行部门的业绩、效率进行审计有制度和经费的支持。

从20世纪70年代西方发达国家开始实施绩效审计以来，有学者进行过国别绩效审计比较研究，认为既然发达国家能够开展绩效审计，其他欠发达国家也应当能够开展。有人在比较西方国家绩效审计开展情况后，认为沙特阿拉伯也存在开展绩效审计的条件；还有学者在将美国、瑞典与利比亚的国家审计进行比较分析后，认为利比亚也有条件而且应该开展绩效审计；更有甚者，认为所有国家审计部门都应当大力倡导绩效审计。这些研究都告诉我们，不是只有发达国家才能开展绩效审计，也不是必须在一定的审计体制下才能开展绩效审计，但是，这些环境因素可能对绩效审计产生影响，从而使得绩效审计在不同国家呈现出各自的特色。

●第二节　我国绩效审计的产生和发展

一、独立探索阶段

1983年，随着中华人民共和国审计署的设立，绩效审计以经济效益审计的名义走进中国，我国审计机关开始独立探索具有中国特色的经济效益审计。我国审计机关成立之初就树立了注重经济效益这一理念。1984年，全国审计机关对1 263个部门和被审计单位进行了试审，试审中充分关注经济效益问题。诸如天津铁厂经济效益审计、山西小氮肥行业经济效益审计、鞍钢内部控制评价、山东审计局关于企业内部控制制度评价，都是当时比较典型的经济效益审计案例。试审时对经济效益的关注，对改善单位经营管理、提高经济效益、增收节支起到了积极作用。

1991年初，在全国审计工作会议上，审计署首次提出："各级审计机关都要确定一批大中型企业进行经常审计，既要审计财务收支的真实性、合法性，又要逐步向检查有关内部控制制度和经济效益方面延伸，并做出适当的审计评价，推动经济效益的提高。"自提出"两个延伸"后，一些地方审计机关陆续实施了经济效益审计试点。

20世纪90年代后期，我国审计机关还开展了一些带有宏观经济效益审计性质的项目。例如，全国审计机关同时开展了建设项目开工前审计，共审计2万多个项目，总投资额105 815亿元，审计后对716个不具备开工条件的建设项目提出了意见，压缩建设规模总资金达128.5亿元。同时，国家审计机关还在全国范围内组织对165个国家重点建设项目进行审计，共审计项目总投资2 007亿元，经审计处理后，为国家节省投资38亿元。此外，国家审计机关开展的行业审计、对五省市公路养路费审计等都带有宏观经济效益审计性质。针对审计中发现的带有普遍性的问题，国家审计机关从宏观上提出加强管理、提高效益的建议，在一定程度上发挥了审计在改善宏观经济管理中的积极作用。

据不完全统计，审计署在成立后十几年开展的经济效益审计中所提出的改善经营管理的建议，使企业经济效益增加约211亿元。

二、与国际接轨探索阶段

在2001年之前，我国审计机关主要从事真实性和合法性审计，经济效益审计主要针对国有企业。从本质意义上来说，审计机关并没有开展针对公共财政资金的绩效审计。2001年之后，针对公共财政资金的绩效审计起步，与国际绩效审计接轨的理念开始被理论和实务工作者接受。

2001年，审计署组织了退耕还林还草试点工程资金项目审计、农村电网审计；2002年，审计署统一组织了国债专项资金、重点机场建设项目、民航建设资金、国土专项资金、三峡库区外迁移民安置资金、农业综合开发资金、企业基本养老保险金的审计。这些审计项目从资金支出效果或预期目标完成程度来评价资金绩效，既有真实合法性审计的内容又有绩效审计的内容，是专项资金财务审计延伸的效益审计。

2002年，深圳市开始探索与国际接轨的绩效审计。深圳市审计局在人民代表大会的关注、参与和推动下，借鉴香港地区绩效审计的经验，对市卫生系统医疗设备采购及大型医疗设备使用和管理进行绩效审计；2003年，对深圳市海上田园风光旅游区、深圳经济特区污水处理建设项目、深圳市经济合作发展基金管理使用、深圳市福利彩票公益金等4个项目进行绩效审计；2004年，对科技三项费用、政府部门预算（深圳市环境保护局）、深圳大学城、市客（货）运场站、大沙河整治工程、城管办下属13家市政公园建设和管养情况、生活垃圾无害化处理和市东湖医院建设项目等8个项目进行绩效审计。

《审计署2003至2007年审计工作发展规划》要求，到2007年投入效益审计的力量占整个审计力量的一半左右。2004年，审计署副审计长明确指出，我国在今后将逐步开展绩效审计，重大违法违规案件、因盲目决策造成的资源浪费和国有资产流失、单纯追求速度而片面提供优惠政策造成国家和人民利益受到损害等三大领域是绩效审计的重点。

三、全面推进阶段

经过前期探索，我国审计机关对绩效审计的国际惯例和中国特色都有了一定程度的理解，也积累了一些成功经验，基本具备了全面推进绩效审计的条件。

《审计署2006至2010年审计工作发展规划》指出，全面推进效益审计，促进转变经济增长方式，提高财政资金使用效益和资源利用效率、效果，建设资源节约型和环境友好型社会，从审计内容和审计方式上坚持“两个并重”，即坚持财政财务收支的真实合法审计与效益审计并重，坚持审计与专项审计调查并重。这一要求标志着政府绩效审计成为今后审计工作的重点内容和发展方向，政府绩效审计进入了全面推进阶段。

《审计署“十二五”审计工作发展规划》指出，全面推进绩效审计，促进加快转变经济发展方式，提高财政资金和公共资源管理活动的经济性、效率性和效果性，促进建设资源节约型和环境友好型社会，推动建立健全政府绩效管理制度，促进提高政府绩效管理水平和建立健全政府部门责任追究制；不断摸索和总结绩效审计经验和方法，构建和完善绩效审计评价及方法体系。

审计署于2016年发布的《“十三五”国家审计工作发展规划》明确了“十三五”时期审计工作的主要任务，强调要围绕党和国家工作中心，服务改革发展大局，从审计财政财务收支的真实、合法和效益入手，始终坚持“两手抓”。要把绩效理念贯穿审计工作始终，综合分析经济效益、社会效益和环境效益，促进加快转变经济发展方式，实现更高质量、更有效率、更加公平、更可持续的发展。

●第三节　绩效管理基本框架及绩效审计定位

一、绩效管理基本框架

组织绩效就是组织这一主体为了实现其目标，通过一系列活动得到的结果，该结果体现出组织的表现或业绩。组织要实现其目标，必须取得预期的绩效，为此，必须进行绩效管理。无论是公共组织，还是企业组织，都需要绩效管理。绩效管理是指组织为了达到组织目标，根据战略规划来制订绩效计划、实行绩效监测、进行绩效评估并应用绩效成果的持续循环过程，其目的是持续提升组织绩效。绩效管理作为一个管理循环，所包括的管理环节及其相关关系如图1-1所示。

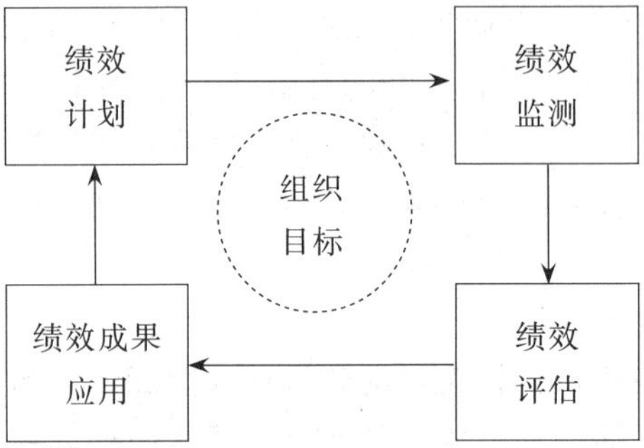

图 1-1 绩效管理循环

（一）绩效计划

绩效管理是为实现组织目标服务的，所以，绩效计划要以组织的战略规划为起点，根据战略规划来制订年度事业计划及绩效计划。同时，绩效计划的实施还需要相应的资源配置，所以，绩效计划还需要绩效预算来配合。从某种意义来说，绩效计划是战略规划、事业计划和绩效预算的关联中介。

战略规划是组织选择长期目标并将其付诸实施的安排规划。制订战略规划可以为组织带来以下好处：剖析组织外部的环境和条件；识别组织内部的优势和劣势；识别组织面临的机遇和挑战；明确组织未来的目标及方向。战略规划主要包括三个方面的内容：一是战略方向和目标，战略方向是关于组织未来产品或服务范围的选择，战略目标是组织业务经营活动预期取得的主要成果的期望值；二是政策，它是战略方向和目标的体现，是实施战略所要遵循的行动原则；三是计划和指标，它是战略的落实步骤及量化。任何一个组织的战略规划都是多层级的，通常分为组织层级、业务单元层级和职能层级，每个层级的战略规划都包括上述三个方面的内容，由此形成战略规划矩阵（见表 1-1）。

表 1-1 战略规划矩阵

战略规划的层级	战略规划的内容		
	战略方向和目标	政策	计划和指标
组织层级	★	★	★
业务单元层级	★	★	★
职能层级	★	★	★

注：★表示有这种战略规划组合。

绩效计划是组织内部各个层级以战略规划和年度事业计划为基础，按年度制定的绩效指标、绩效目标及其评价标准。绩效计划能发挥以下几方面的作用：

（1）科学合理的绩效计划可以为组织目标的实现奠定基础。战略规划确定之后，每个年度需要根据战略规划确定事业计划，在此基础上确定各内部单位的绩效计划，从而确保内部单位目标和组织目标的一致性，促使内部单位绩效和组织整体绩效同步提升。

(2) 绩效计划可以为内部单位提供努力的方向和目标。绩效计划包含绩效指标、绩效目标、权重以及评价标准等方面，这对内部单位提出了具体的要求和期望，同时明确表达了内部单位在哪些方面取得成就会获得组织的奖励，这就引导着内部单位朝着组织期望的方向去努力。

(3) 绩效计划可以提供对内部单位进行绩效考核的依据。绩效计划制订后，就可以根据绩效计划对内部单位进行考核。对于取得优异评价的内部单位，组织会给予奖励，而对于没有完成绩效计划的内部单位，组织本身及有关各方面会帮助其分析没有完成绩效计划的原因并协助制订绩效差异改进计划。

此外，"兵马未动，粮草先行"，任何一个组织的资源都是有限的，必须以事业计划和绩效计划为基础来配置资源，这就产生了绩效预算，它是事业计划和绩效计划的资源支持计划。当然，事业计划和绩效计划也可能受到有限资源的约束，需要及时加以修改和调整，以便与其可得到的资源相匹配。

需要说明的是，绩效预算与绩效预算管理不同。绩效预算只是绩效预算管理的对象，而绩效预算管理是由绩效目标确定、预算执行跟踪监控、绩效预算评价、评价结果反馈和应用管理共同组成的综合系统，是将绩效理念融入预算管理全过程，使之与预算编制、预算执行、预算监督一起成为预算管理的有机组成部分，从而建立"预算编制有目标，预算执行有监控，预算完成有评价，评价结果有反馈，反馈结果有应用"的预算绩效管理机制。从某种意义来说，绩效预算管理就是预算视角的绩效管理，其管理环节与绩效管理环节基本相同。

以上关于绩效计划的内容是以组织为主体来介绍的，事实上，以项目或政策为主体，也可以实行绩效管理，同样需要制订绩效计划，并以绩效计划为基础来编制绩效预算。其基本原理与以组织为主体的绩效计划类似，不再赘述。

（二）绩效监测

在绩效计划及绩效预算的实施过程中，组织需要了解其运行情况，以便及时了解绩效目标达成情况，并及时发现偏差，以采取措施来应对这些绩效偏差。绩效监测要解决五个问题：一是绩效指标体系的设计；二是绩效信息的采集；三是绩效运行跟踪；四是绩效报告；五是绩效偏差的应对。

由于绩效计划中已经确定了绩效指标，所以，绩效监测就要及时对这些指标进行检测，因此需要为这些指标设计记录、计量、确认和报告的信息系统，任何一个组织在业务运营过程中都会产生大量的信息，绩效信息只是这些信息的一部分，所以，绩效信息通常要融入组织的信息系统，不宜单独作为信息孤岛。通过在信息系统中对绩效信息进行采集、跟踪，并与绩效计划进行比较，组织可以发现绩效偏差。当发现较大的偏差时要及时采取措施，同时，还要定期或不定期出具绩效报告，以便各相关方了解绩效计划的执行情况。

（三）绩效评估

在绩效管理中，绩效评估包括绩效评价和绩效差异分析。

绩效评价包括四个方面的内容：一是评估指标体系；二是指标评价标准；三是指标权重；四是综合评价方法。评估指标体系就是绩效计划中的各项指标，绩效监测是监测这些指标，绩效报告也是报告这些指标；指标评价标准就是绩效计划中确定的目标值；指标权重就是各项指标在整体中的权重；综合评价方法就是如何将单个绩效指标合并成综合绩效指标的技术方法。这些内容通常在绩效计划中确定，绩效评估时需要采取绩效计划中确定的方法，这并不困难。

在某些情形下，绩效评估还会分析绩效差异的形成原因，主要目的是当绩效严重偏离目标值时，通过一定的方法来寻找产生这些差异的内部原因和外部原因，并以此为基础，确定应对措施。绩效计划执行主体对绩效计划执行情况进行自我评价，提交绩效报告，将实际取得的绩效与绩效目标进行对比，如未实现绩效目标，须说明理由，并提出工作改进措施。相关部门对绩效计划执行主体的绩效评价工作进行指导、监督和检查，并对其报送的绩效评价报告进行审核。

（四）绩效成果应用

绩效成果应用是将绩效结果用于对组织或组织负责人的激励机制。如果绩效结果不能用于激励机制，绩效好坏都没有差异，就没有人会重视绩效是否能确保目标达成，如此一来，整个绩效管理也就失去动力。在绩效管理中，激励效应起着非常重要的作用，激励效应取决于目标效价和期望值的乘积。目标效价是指目标达成所获得的各种奖励对组织或组织负责人的激励程度，或者目标未达成对组织或组织负责人的惩罚程度；期望值是指组织达成目标的可能性与上级组织承诺兑现奖励或实施惩罚的可能性，只有这两个方面的可能性都非常大，期望值才足够高。一些实施绩效预算的国家，将本期预算绩效结果与下期预算资金联系起来，这也是一种绩效成果应用。

二、绩效审计在绩效管理中的定位

根据前面的介绍，绩效管理主要有四个环节，即绩效计划、绩效监测、绩效评估、绩效成果应用。那么，绩效审计在绩效管理中如何定位呢？尽管人们对审计本质的认识有差异，但是，对审计的技术逻辑却有高度的共识，认为审计就是针对特定事项与既定标准之间的相符程度，采用系统方法收集证据，以此为基础做出判断并发表意见。这里的特定事项就是审计主题。所以，从技术逻辑来说，审计就是采用系统方法收集证据，以判断审计主题与既定标准之间的一致性，并发表意见。

很显然，绩效审计需要在绩效管理中采用系统方法收集证据，以判断特定事项与既定标准之间的相符程度，并发表意见。问题的关键是，绩效管理中的哪些特定事项会需要审计来发表意见呢？这些特定事项主要有两类：一是绩效监测信息；二是绩效目标实现程度。所以，绩效审计在绩效管理中有两种定位：一是作为绩效监测的组成要素以鉴证绩效信息的真实性；二是作为特殊的绩效评估机制以评价绩效目标实现程度。下面来具体分析绩效审计的这两种定位。

（一）绩效审计作为绩效监测的组成要素以鉴证绩效信息的真实性

绩效监测是通过一定的指标体系来跟踪测量绩效计划实现情况及相应的资源配置和使用情况，指标体系通常会体现为一些财务指标和非财务指标，以此反映组织所确定的绩效目标的完成情况，以及通过绩效预算所配置的资源的到位情况、使用情况及结余情况，这些指标合并称为绩效信息。绩效监测的基本要求是获得真实的绩效信息，为后续行动奠定基础。如果绩效信息失真，则可能误导后续行动。

那么，绩效信息是否会失真呢？回答是完全有可能失真。无论是原始意义的委托代理关系，即公共部门委托代理关系、私营部门委托代理关系，还是组织内部委托代理关系，其中都存在信息不对称、激励不相容和环境不确定问题，因此，代理人都可能产生机会主义行为。为了约束代理人的机会主义行为，委托人需要设计一些应对机制，绩效信息报告制度便是重要机制之一。绩效信息报告制度要求代理人向委托人真实地披露与经管责任或绩效履行责任相关的信息。这些绩效信息主要包括两方面的内容：一是资源使用情况；二是绩效目标或责任目标完成情况。由于代理人的资源是委托人提供的，所以，委托人会关注资源使用情况。委托人将资源交给代理人，一定是希望代理人完成特定的事项，这就表现为代理人的责任目标或绩效目标，委托人当然会关注这些目标的完成情况。绩效信息是以财务计量和非财务计量的视角表征代理人责任目标或绩效目标完成的量化信息。代理人在报告上述信息时，完全有可能操纵信息甚至弄虚作假，当然，也可能由于非故意的错误导致信息失真。其原因如下：第一，绩效信息不仅是委托人激励代理人的基础，而且在很大程度上反映代理人的努力程度，所以，在自利动机的驱动下，代理人具有操纵绩效信息的积极性。同时，信息不对称的存在，使得代理人有信息优势，具有操纵绩效信息的可能性。由于上述积极性和可能性的存在，作为信息提供方，代理人提供的信息可能存在故意舞弊。第二，绩效信息是由人加工生产出来的，而人是有限理性的，在信息生产过程中可能出现错误。上述绩效信息舞弊和绩效信息错误，共同造成绩效信息失真。委托人是理性人，会预期到代理人报告的上述绩效信息可能失真。因此，委托人会推动建立绩效信息审计等治理机制来应对绩效信息失真。当然，绩效信息审计只是治理绩效信息失真的机制之一，委托人最终采用何种治理机制或治理机制组合是由成本效益决定的，即一方面要达到治理效果，另一方面还会考虑治理成本。换言之，如果绩效信息审计符合成本效益原则，则会被委托人纳入绩效信息失真治理机制；如果绩效信息审计不符合成本效益原则，或者绩效信息真实的可能性不大，绩效信息审计就不会被委托人纳入绩效信息失真治理机制。

上述分析表明存在如下审计需求：将绩效审计作为绩效监测的组成要素以鉴证绩效信息的真实性。那么，对于绩效信息的真实性能加以鉴证吗？这涉及两个条件：一是绩效信息是否存在既定标准，即是否存在审计标准；二是绩效信息是否存在记录，即是否存在审计载体。

绩效信息的既定标准是绩效信息生产和报告的相关规定。因为绩效信息在很大程度上体现组织内部各单位作为代理人的业绩，也是组织目标达成程度的量化反映，还在很大程度上反映了资源状况，所以，对于这些信息如何记录、计量、确认和报告，委托人应该有明文规定，并且通常体现为统计制度和会计制度，可以作为绩效信息的审计标准。凡是与这些制度规定相一致的，就认定为真实，否则就认定为失真。绝大多数绩效信息都存在既定标准，所以，如果需要，都可以被纳入绩效信息审计范围。

审计要获取证据，而审计证据必须来源于一定的载体。绩效信息审计也需要绩效信息载体，没有载体，就无法获取证据以证明绩效信息的生产和报告是否符合既定标准。通常来说，绩效信息载体是相关的原始记录、台账、报表等，可以是纸质的，也可以是电子版的。为了生产和报告绩效信息，组织内部各单位需要建立一定的绩效信息载体，这些载体为绩效信息审计奠定了基础。当然，不同的绩效信息，其载体的状况可能不同：有些绩效信息可能存在完整的载体链，这种绩效信息就具备较好的审计条件，通常可以发表合理保证审计意见；有些绩效信息的载体可能不完整，难以跟踪，此时可以发表有限保证审计意见；有些绩效信息的载体较为缺乏，基本不具备审计条件，此时就无法被纳入审计范围。随着绩效信息载体的变化，能纳入绩效信息审计范围的绩效信息也会变化。比如，原来不具备审计条件的，现在可能具备了审计条件，从而被纳入审计范围。

最后，需要特别说明的是，绩效审计作为绩效监测的组成要素，其本身并不生产绩效信息，只是对已经存在的绩效信息进行鉴证，以判断其真实性，为绩效管理提供真实的绩效信息，这应该是绩效审计的基本定位，是绩效管理的基础环节，任何形式的绩效管理都离不开这种定位的绩效审计。这种定位的绩效审计包括两类审计主题：一是财务信息，主要是资源获得、使用及整合状况；二是非财务信息，主要是绩效目标相关信息，当然，绩效目标也可能包括财务信息。这种定位的绩效审计包含两类审计业务基础：一是直接报告业务，即责任方没有绩效报告，审计人员另外选择一些绩效信息作为审计主题；二是基于责任方认定业务，即责任方有绩效报告，审计人员对绩效报告中的绩效信息进行审计。

（二）绩效审计作为特殊的绩效评估机制以评价绩效目标实现程度

绩效评估是指运用一定的评价方法、量化指标及评价标准，对各级组织绩效目标的实现程度，以及为实现这一绩效目标所安排预算的执行结果进行综合性评价。可见，绩效评估既包括工作业绩评价，也包括工作投入评价。

1.绩效评估目的、内容及主体

绩效评估目的可以分为两类：一是绩效问责；二是绩效差异改进。绩效评估的目的不同，评估内容就不同，评估主体也不同。

（1）基于绩效问责（accountability）的绩效评估。其目的并不是发现问题以追究责任，而是搞清楚绩效主体的绩效责任或经管责任履行情况，在此基础上决定奖励或处罚。基于这种目的的绩效评估，其内容要根据绩效责任或经管责任的内容而定，一般包括绩效目标完成情况及预算资源使用情况。基于这种目的的绩效评估需要外部单位进行评估，而不是绩效责任主体的自我评估。

（2）基于绩效差异改进的绩效评估。其目的是及时找出绩效履行中的问题，有针对性地采取措施。基于这种目的的绩效评估，其内容不一定具有全面性，而是聚焦于绩效不好的领域，针对这些领域开展调查，在此基础上提出绩效改进方案。由于这种绩效评估要求评估主体对业务运营过程及绩效影响因素相当清楚，具有相应的专业胜任能力和及时性、敏感性，所以通常由绩效责任主体本身执行。

2.绩效审计的特殊性

绩效审计是一种特殊的绩效评估机制。这里所说的特殊不是指绩效审计作为绩效评估机制的适用情形较少，恰恰相反，在许多组织，绩效审计是主要的绩效评估机制，对于公共部门来说尤其如此。换言之，绩效审计具有一些其他绩效评估机制所不具备的特征，正是这些特征，使得由审计组织实施的绩效审计成为特殊的绩效评估机制。绩效审计的特殊性主要表现在以下几方面：

（1）评估主体的特殊性。审计组织作为一种专门的机构，具有两个显著特征：一是独立性；二是专业性。独立性是指审计组织与被审计单位没有利益关联。正是这种独立性，使得审计组织在获取审计证据及形成审计结论时能做到客观公正，审计结论具有客观性。专业性是指审计组织对于所审计的事项具有获取证据以判断其与既定标准相符程度的能力。正是这种专业胜任能力，使得审计组织的审计结论具有科学性。审计组织和审计人员的专业性，使得审计过程中的技术问题能得以有效解决，从而为科学实施绩效评估奠定基础。需要说明的是，审计组织同时具备独立性和专业性，而有些绩效评估机构则不然。例如，一些外部绩效评估机构虽然具有独立性，但是专业水平不足；绩效责任主体的自身评估，虽然具备专业水平，但是独立性缺失；还有一些绩效评估机构，在独立性和专业性两方面都存在不足。

（2）评估目的的特殊性。前已叙及，绩效评估有两类目的：一是绩效问责；二是绩效差异改进。对于绩效审计来说，通过其工作内容的调整，绩效问责和绩效差异改进两类评估目的都可以存在。首先，绩效审计可以定位于在鉴证绩效信息真实性的基础上，将绩效实际值与目标进行比较，对绩效目标达成程度发表意见，这种定位的绩效审计是对绩效目标达成程度发表意见，事实上是对绩效责任是否完成发表意见，属于绩效问责性质的绩效评估；其次，绩效审计可以针对发现的绩效问题领域开展深入调查，搞清楚具体原因，并寻找可行的解决措施，这种定位的绩效审计是为提升绩效水平服务的，属于绩效差异改进性质的绩效评估。当然，审计组织之所以能选择不同的绩效评估目的，根本原因在于其本身所具有的独立性和专业性。至于究竟选择何种目的的绩效评估，取决于审计需求者的需求或审计组织对审计需求的感知。

（3）评估客体的特殊性。绩效评估是绩效管理的重要环节之一，所有的绩效责任主体在绩效管理过程中都要执行某种形式的绩效评估（至少要执行自身绩效评估），而绩效审计是一种绩效评估机制，并非所有的绩效责任主体都要实施绩效审计，只有一些特殊的绩效责任主体要对其绩效责任履行情况进行绩效审计。由于审计组织的资源是有限的，不能满足全部绩效评估需求，而绩效审计本身要讲求成本效益，不符合成本效益原则的绩效评估就不宜作为绩效审计来实施，因此，不同的审计组织需要根据一定的方法来选择绩效审计客体。

（4）评估方法的特殊性。由审计组织实施的绩效审计，在评估方法上也有一定的特殊性。首先，绩效审计以特有的系统方法关注绩效信息的真实性，据此真实地评估绩效并找到绩效差异原因，虽然其他绩效评估也可能会关注绩效信息的真实性，但是往往缺乏系统的方法；其次，在实施绩效审计的过程中，后续审计可能会成为重要的审计程序，通过后续审计可以检查绩效问题是否真的得到解决、绩效水平是否真的得到提升，这为绩效评估真正发挥作用奠定了基础。

（5）评估内容的特殊性。绩效审计首先关注的是绩效信息的真实性，其次是对发现的绩效问题进行调查，可能涉及绩效责任主体的管理全过程，在这一点上与其他绩效评估机制差异不大，但是，如果在绩效评估过程中发现被审计单位有违规嫌疑，则必须保持应有的职业谨慎并予以追踪，以发现被审计单位在绩效责任履行过程中的重大违规行为，这是绩效审计的特有内容。

（6）评估结果应用的特殊性。绩效审计要对其发现的被审计单位重大违规行为予以定性，并对直接责任人和责任单位进行处理处罚，这是一般的绩效评估所没有的。

3.绩效审计的定位

绩效审计作为特殊的绩效评估机制，有三种不同的定位：一是绩效信息鉴证；二是绩效水平评价；三是绩效差异改进。当其定位于绩效信息鉴证时，绩效审计仅需要对绩效信息进行鉴证。当其定位于绩效水平评价时，绩效审计要将鉴证后的绩效信息与一定的标杆进行比照，以确定绩效水平的等级，此时，绩效审计只是评估了绩效水平，并没有解释绩效差异的形成原因，当然也没有提出改进绩效水平的建议。当其定位于绩效差异改进时，绩效审计还要解决两个关键问题：一是识别具有重要性的绩效差异；二是寻找出现绩效差异的原因及其相应的解决措施，此时，绩效审计成为一种绩效差异应对机制，也可以称为绩效差异纠偏机制。

表1-2是定位于绩效信息鉴证的绩效审计示例，表1-3是定位于绩效水平评价的绩效审计示例，表1-4和表1-5是定位于绩效差异改进的绩效审计示例。

表1-2 **绩效审计示例1（绩效信息鉴证型）**

审计目标	确定州监狱中一个囚犯的年均看护成本
审计发现	20××年，美国州监狱中每个囚犯的年均看护成本是35 000美元，变动范围从27 000美元至41 500美元不等。 每个监狱里囚犯年均看护成本如下： ……

表 1-3　　绩效审计示例 2（绩效水平评价型）

审计目标	确定州监狱中每个囚犯的年均看护成本是否令人满意，州监狱是否具有良好的看护条件和安全设施
审计发现	州监狱里每个囚犯的年均看护成本比看护条件相同或稍好、安全设施相同的其他两个州监狱高 3 000 美元至 3 800 美元。 20××年，美国州监狱中每个囚犯的年均看护成本是 35 000 美元，变动范围从 27 000 美元至 41 500 美元不等。 按安全程度最低、中等、最高排序，年均看护成本分别为 29 400 美元、36 200 美元和 39 100 美元。 每个监狱里囚犯年均看护成本如下： ……
绩效标准	我们从气候相似、囚犯特征类似的五个州监狱获得的成本数据如下： （1）两个州监狱中，每个囚犯的年均看护成本为 31 200 美元、32 000 美元，看护条件相同或稍好； （2）一个州监狱中，每个囚犯的年均看护成本是 36 000 美元，看护条件稍好； （3）两个州监狱中，每个囚犯的年均看护成本低于 34 000 美元，看护条件稍差。 以上各州监狱的安全设施相同

表 1-4　　绩效审计示例 3（绩效差异改进型）

审计目标	确定州监狱中每个囚犯的年均看护成本是否令人满意，州监狱是否具有良好的看护条件和安全设施。如果没有，确定成本过高的原因
审计核实后的绩效状况	州监狱里每个囚犯的年均看护成本比看护条件相同或稍好、安全设施相同的其他两个州监狱高 3 000 美元至 3 800 美元 20××年，美国州监狱中每个囚犯的年均看护成本是 35 000 美元，变动范围从 27 000 美元至 41 500 美元不等。 按安全程度最低、中等、最高排序，年均看护成本分别为 29 400 美元、36 200 美元和 39 100 美元。 每个监狱里囚犯年均看护成本如下： ……
绩效标准	我们从气候相似、囚犯特征类似的五个州监狱获得的成本数据如下： （1）两个州监狱中，每个囚犯的年均看护成本为 31 200 美元、32 000 美元，看护条件相同或稍好； （2）一个州监狱中，每个囚犯的年均看护成本是 36 000 美元，看护条件稍好； （3）两个州监狱中，每个囚犯的年均看护成本低于 34 000 美元，看护条件稍差。 以上各州监狱的安全设施相同
后果	按州监狱目前关押囚犯人数，通过降低上述 3 000 美元至 3 800 美元成本，每年可以节约经费 9 000 万美元至 1.14 亿美元
差异原因	四个因素导致近 80% 的成本差异。通过与上述两个州监狱系统对比发现，该州监狱的安全警卫人员的无线通信成本和安全警卫人员流动率（约 40%）均高于其他两个州监狱，从而增加了培训成本和管理成本。 州监狱系统的管理层从未对该州监狱系统运营及成本结构做过研究，也不知道州监狱成本偏高的情况

表 1-5　**绩效审计示例4（绩效差异改进型）**

审计目标	确定A机构资助的各农场的井水是否适合饮用并符合该机构规定的安全要求。如果不安全，分析有哪些后果以及需要采取什么行动
审计策略	抽取34个县的井水作为样本进行检验
审计结论	A机构资助的大部分（并非全部）农场的井水适合人类饮用。A机构每四年对井水检验一次，该间隔对于接近污染区的井水来说时间过长。大部分县级主管部门对井水进行了追加检验，这种做法保证了检测的及时性，所有县级主管部门都应当效仿
绩效标准	A机构的目标是确保农场井水适合人类饮用，符合环境保护部门的标准
审计核实后的绩效状况	A机构资助的大部分（并非全部）农场的井水适合人类饮用。从34个县的代表性样本中随机抽取680口水井，对井水进行检验。结果表明，19个县的井水适合人类饮用，15个县的井水中有10%受到细菌污染，不适合人类饮用
后果	居民正使用受到污染的井水，因此，大约5 000个家庭的健康受到威胁
差异原因	直接原因： A机构每四年对井水检验一次，该间隔对于接近污染区的井水来说时间过长。 为保证农场井水安全，A机构制定了井水检验程序，要求每四年对井水进行检验以确定是否符合标准。通过对井水的随机检验发现，四年的时间间隔过长。 通过对34个县的代表性样本进行审计，我们发现，没有受到井水污染的19个县的县级主管部门每四年对所有井水进行一次全面检验，但是，对于接近污染区的井水，检验次数多一些。主管部门称他们在四年一次的检验中，如果发现井水接近污染区，就会更频繁地对此进行检验，并留出更多的预算。另外15个县的县级主管部门每四年对所有井水进行一次全面检验。这些县级主管部门说偶尔能检测出受到污染的井水，但是，他们没有意识到对井水进行检验的次数应该更多。 潜在原因： A机构管理层早已知道各文献对井水检验程序的观点，却没有对检验结果进行监督，没有意识到后果的严重性
建议	A机构负责人应该修改程序，以便在必要时及时进行检验，从而保证井水在检验之前没有受到污染，并对检验结果进行监督，以确定是否有必要采取进一步的行动

以上分别分析了绩效审计的三种定位，总括起来，不同的定位下，绩效审计的构成要素不同（见表1-6）。

表 1-6　**绩效审计构成要素**

绩效审计定位	构成要素			
	绩效状况	绩效水平及标准	绩效差异及后果	差异原因及解决措施
绩效信息鉴证	√			
绩效水平评价	√	√		
绩效差异改进	√	√	√	√

注：√表示有这种要素。

●第四节　绩效审计基本框架

一、绩效审计需求

审计源于委托代理关系。美国自由主义经济学家弗里德曼曾极为精彩地归纳出四种花钱方式（见表1-7），其中除了“花自己的钱，为自己办事”不涉及委托代理关系之外，其他三种花钱方式都有一定的委托代理成分，而“花他人的钱，为他人办事”属于典型的委托代理关系。

表1-7　　花钱的四种情形

类型	是否讲求节约	是否讲求效果
花自己的钱，为自己办事	是	是
花自己的钱，为他人办事	是	否
花他人的钱，为自己办事	否	是
花他人的钱，为他人办事	否	否

在委托代理关系中，由于人性自利和有限理性，在激励不相容、信息不对称及环境不确定的条件下，代理人可能偏离委托人的期望，花钱可能不讲节约、不讲效果，出现各种对经管责任履行有负面影响的问题。由于自利而产生的故意行为称为代理问题，由于有限理性而产生的非故意行为称为次优问题。为此，必须建立治理机制来应对这些代理问题和次优问题，包括绩效审计在内的绩效管理便是应对机制之一。

从经管责任的角度来说，绩效管理就是根据组织战略事先对组织做事和花钱做出计划（包括绩效计划），以绩效计划为基础对绩效进行监测并定期评估，然后根据绩效成果对绩效责任主体进行奖励或处罚。通过这个循环，绩效目标确定、绩效形成及绩效成果应用中出现的代理问题和次优问题将会得到抑制，服务于组织绩效水平的提升。

绩效审计作为绩效管理的组成部分，聚焦两个问题：一是保障绩效信息的真实性，抑制绩效信息失真，发挥基础性的信息保障作用；二是识别具有重要性的绩效差异，在此基础上调查绩效差异出现的原因，并提出应对绩效差异的措施，事实上，绩效差异要么是代理问题引起的，要么是次优问题引起的。上述绩效信息失真以及导致绩效差异的代理问题、次优问题，都是绩效审计关注的核心问题。

二、绩效审计本质

因为绩效审计属于审计，所以分析绩效审计本质不能脱离审计本质。下面以审计本质为基础来分析绩效审计本质。审计本质关注审计是什么。一般认为，审计是以系统方法从行为和信息两个角度独立鉴证经管责任中的代理问题和次优问题并将结果传递给利益相关者的制度安排。以此为基础，对绩效审计本质界定如下：绩效审计是以系统方法从行为和信息两个角度独立鉴证和评价绩效责任履行情况并识别其中的代理问题和次优问题并将结果传递给利益相关者的制度安排。对于绩效审计本质的上述界定，可以从以下五个方面深入理解：

1.绩效审计对象是绩效责任履行中的代理问题和次优问题

绩效责任属于经管责任的组成部分，也就是一定的主体对绩效计划的实现及相关资源环境的使用所应该承担的责任，通常包括绩效目标实现情况及绩效预算资源环境使用情况，其外延要小于经管责任。当然，对于绩效责任的理解不同，可能导致绩效审计的对象不同。同时，绩效责任履行有许多环节，绩效审计并不全部涉及，只是关注绩效责任履行中的代理问题和次优问题，通过鉴证和评价这些问题，促进责任主体更好地履行其绩效责任。这种问题导向正是绩效审计的独特视角。

2.绩效审计主题包括信息主题和行为主题

审计主题是对什么进行审计。一方面，绩效审计可以定位于鉴证绩效信息的真实性，此时，鉴证的绩效信息就包括财务信息和非财务信息，就审计主题来说，它们都是信息主题。另一方面，绩效审计还可以定位于一种特殊的绩效评估机制，此时，财务信息和非财务信息仍然是绩效审计主题，但是，为了寻找绩效差异的原因，可能涉及特定制度是否健全，就审计主题来说，是制度主题。同时，绩效审计无论如何定位，在审计过程中都要对违规行为保持警觉，这就可能涉及特定行为是否合规，就审计主题来说，是狭义的行为主题。狭义的行为主题和制度主题都是广义的行为主题。

总体来说，绩效审计以信息主题为主，可能涉及行为主题和制度主题。当然，在许多情形下，绩效审计并不需要对特定行为和特定制度本身发表意见，此时，在审计方案设计中就不需要考虑行为主题和制度主题。

3.绩效审计功能定位包括鉴证和评价

审计具有鉴证、评价和监督三大功能。其中，鉴证是基本功能，没有鉴证功能，就不可能发挥评价功能和监督功能。绩效审计的基本功能是绩效信息的真实性鉴证，评价功能是在鉴证的基础上，将真实的绩效与一定的标杆进行比较，以确定绩效水平，甚至还会寻找出现绩效差异的原因。当绩效审计定位于绩效信息鉴证机制时，主要发挥鉴证功能；当绩效审计定位于特殊的绩效评估机制时，绩效审计在鉴证功能的基础上还发挥评价功能，并且主要注重评价功能。当然，绩效审计无论如何定位，在审计过程中都要对违规行为保持警觉，一旦发现违规行为，其责任者就可能面临处理处罚，这就发挥了监督功能。当然，这种监督功能的发挥具有不确定性，所以不属于绩效审计的必备功能。

4.绩效审计具有独立性

独立性是审计的灵魂，对于绩效审计也是如此。独立性要求审计组织不是绩效责任主体，不参与绩效计划的履行，同时要求审计人员与承担绩效履行责任的人员不具有利益关系。这种独立性的存在，使得审计组织和审计人员从主观上能做到客观公正，为客观地实施绩效审计奠定基础。

5.绩效审计要将审计结果传递给利益相关者

绩效审计不是为审计而审计，而是为了提高绩效信息的真实性和提升绩效水平，所以，审计人员必须将绩效信息鉴证结果及绩效评估结果提交给利益相关者，以便他们使用这些审计结果来做出相关决策。这里的利益相关者也就是绩效责任的相关者，一般包括绩效责任主体及其委托人，也可能包括绩效责任主体的服务对象。

6.绩效审计具有系统方法

绩效审计要么发挥绩效信息鉴证功能，要么发挥绩效水平评价功能，要么发挥绩效差异改进功能，无论发挥何种功能，都要体现审计的专业性，需要采用系统的方法来发挥上述功能。目前，关于绩效信息鉴证、绩效水平评价、绩效差异改进各有一些审计准则，这些准则是绩效审计系统方法的体现。当然，与财务审计相比，绩效审计的系统方法还处于发展之中。

三、绩效审计目标

审计目标是人们通过审计实践活动所希望得到的结果，是审计工作的出发点和归宿，绩效审计目标也是如此，它是人们通过绩效审计活动所希望得到的结果。这里的“人们”主要有两类：一是以审计委托人为主的利益相关者；二是审计人员。前者希望通过绩效审计活动得到的结果是绩效审计的真正起点和终点，称为终极目标；后者希望通过绩效审计活动得到的结果是绩效审计的直接产出，称为直接目标。

关于终极目标，绩效审计的利益相关者希望得到两种结果：一是保障绩效信息真实，主要通过绩效信息鉴证来实现；二是提升绩效责任主体的绩效水平，主要通过将绩效审计作为评估机制来实现。那么，利益相关者的上述两个目标如何实现呢？这就需要通过审计人员提供审计产品，利益相关者消费审计产品来实现。利益相关者使用审计结果之后的结果，是审计的终极目标。所以，直接目标是终极目标的基础，而直接目标的选择要以终极目标为导向。

关于直接目标，由于绩效审计的定位不同，审计人员提供的审计产品也不同。当其定位于绩效信息鉴证机制时，审计产品就是绩效信息鉴证结论，此时的审计目标称为绩效信息的真实性，事实上，审计人员为了鉴证绩效信息是否真实，主要路径是寻找绩效信息是否存在失真，所以，查找具有重要性的绩效信息失真是这种定位的主要目标。当其定位于特殊的绩效评估机制时，绩效审计主体有两种选择，一是确定绩效水平，二是寻求绩效差异改进，不同的选择会有不同的审计产品。当选择确定绩效水平时，审计产品是绩效评价报告，目标是确定绩效处于何种水平，主要方式是将实际绩效与一定的标杆进行比较，确定绩效水平，所以，确定绩效水平是这种情形下的直接目标；当选择寻求绩效差异改进时，审计人员需要解决两个关键问题，一是识别具有重要性的绩效差异，二是寻找出现这种绩效差异的原因及其相应的解决措施，这两个关键问题的解决也就是审计人员的直接目标。

以上所述的绩效审计不同定位下的终极目标和直接目标可归纳为表1-8。

表1-8 绩效审计目标

<table>
<tr><th colspan="3" rowspan="2">项目</th><th colspan="2">审计目标</th></tr>
<tr><th>直接目标</th><th>终极目标</th></tr>
<tr><td rowspan="3">绩效审计定位</td><td rowspan="2">绩效问责</td><td>绩效信息鉴证</td><td>发现绩效信息失真</td><td>保障绩效信息真实</td></tr>
<tr><td>绩效水平评价</td><td>确定绩效水平</td><td>提升绩效水平</td></tr>
<tr><td colspan="2">绩效差异改进</td><td>识别绩效差异，寻找出现绩效差异的原因及解决措施</td><td>提升绩效水平</td></tr>
</table>

四、绩效审计客体

审计客体关注审计谁，就是委托代理关系中的代理人（包括其领导的组织），绩效审计客体也不例外。由于委托代理关系具有广泛性，所以，绩效审计客体也具有多种情形。

例如，资源环境委托代理关系包括公共部门委托代理关系、私营部门委托代理关系和组织内部委托代理关系，这三种委托代理关系中的代理人都是审计客体，当然也都是绩效审计客体。

在公共部门委托代理关系中，审计客体是经管责任承担者。政府的委托人是公众；在单一制国家，上级政府是下级政府的委托人；对于政府部门或事业单位来说，本级政府是委托人；对于非政府组织来说，供资者是委托人。代理人的绩效责任包括两部分：一是资源环境及其使用情况，主要体现在财务报告中；二是经管责任完成情况（在绩效管理体系中为绩效目标完成情况），主要体现在各类绩效报告中。这里的经管责任有多种情况，可以是一个单位的职责，也可以是一个项目的实施、一项政策的执行，还可以是某类资源环境的管理。所以，公共部门的绩效审计分为单位绩效审计、项目绩效审计、政策绩效审计、资源环境绩效审计，它们既可以定位于绩效信息鉴证，也可以定位于绩效评估机制。

在私营部门委托代理关系中，私营部门主要是企业，股东是委托人，管理层是代理人。管理层的绩效责任包括两部分：一是资源环境及其使用情况，主要体现在财务报告中，针对这种信息报告有专门的财务审计；二是业务运营责任，也就是组织目标或绩效目标完成情况，包括财务成果、运营业绩、核心竞争力、可持续发展等方面的成果，这些绩效中，财务成果来源于财务报告，其他各类绩效基本上是非财务绩效，需要有专门的绩效审计来鉴证其真实性，同时也需要进行绩效评估。股东是将企业作为一个整体来关注的，在一定的情形下，股东也可能关注某些特定的项目，例如大型工程项目、重要研究项目，所以，这些情形下，项目也可能成为绩效审计的特定客体。

公共部门和私营部门都有内部组织层级，所以都存在组织内部委托代理关系，上级是委托人，下级是代理人。上级将一定的资源环境交付下级，并要求下级完成特定的职责，下级要向上级报告资源环境及其使用情况，更要报告其职责履行情况，绩效主要体现为职责履行或组织目标完成。在一些特殊情形下，上级交付下级实施特定项目，这类项目也是绩效审计的客体。

以上所述的各类绩效审计客体可归纳为表1-9。

表1-9　　绩效审计客体

委托代理关系类型	审计客体类型	审计客体具体存在形态
公共部门委托代理关系	公共部门	单位：政府、政府部门或事业单位、非政府组织等
		单个项目
		单项政策
		某类资源环境
私营部门委托代理关系	企业	企业整体
		重大项目：工程项目、研究项目等
组织内部委托代理关系	内部单位	单位：内部具有独立职能的组织
		重大项目：工程项目、研究项目等

五、绩效审计主体

审计主体关注谁来审计，绩效审计主体也不例外。审计主体的要求包括独立性和专业胜任能力，由于专业胜任能力是可以培养的，所以，从根本上来说，对审计主体的唯一要求是独立性。当然，在保持独立性的前提下，还要考虑成本效益原则。根据成本效益原则，在不同的委托代理关系中，可以选择不同的审计主体。

在公共部门委托代理关系中，当政府本身作为审计客体时，审计主体只能是上级政府建立的审计机关，或者在同级政府分权制衡下，本级广义政府的审计机关作为本级广义政府的一种权力对属于其他权力类型的政府进行审计，例如属于立法机构的审计组织对属于行政机构的政府进行审计。当政府部门或事业单位作为审计客体时，本级广义政府设立的审计机关或上级政府审计机关都具有独立性，都可以成为审计主体，究竟选择何种审计主体，要基于成本效益原则来选择。至于项目、政策、资源环境的绩效审计，则需要根据这些事项的负责机构来确定其审计主体选择，基本类似于上述政府本身、政府部门或事业单位的审计主体的选择。至于非政府组织，其审计主体有两种情形：一是供资者积极参与非政府组织治理，此时，可以由供资者选择审计主体，既可以委托民间审计组织来审计，也可以申请政府审计机关来审计；二是供资者基本不参与非政府组织治理，此时，政府审计机关应该积极参与其中，作为审计主体。当然，当政府审计机关作为审计主体时，也可以采取业务外包的方式，委托民间审计组织来实施，这并不改变政府审计机关作为审计主体的事实。

在私营部门委托代理关系中，对于企业最高管理层的审计，股东一般会委托民间审计组织来实施。当然，如果股东投资了许多企业，也可以建立自己的审计机构来对接受投资的企业进行审计。究竟选择何种审计主体，股东会基于成本效益考虑做出理性选择。

在组织内部委托代理关系中，审计客体是单位内部组织，审计主体有两种选择：一是建立内部审计机构；二是委托民间审计机构。究竟选择何种审计主体，组织最高管理层会根据成本效益原则做出选择。

在绩效审计主体的选择中，一个需要讨论的问题是：负责绩效考核的机构能否作为审计主体？从独立性来说，在许多情形下，绩效考核机构可能不具备应有的独立性，此时就不宜作为审计主体。例如，在公共部门委托代理关系中，一些指标是层层分解的，下级绩效指标可能是上级绩效的基础，没有下级绩效指标的分解，上级绩效可能难以完成，在这种情形下，上级绩效考核部门就难以保持独立性，因而也就不能作为绩效审计主体。当然，绩效考核机构如果能保持应有的独立性，且具备专业胜任能力、符合成本效益原则，则可以作为绩效审计主体。

六、绩效审计内容

绩效审计内容涉及两个问题：一是绩效审计内容维度，即从哪些维度来开展绩效审计，这涉及绩效究竟包括什么；二是绩效审计业务类型，这涉及绩效审计定位和绩效审计内容维度的组合。

（一）绩效审计内容维度

绩效通常包括五个维度：经济性（economy）、效率性（efficiency）、效果性（effectiveness）、公平性（equity）、环境性（environment）。由于这五个维度的英语单词都是以“E”开头的，所以，绩效审计也称为“5E审计”。其中，经济性反映对各项经济资源环境的利用是否节约合理；效率性反映投入与产出的关系；效果性反映目标的执行结果；公平性反映社会影响；环境性反映环境影响。根据前面的分析，绩效审计客体包括单位、工程项目、研究项目、政策、资源环境，将绩效内容维度与审计客体关联起来，就形成了绩效审计内容矩阵（见表1-10）。

表1-10 **绩效审计内容矩阵**

项目		绩效内容维度				
		经济性	效率性	效果性	公平性	环境性
绩效审计客体	单位	★	★	★	★	★
	工程项目	★	★	★	★	★
	研究项目	★	★	★	★	★
	政策	★	★	★	★	★
	资源环境	★	★	★	★	★

注：★表示可能有这种绩效审计。

1.单位绩效审计内容

单位绩效包括的范围很广，凡是具有独立职能的任何组织都应该有绩效，都可能成为绩效审计客体。在公共部门委托代理关系中，一级政府、一个政府部门、一个事业单位、一个非政府组织，都具有独立的职能，都应该有绩效，都可能有绩效审计。当然，由于不同单位的职能不同，其绩效内容也有所不同。例如，高等学校的绩效与医院不同，因而，其绩效审计内容也不同。另外，即使是同一单位，在不同时期，委托人对其绩效的关注重点也可能不同，从而引致绩效审计内容不同。例如，对于各级地方政府，以前的绩效考核中并不关注资源环境绩效，目前生态文明提上了重要的议程，所以，在各级政府的绩效考核指标中资源环境绩效成为重要内容，而资源环境绩效也就相应地成为绩效审计的重要内容。

2.工程项目绩效审计内容

工程项目绩效分为两个阶段：一是建设绩效；二是营运绩效。建设绩效包括建设成本、建设质量、建设工期、建设环境影响等，不同的项目在上述各方面的权重上可能有些区别。营运绩效一般是工程项目的设计功能实现情况，主要体现为一些财务指标和非财务指标，就不同的工程项目而言，其功能指标差异较大。

3.研究项目绩效审计内容

研究项目绩效主要关注科研成果及效果。科研成果是科研的直接产出，而效果则是科研成果使用后的产出。显然，就不同的研究项目而言，科研成果和效果的指标不同。

4.政策绩效审计内容

政策绩效主要关注事实和价值两个维度。事实维度是指政策目标达成情况，一般体现为一些量化指标；价值维度是指政策产生的影响，这些影响是以价值判断为基础的，也可能体现为一些量化指标。

5.资源环境绩效审计内容

这里的资源环境是指为特定目标而设定的具有专门用途的资源环境。资源环境绩效是指其特定目标达成情况，一般也体现为一些量化指标。

（二）绩效审计业务类型

绩效审计业务类型受到三个因素的联合影响：一是绩效内容维度，包括经济性、效率性、效果性、公平性、环境性；二是绩效审计客体，包括单位、工程项目、研究项目、政策、资源环境；三是绩效审计定位，包括绩效信息鉴证、绩效水平评价、绩效差异改进。

总体来说，绩效审计业务类型的基本情况见表1-11。

七、绩效审计环境

审计环境理论关注两个问题：一是审计环境如何影响审计；二是审计如何影响审计环境。绩效审计也不例外。

表1-11 **绩效审计业务类型**

审计客体	审计定位	绩效内容维度				
		经济性	效率性	效果性	公平性	环境性
单位	绩效信息鉴证型审计	★	★	★	★	★
	绩效水平评价型审计	★	★	★	★	★
	绩效差异改进型审计	★	★	★	★	★
工程项目	绩效信息鉴证型审计	★	★	★	★	★
	绩效水平评价型审计	★	★	★	★	★
	绩效差异改进型审计	★	★	★	★	★
研究项目	绩效信息鉴证型审计	★	★	★	★	★
	绩效水平评价型审计	★	★	★	★	★
	绩效差异改进型审计	★	★	★	★	★
政策	绩效信息鉴证型审计	★	★	★	★	★
	绩效水平评价型审计	★	★	★	★	★
	绩效差异改进型审计	★	★	★	★	★
资源环境	绩效信息鉴证型审计	★	★	★	★	★
	绩效水平评价型审计	★	★	★	★	★
	绩效差异改进型审计	★	★	★	★	★

注：★表示可能有这种绩效审计业务。

从审计环境对审计的影响来说，绩效审计环境通过两个路径影响绩效审计：一是通过影响绩效审计需求来影响绩效审计，不同的绩效审计环境对是否存在绩效审计需求及何种绩效是审计重点有着重要影响，例如现在非常重要的资源环境责任审计，在以前并没有得到重视，发生这种变化的原因是资源环境问题的严峻性加大；二是通过影响审计技术方法来影响绩效审计，在不同的审计环境下，绩效载体不同，技术条件也不同，所以，能用于绩效审计的技术方法也不同，例如，在专业测量模式中用到的测量技术就受到科学技术环境的影响。

绩效审计不是为审计而审计，所以，审计最终会对审计环境产生影响，绩效审计主要通过绩效审计产品来影响审计环境。绩效审计产品包括鉴证产品、评价产品和建议产品，这些绩效审计产品通过委托人及利益相关者的使用，会影响代理人及利益相关者的行为，进而影响绩效责任的履行及绩效水平。

复习思考题

1.什么是绩效管理？
2.绩效审计在绩效管理中有哪些定位？
3.绩效管理的绩效信息为什么会失真？如何保障其真实性？
4.绩效审计为什么能作为绩效信息真实性的鉴证机制？
5.绩效审计作为特殊的绩效评估机制，其特殊性表现在哪些方面？
6.为什么会出现绩效审计？
7.什么是绩效审计？
8.绩效审计目标是什么？
9.绩效审计客体有哪些类型？
10.绩效审计主体有哪些类型？
11.绩效审计内容有哪些维度？绩效审计业务有哪些类型？

第二章

绩效审计模式

主要知识点

本章介绍绩效审计模式，首先介绍绩效审计模式的概念及绩效审计模式的分类体系，在此基础上对主要绩效审计模式作较详细的介绍。主要内容包括：绩效审计模式概述；结果导向、过程导向、问题导向和风险导向绩效审计模式；宏观服务和微观服务绩效审计模式；独立型和结合型绩效审计模式。

关键概念

审计模式；绩效审计模式

●第一节　绩效审计模式概述

模式的含义很多，审计模式也有多种含义，本节首先界定模式和审计模式，在此基础上，介绍绩效审计模式的概念及各种分类方法。

一、模式

关于模式，从不同的视角看有不同的表述方式。一种表述方式指出，模式标志着事物之间隐藏的关系，而这些事物并不必然是图像、图案，也可以是数字、抽象事物。人们在生产生活实践中积累的经验经过升华固定下来，也可以称为模式。所以，模式是认识论意义上的确定的思维方式，是从重复出现的事件中发现的规律。另外一种表述方式指出，模式是解决某类问题的方法论。换言之，把解决某类问题的方法总结归纳到理论高度，就是模式。每个模式都是先描述一个在环境中不断出现的问题，然后描述该问题的解决方案的核心，通过这种方式，可以无数次使用那些已有的解决方案。

模式存在于不同的领域中，商业领域有商业模式，管理领域有管理模式，审计领域有审计模式。当一个领域逐渐成熟的时候，就会出现不同的模式。商业模式就是公司通过什么途径或方式来赚钱。例如，饮料公司通过卖饮料来赚钱，快递公司通过送快递来赚钱，网络公司通过提高点击率来赚钱，通信公司通过收话费来赚钱，超市通过提供平台和仓储来赚钱等。只要有赚钱的机会，就有商业模式存在。管理模式是在人性假设的基础上设计出的一整套具体的管理理念、管理内容、管理工具、管理程序、管理制度和管理方法论体系并将其反复运用于企业，使企业在运行过程中自觉加以遵守的管理规则，即“管理模式=理念+系统+方法”。

二、审计模式

模式这个词在审计领域使用较多，有时可能是错误使用。例如，审计模式的第一种含义是审计机构报告关系，即表明审计机构的直接领导是谁。根据这种含义，政府审计分为立法模式、司法模式、行政模式和独立模式，而内部审计则分为治理导向模式、管理导向模式和财务导向模式。显然，这里的“模式”不是方法论，也不是事物之间隐藏的关系，只是事物的不同表现方式。所以，这里的“模式”其实不是模式，而是体制，这里的“审计模式”应该用“审计体制”来表述。

审计模式的第二种含义如下：审计模式是审计目标、审计范围、审计对象、审计内容、审计立项原则、审计准则、审计方法和技术、审计程序、审计报告和审计结果等主要审计要素的组合。不同国家在主要审计要素方面存在差异，就形成了不同的国家审计模式，例如美国模式、德国模式、法国模式、中国模式等。不同的审计业务类型在主要审计要素方面也存在差异，从而形成不同的审计模式，例如合规性审计模式、会计报表审计模式、绩效审计模式等。很显然，这种意义上的审计模式，给模式本身赋予的含义太多，从而模糊了模式的特定含义。

审计模式的第三种含义如下：审计模式是指审计实施路径，这个意义上的审计模式主要是针对绩效审计而言的。这种观点认为，绩效是一个相对而非绝对的概念，对绩效的理解是与特定国家和地区在特定时期的经济社会发展状况相适应的，由此形成了三种类型的绩效审计模式。一是资金绩效审计模式，这种模式是将政府部门分配、管埋、使用资金的绩效状况作为审计内容，重点是对全部政府性资金运用的经济性、效率性和效果性进行评价，关注资金的分配是否经济合理、管理是否规范有序、使用是否高效安全等。二是项目绩效审计模式，这种模式是将政府部门负责的公共项目绩效状况作为审计内容，重点是对政府部门负责管理或直接投资的公共项目的经济性、效率性和效果性进行评价。三是制度绩效审计模式，这种模式是将政府部门相关制度规范的绩效作为审计内容，重点是对政府部门各项制度的规范性、有效性进行评价。这种审计模式关注的是审计实施路径，似乎具有方法论的含义，但是，与绩效审计范围关注的问题基本相同，所以可以归结为审计范围。

审计模式的第四种含义如下：审计模式是指为实现特定的审计目标所采取的审计策略、方式和方法的总称，它规定了审计取证工作的切入点，规定了审计人员在实施审计工作时从何处入手、如何入手、何时入手等问题。随着社会经济的发展，审计目的在不断变化，被审计单位的具体情况在不断变化，因而审计模式也在不断发展。审计模式通常可以分为账项基础审计、制度基础审计、传统风险基础审计和现代风险基础审计。显然，这里的“审计模式”具有方法论的含义，也包含了事物之间隐藏的关系，是真正意义上的审计模式。

三、绩效审计模式的分类

根据上述对审计模式的分析，绩效审计模式是为实现特定的绩效审计目标所采取的绩效审计策略、方式和方法的总称，它规定了绩效审计取证工作的切入点，规定了绩效审计人员在实施绩效审计工作时从何处入手、如何入手、何时入手等问题。尽管绩效审计在国外已经有约80年的历史，但是，直到20世纪70年代，绩效审计才成为审计领域的重要事项。所以，人们对绩效审计模式的含义也存在不同的观点，从不同的视角来对绩效审计进行分类。下面，我们对这些不同的绩效审计模式分类做简要介绍。

（一）二分法

二分法就是将绩效审计模式区分为两种类型，这种方法有多种分类体系。例如，最高审计机关国际组织在《绩效审计指南》中，将绩效审计分为以结果为重点的方法和以问题为重点的方法两大类。其他一些二分法包括：根据绩效审计与其他审计的关系不同，将绩效审计分为独立型绩效审计模式和结合型绩效审计模式；根据绩效审计的定位不同，将绩效审计分为宏观服务绩效审计模式和微观服务绩效审计模式。上述各种绩效审计模式的具体内容将在本章随后各节中介绍。

（二）三分法

三分法就是将绩效审计模式区分为三种类型，包括精英模式、理性模式和渐进模式。精英模式就是省级以上审计机关应该通过绩效审计，促进政府在公共绩效管理方面的改革实践及制度建设。因为审计机关和人员可以利用自己工作中掌握的大量审计信息和自身专业优势，向政府提出绩效管理改革方面的建议。只要政府绩效管理制度先施行，就可以自上而下影响整个公共管理领域。理性模式就是各级审计机关在理性分析的基础上选择重点、热点或关键的公共项目进行绩效审计。通过对政府关注的单位、项目或事项进行审计，扩大绩效审计的影响，引起政府对管理活动效益和效果的关注与重视，最终达到影响其决策的目的。在这种模式下，应该选择政府强调的项目或活动开展绩效审计。当选择审计项目时，应该对被审计对象、将耗费的审计人力与成本、审计能带来的效益进行初步评估，并选择净收益最大的项目开展绩效审计。渐进模式就是各地审计机关因地制宜逐步扩大绩效审计范围和业务量，不强调每年必须开展多少独立的绩效审计项目，而是鼓励广大的审计人员，尤其要在县区级审计机关、在传统的审计项目中逐步增加项目实施管理的效益和运行结果的效果分析和评价内容。

（三）四分法

四分法就是将绩效审计模式区分为四种类型，包括结果导向绩效审计模式、过程导向绩效审计模式、问题导向绩效审计模式、风险导向绩效审计模式。上述各种绩效审计模式的具体内容将在本章随后各节中介绍。

（四）五分法

五分法就是将绩效审计模式区分为五种类型，这种方法有两种分类体系。一种分类体系将绩效审计模式区分为过程导向审计模式、“3E”导向审计模式、结果导向审计模式、制度导向审计模式、风险导向审计模式。这里的“3E”导向审计模式主要从经济性、效率性和效果性出发，检查被审计单位为履行职能而使用所掌握资源的绩效情况，这种模式最大的优势是概念包容性广，对微观绩效审计项目有较强的指导作用。这里的制度导向审计模式是指，绩效的大小或好坏，与该组织的内部控制制度有密切的因果联系，制度导向审计模式就是从这一因果联系出发，寻求和确定被审计单位经济效益变化的原因，为进一步审计提供重点方向。制度导向审计模式的关键是对被审计单位的内部控制制度，尤其是对其中的管理控制部分进行评价。通过评价，审计人员基本掌握被审计单位的制度缺陷和薄弱环节，在此基础上深入分析管理制度上的漏洞及可能导致的绩效风险和不良后果。

另外一种分类体系将绩效审计模式区分为结果导向审计模式、过程导向审计模式、问题导向审计模式、业务导向审计模式、风险导向审计模式。这里的业务导向审计模式是指，以被审计单位重大业务为线索，对该项业务的过程和结果进行检查分析，判断业务活动是否正常，是否达到预期效果，进一步找出导致业务活动偏差的因素，提出改进建议的一种审计方法。所谓重大业务是对被审计单位绩效有重大影响的业务，它是被审计单位素质的综合表现，是业务活动绩效的集中反映，通过对重大业务活动的追踪审计，能够捕捉到被审计单位的多方面信息，可以收到立竿见影的效果。

五分法中的其他各种绩效审计模式的内容将在本章随后各节中介绍。

（五）六分法

六分法就是将绩效审计模式区分为六种类型，包括结果导向审计模式、控制系统导向审计模式、“3E”导向审计模式、问题分析导向审计模式、责任机制导向审计模式、成本效益分析导向审计模式。

这里的控制系统导向审计模式主要对被审计单位的控制系统进行分析、检查和测试。审计人员根据对实现关键结果的重要性来选择一些控制环节进行审计，确定主要缺陷，采取进一步的措施确定问题的原因和对预期结果的影响或潜在影响。事实上，这也就是前面介绍过的制度导向审计模式。这里的责任机制导向审计模式将责任机制作为绩效审计的中心内容，主要判断不同层次的负责人员在多大程度上实现了相关目标和要求。在这种模式下，审计人员要去发现问题，并对所发现问题背后的原因进行分析，但其重点在于要发现是谁犯了错误和没有尽到应有的责任。这里的成本效益分析导向审计模式主要对被审计单位、项目或活动的成本和效益进行分析和比较。该模式有两个特点：首先，对任何单位、项目或活动进行评价，均从成本和效益两方面入手；其次，在判断一个事项是有利（效益）还是无利（成本），是重要还是不重要（即确定各部分的权重）时，明确地站在公众的立场上。六分法中的其他各种绩效审计模式的内容将在本章随后各节中介绍。

以上介绍了绩效审计模式的不同分类体系，有些分类只是理论上的探究，并没有相应的实践活动，而有些分类则有相应的实践活动。本章随后各节将根据各种模式之间的关系，对下列有实践活动的绩效审计模式做较详细的介绍：结果导向、过程导向、问题导向和风险导向绩效审计模式；宏观服务和微观服务绩效审计模式；独立型和结合型绩效审计模式。

第二节 结果导向、过程导向、问题导向和风险导向绩效审计模式

绩效审计模式有不同的分类体系，本节介绍从审计取证思路来界定的几种绩效审计模式，包括结果导向绩效审计模式、过程导向绩效审计模式、问题导向绩效审计模式、风险导向绩效审计模式。

一、结果导向绩效审计模式

最高审计机关国际组织在《绩效审计指南》中指出，绩效审计一般是事后审计。所以，结果导向绩效审计模式又称为事后审计模式。由于新公共管理倡导以结果为导向，所以，结果导向是当前世界各国绩效审计的主导模式。在这种模式下，审计人员不是一开始就检查被审计单位的公共责任履行过程，而是直接检查公共责任履行结果，对其是否遵守既定标准进行评价。它的一般过程是：检查目标完成情况；分析经济性、效率性和效果性；分析原因；提出审计建议。该模式放弃了使用已久的对程序和系统的关注，而直接关注工作是否达到了预期的目标。在结果导向绩效审计模式下，审计人员对被审计单位绩效结果进行分析评价，以此为线索追踪到导致结果的原因，追踪到业务过程和活动，然后对这些过程和活动进行详细审计。这里的结果通常是指经过审计被证实为真实与合法的财务会计报表资料或根据绩效考核指标所计算的数据。被审计单位在一定时期的绩效通过财务会计报表和其他资料反映出来，审计人员在确信这些资料准确无误后，就可以计算与被审计单位有关的绩效评价指标，然后将计算结果与一定的标准进行比较，对差距较大的指标进一步分析，找出绩效变化的原因。为了保证对关键原因分析的可靠性，审计人员还会采取一定的方法进行验证，直到反映真实情况为止。

这种模式的优点是，审计证据易收集，审计目标易实现，占用审计资源更少。但它只能“秋后算账”，无法有效发挥预防作用。

为什么结果导向绩效审计模式会成为当前世界各国绩效审计的主导模式？这可能有两方面的原因。第一，源于社会公众的问责需求。绩效审计实质上是代表社会公众在监督政府对公共资源或财政资金的管理和使用，社会公众或立法机构最为关心的一般是公共资源的使用结果而不是管理和使用过程。因此，绩效审计工作的设计应该以“结果”为导向，向社会公众、立法机构等提供他们所关心的“公共资源使用结果”及“政府业绩”方面的信息。这就使得结果导向模式理所当然地成为政

府绩效审计的主导模式。当然，这里的“结果”的含义可能在不同的国家有不同的理解，对于不同的审计项目内容不同，总体来说，可以归纳为经济性、效率性和效果性。第二，源于审计资源的限制和审计风险控制。在有限的审计资源条件下，如何有效地开展绩效审计以满足社会公众的问责需要，是审计机关需要认真研究的问题。从审计思路来说，就是要在事前审计、事中审计、事后审计以及全过程审计模式中进行选择。事前审计模式是一种带有预测性质的分析和评估，这种模式所获取的审计证据大多为预测性质的证据，这要求审计人员必须具有更丰富的专业知识，必须具有更高超的分析预测水平和技术，所以，事前审计模式下证据更难收集，审计的风险也更大，因此不是绩效审计最优的审计模式。事中审计模式是以管理过程或控制系统为导向的绩效审计。对控制系统、管理过程进行分析成本较高，而且确定控制系统缺陷对预期结果的影响也比较困难。因此，对于以政府及非营利组织为主要审计对象的绩效审计来说，这一审计模式的成本明显过高。全过程审计模式包括事前审计、事中审计和事后审计。该模式不仅需要更多数量、更高素质的审计人员，而且需要更多的审计经费和审计时间。就事后审计模式来说，其获取的审计证据一般都是已经发生的事实证据，审计人员比较容易获取这些审计证据，因而审计的风险相对不大。同时，由于事后审计不需要对复杂的政府管理过程和程序进行全面审计，因而审计成本也相对不高。所以，比较而言，事后审计是优先选择的绩效审计模式。

二、过程导向绩效审计模式

过程导向绩效审计模式是围绕审计事项过程搜集审计证据的绩效审计模式。目前，过程导向绩效审计模式应用较多的是跟踪审计。针对一些特大中央投资项目（如奥运会工程）以及重大突发事件（如汶川地震救灾款物审计），都开展了全过程跟踪审计。和事后审计相比，全过程审计能随时发现建设项目在决策、立项、施工管理等环节存在的问题，提出整改意见，做到防患于未然。但这种模式的劣势也很明显：一是需要耗费大量的审计资源；二是对公共部门、公共资源的绩效审计难以应用。

无论是政府审计还是内部审计，跟踪审计均适用于建设项目。跟踪审计的实质是实时审计，又称为同步审计。这种审计方法适用于事后审计对象往往是既成事实的建设项目。另外，现实工作中，项目管理过程中的舞弊现象还比较严重，假签证、假变更、假发票等现象不断出现。事后审计无法深入现场核实与确认审计信息的真伪，尤其是隐蔽工程部分，由于信息失真可能导致审计结论有误，不仅会影响到审计有效性目标的实现，还存在着巨大的审计风险。选择跟踪审计，是变革建设项目审计方式的必然要求。跟踪审计有四种方式：一是阶段性跟踪审计；二是环节性跟踪审计；三是同步跟踪审计；四是批量跟踪审计或行业、系统跟踪审计。我国跟踪审计的主要模式有两种：第一种模式是全过程跟踪审计模式，即审计主体跟踪建设程序，有计划地从建设项目的立项、可行性研究设计、征地拆迁、招投标、合同签订、工程价款结算、竣工验收直至项目投产或使用实施审计；第二种模式，阶段性跟踪审计模式。

关于跟踪审计产生的理论基础，有一种观点认为，受托经济责任依据其履行逻辑关系可以分为过程责任和结果责任。受托责任人责任履行过程合法性与效益性是受托责任人责任履行结果合法性与效益性的前提与基础，受托责任人责任履行结果合法性与效益性又是受托责任人责任履行过程合法性与效益性的直接效果。所以，审计要促进受托经济责任的切实有效履行，关键是要促进受托责任人责任履行过程合法、有效。跟踪审计是对受托责任人责任履行过程进行跟踪式监控，相对于非跟踪审计而言，能够更好地促进受托经济责任的有效履行。

与非跟踪审计相比，跟踪审计具有强调过程性、时效性和预防性的特点。强调过程性是指与非跟踪审计相比，跟踪审计最突出的特点是其过程性。例如，对建设项目进行跟踪审计时，由于实际情况不同，各地在跟踪审计的具体方法上存在较大差异，有的地方对建设项目从立项到竣工进行全程跟踪，有的地方选择重大项目、关键时段进行重点跟踪，但是都注重过程审计。强调时效性是指与非跟踪审计相比，跟踪审计的时效性主要体现在发现和纠正问题的及时性。跟踪审计对于发现的问题可以随时向有关责任方提出，在过程中发现，在过程中纠正，在过程中规范，使问题能够得到及时有效解决，克服了非跟踪审计纠正问题的滞后性。强调预防性是指与非跟踪审计相比，跟踪审计的显著特点在于，它不是审计事项结束后的事后监督，而是将审计事项分为多个阶段，对各个阶段进行事中或事后监督，对于审计中发现的问题或可能产生的风险，建议有关方面建章立制，防范风险，从而发挥预防作用。

跟踪审计注重从源头上及时发现和制止违法、违规现象，弥补了非跟踪审计方式的固有缺陷，充分发挥了审计的预防作用。跟踪审计结果公告披露的违规问题呈现不同程度的下降趋势，跟踪审计切实提高了财政资金在实际项目中的使用效率。当然，跟踪审计可能面临一些冲突：一是偏离审计目标，侵入项目管理。二是审计成本增加，审计价值难以衡量。开展建设项目跟踪审计，审计对象增加了，审计范围扩大了，审计内容丰富了，审计环境复杂了。跟踪审计的广泛性、全面性、过程性决定了其审计成本相对于常规审计要高，但目前还无法准确确认在高成本条件下，是否达到了比较好的审计效果，是否实现了绩效审计目标。另外，“服务为主”的跟踪审计新理念，也对审计机关特别是基层审计机关“重处罚”的现实情况形成挑战和冲击。如何在成本与效益之间进行取舍，是这种审计模式能否广泛开展的最大制约因素。三是审计依据不足，审计实践被动。四是审计人员能力不足，审计质量难以保证。

三、问题导向绩效审计模式

问题导向绩效审计模式，是结果导向绩效审计模式的一种特例，它是指审计人员以被审计单位暴露的突出问题为线索，从问题发生的原因追查被审计单位业务运营和管理的薄弱环节，提出有针对性的改进建议的审计方法。这种审计模式的应用前提是问题已经暴露。

在这一审计模式下，缺点和问题是审计的起始点，而不是审计的终点。该审计模式的主要任务是核对问题的存在，并从不同角度分析其原因，在此基础上通过完善相应的体制、机制、制度等来推进问题的解决，达到发挥审计建设性作用的目的。

在具体实践应用中，问题导向绩效审计需要着重把握以下几个关键点：第一，从问题出发确定立项选择。在项目的选择中要注重三个环节：注重项目选择来源渠道的广泛性；注重项目关注问题的实地调查和多方确认；注重项目效果的预见性分析。第二，通过分解问题确定审计的主要内容。项目确定后，将审计要回答的总括性问题，自上而下分解为多个层次的子问题，形成逻辑结构树。通过不断发展逻辑结构树直至最底层，确定审计组的基本审计任务，确定完成审计工作所需的资源，合理分配审计人员的工作。该逻辑结构树可以帮助审计人员明确审计目标，从杂乱无章的信息中，筛选出有价值的审计证据，并用这些证据搭建出一座通往审计目标的桥梁。第三，在实施过程中寻找评价标准。问题导向的绩效审计模式，主要关注问题的确认和分析，一般不需要预设绩效审计标准。因此，需要在审计实施过程中，通过对审计事项的全面了解和深入分析，找到恰当的评价标准。第四，对问题产生的原因进行综合提炼。问题的原因分析是问题导向绩效审计的主要内容，问题的原因可以分为三个层次：一是直接原因；二是体制、机制、制度的制约；三是经济社会发展的约束。第五，提出解决问题的多层次建议。针对原因分析的三个层次，相应的审计建议也可以分为三个层次：对于问题产生的直接原因，提出个性化解决办法，采用一对一的问题解决方式；对于体制、机制、制度的制约，向被审计单位及其上级主管部门或有关决策部门提出改进和完善的建议；对于经济社会发展的约束，应阐明问题和原因的性质，对经济社会制约因素的演化过程进行必要的分析，为最终改进问题提供一个面向未来的、不断发展的思路框架，并提交有关宏观分析报告给决策部门。第六，强化审计结果利用。发现问题和分析问题仅仅是绩效审计的初步目标，最终目标是发挥审计的建设性和预防性作用。要提高审计结果利用效果，关键是区分不同对象对审计结果利用的不同需求，开发出多层次的审计成果，推进审计成果的综合利用。

四、风险导向绩效审计模式

风险导向绩效审计模式立足于对审计风险进行系统分析和评价，并以此为出发点制订审计计划，实施审计实务。这种模式强调对政府及非营利组织风险的关注与评估，并以此为核心，对效果性、效率性和经济性进行审计。这里所说的风险是指组织的各个业务部门、各项业务活动和各项财产物资，受到不确定因素的影响，导致绩效不利变动的可能性。风险导向审计模式下，审计人员对被审计单位的各项业务或财产物资进行风险评估，按照风险评估结果的高低来确定进一步审计的内容。

风险导向审计使审计人员从被动地承受风险转变为主动地控制和降低审计风险，在提高审计效率的同时，又有针对性地控制和降低了审计风险，在一定范围内控制并且减轻了审计人员的责任，从而为现代审计开拓了新的思路。

绩效审计模式选择受到的影响因素较多，首要因素是审计的功能定位。审计的功能定位具有典型的时代特征，不同时代具有不同的经济复杂程度，同时也表现为不同的审计目标。我国对政府审计功能的认识，经历了从严肃财经纪律到国有资产的“守护神”，再到对权力的制约和监督的演化过程。现在的功能定位是，审计是保障国家经济社会健康运行的“免疫系统”。

免疫系统理论对绩效审计模式的产生有重要影响。根据免疫系统理论，要发挥审计保障国家经济社会健康运行的免疫系统功能，具体要通过“预防、揭露、抵御”三大功能来实现。在“预防”方面，及时发现苗头性、倾向性问题，及早感知风险，发挥预警作用；在“揭露”方面，查处违法违规、损失浪费、污染环境、损害群众利益、破坏民主法治等行为，揭示体制障碍、制度缺陷、机制扭曲和管理漏洞，保障经济社会安全健康运行；在“抵御”方面，注重对问题进行深层次分析，调动积极因素，防止消极因素“入侵”经济社会系统，促进体制改革、法治健全、管理强化、风险防范等，增强“免疫力”，推动经济社会全面协调可持续发展。这三大功能的实现，恰恰反映了审计内容从传统路径向深层次的拓展，体现了风险导向绩效审计模式的理念。

根据免疫系统理论，风险导向模式在绩效审计实践中的应用主要包括三个方面：第一，通过对重大风险领域的判断确定总体绩效审计计划。制订总体绩效审计计划时，应在对重大风险进行评估的基础上确定项目计划重点和先后顺序，同时关注影响经济社会健康运行的整体风险和潜在风险因素，发挥免疫系统功能的宏观性和前瞻性特质。第二，通过对整体风险、重点风险、单项风险的统一把握，实现对宏观多维层面的绩效评价。从宏观上来看，政府绩效包含政府部门的整体绩效、重点绩效以及单项绩效三个层面。无论是哪个层面的绩效审计，都体现出通过风险的提示和应对保障经济社会健康运行的免疫系统功能。第三，通过对具体绩效审计项目实施过程的风险分析实现微观绩效评价。基于单个项目的运营流程，绩效审计可分为投入审计、过程审计、产出审计以及影响审计四个阶段，并通过各个环节对风险的识别、评估、反馈与应对，发挥揭露问题、提示风险、改进机制、抵御风险的免疫功能，达到绩效增值的目的。

●第三节　宏观服务和微观服务绩效审计模式

绩效审计模式有不同的分类体系，本节介绍从绩效审计服务对象定位的视角来界定的绩效审计模式，包括宏观服务绩效审计模式和微观服务绩效审计模式。

一、宏观服务绩效审计模式

发达国家开展的绩效审计有几个重要的前提条件：一是基于相对完善的政府预算管理体系的财务审计已经相对成熟，形成了一套完整的财务报告体系和与之配套的报表审计体系，财务审计已经实现规范化和制度化；二是法律制度相对完善，财政财务活动中的违法违规问题相对较少，合规性已经不是审计的主要关注目标；三是政府职责相对明确，政府责任制度普遍建立，便于对责任开展考核评价，如美国还有专门的《政府绩效与结果法案》；四是三权分立条件下，对行政机关的绩效审计结果可以通过立法机关的监督得以落实。

国外绩效审计实践可以提供一定的参考，我国的基本国情决定我们的绩效审计不能照搬国外模式。中国特色的绩效审计模式必然与中国特色的现代化发展模式相适应。从经济社会发展模式来看，我国的现代化是伴随着从计划经济体制逐步向社会主义市场经济体制转轨的过程而推进的，这是一条以改革开放为主线的渐进式道路。所以，解决好体制机制和管理上的问题是当前中国发展现代化的主要任务。在这种背景下，我国绩效审计的探索和实践，必须围绕促进中国特色社会主义市场经济体制的健全和完善展开。

中国的绩效审计是在社会主义市场经济条件下，基于我国的政治、经济制度和政府管理水平而开展的。目前，我国开展绩效审计的环境具有五个方面的特征，这些都是选择绩效审计模式要考虑的因素。第一，以公有制为主体的经济特征，决定了政府审计机关任务繁重，目前尚不能对所有纳入监督范围的单位都进行审计，只能将重点与覆盖面结合起来选择财务审计对象。第二，我国的公共财政制度尚未完全建立，在财政支出中用于经济建设的支出仍占有相当大的比重。第三，我国的政府职能还在调整过程中，目前政府的主要职能仍然是组织经济建设，而不是经济调节。第四，我国的审计机关在本级政府的领导下开展审计工作，审计机关的工作目标与重点要服从于政府工作的总体目标。第五，审计发挥作用的途径主要是直接做出审计决定，被审计单位需要遵照执行，此外，还通过审计报告中所提建议和审计结果公告来督促被审计单位改进工作。

进入21世纪以来，我国审计机关对绩效审计进行了积极的探索，大力开展绩效审计已经成为各级审计机关的共识。政府审计作为经济社会运行的免疫系统，应该不断适应社会经济发展所带来的变化，围绕中心、服务大局，更好地发挥预防性、建设性作用。而要发挥审计的预防性、建设性作用，着力点在于宏观服务绩效审计，要在关注国家利益和经济安全的基础上，针对体制、机制、制度、政策方面存在的问题，及时主动地提出建设性的、可操作的意见和建议。

在这种背景下，浙江省审计厅率先提出宏观服务绩效审计，这是以全部政府性资金为主要对象、结果导向的绩效审计，是真实、合法、效益性相统一的绩效审计，是把握全局、突出重点、从揭露问题入手特别是以体制机制问题为突破口的绩效审计。宏观服务绩效审计以促进体制机制以及管理制度的规范和完善、评价公共政策和公共管理的有效性、促进资源节约和减少损失浪费、评价政府及部门的责任和资金使用的绩效为目标，适应我国现行体制和管理现状，是一条具有中国特色的新型绩效审计之路。具体来说，宏观服务绩效审计有以下内涵：（1）宏观服务绩效审计以宏观需求为导向。党委、政府、社会各界的需求是绩效审计立项的价值基础。审计立项是在广泛征求党委、政府、社会各界需求的基础上，评估、论证需求的有效性和可行性，从而确立审计目标，围绕审计目标进行取证，形成审计结果，跟踪评估需求的满足程度。(2) 宏观服务绩效审计以全部政府性资金为载体。国家经济社会的运行最终都体现在资金的运动上，因此，检查资金运行相当于确定人体是否得病时进行的“号脉”，以全部政府性资金为对象是全面、客观评价经济责任和绩效的基础。(3) 宏观服务绩效审计以真实合规性审计为切入点。在现阶段“3E”绩效审计的开展尚受制于评价指标体系、审计人员素质的前提下，以审计人员最拿手的真实合规性审计为切入点，有针对性地揭露管理、资金使用中的问题，是宏观服务绩效审计的最佳实现方式。(4) 宏观服务绩效审计以提供建议和信息为结果。宏观服务绩效审计结果载体应表现出灵活性，既可以采用审计报告、审计建议等形式，也可以对共性事项进行归纳总结，以审计信息、审计专报等形式提供给利益相关方。(5) 宏观服务绩效审计以实现问责制为方向。宏观服务绩效审计要为政府和公共部门的绩效考评服务，促进责任标准的建立和问责制的实现。

从审计的主要要素来看，宏观服务绩效审计有五个特征：一是在审计服务对象上，从面向被审计单位的行政执法型审计，向面向成果使用者的服务型审计转变。二是在审计目标上，从以查处问题为目的的审计，向从根本上解决体制、机制和管理等宏观层面突出问题为目的的建设型审计转变。三是在审计内容上，从主要关注财务收支真实合法性向主要关注体制效率、管理效能、资金效益、工作成效、政策效用转变。四是在审计成果运用上，从追求完成项目数量、查处问题金额等微观数量型审计，向以结果为导向，围绕中心，服务大局，从揭露问题入手，以解决问题为目的的成效型审计转变。五是在审计管理体系上，从以财务收支审计为核心的传统审计管理模式，向有利于绩效审计发展并以绩效审计为核心的现代审计管理模式转变。

不过，宏观服务绩效审计最突出的特点还是其目标定位。这种绩效审计模式的目标包括：(1) 为监督制约权力服务。绩效审计的目的和使命就是审查政府和公共管理部门的效能，审查其是否用好权、管好事。从这个意义上说，绩效审计是权力制衡的工具，民众借此制衡政府的权力。(2) 为体制、机制、制度服务。宏观服务绩效审计必须从揭露问题入手，分析体制、机制和制度原因造成的公共资源配置利用不当等问题，提出解决的建议。(3) 为党政宏观决策服务。通过审计摸清家底，为党委、政府提供准确、真实、可靠的情况，从而做出符合实际的决策。(4) 为政府性资金管理服务。审计监督最直接的服务对象是政府性资金管理部门，通过审计规范政府性资金管理运作。

根据宏观服务绩效审计的目标定位，审计内容主要包括：(1) 政策审计。政策是在一定时间内以一定资源实现一定目标的努力。政策审计是对政府政策制定及执行情况进行审查评价，即审查评价在政策制定上有无“缺位”，在政策执行上有无“缺位”或“越位”等情况。(2) 政府性专项资金（基金）审计。审计人员要坚持以人为本，围绕社会关注的各类热点、难点问题和与广大人民群众切身利益息息相关的各类专项资金（基金），如土地资金、社保基金、住房公积金、扶贫救灾资金等开展绩效审计，同时关注财政预算管理、财政转移支付、公共卫生、拆迁安置等政策措施的落实情况，严肃查处各种侵害人民群众合法权益的行为，提出完善有关政策措施的建议，为建立社会主义和谐社会提供审计支持。（3）国家投资建设项目审计。这是目前绩效审计最直接有效的突破口。政府投资绩效审计应重点审查建设主管部门上报的部门预算和同级财政部门批复的部门建设性预算，审查财政部门和主管部门对项目建设资金的分配和审批是否合理、合法，是否存在“暗箱操作”和挤占挪用建设资金等违规问题。在具体的国家投资建设绩效审计项目中，审计人员应着重抓住投资决策、资金使用、建设管理和投资效果四个环节开展审计。（4）经济责任审计。审计人员应重点从财政性资金收支的内控制度、反映地方经济发展的重要指标、财政财务管理中存在的问题及廉政建设四个方面着手，通过分析，评价其对财政收支的管理、控制、监督是否健全，重大项目的决策程序是否完善，财政性支出形成的国有资产是否得到了有效管理。

专项审计调查是宏观服务绩效审计最常用、最有效的方法。专项审计调查是具有中国特色的、解决当前审计工作一些突出问题的最有效的办法，也是绩效审计的一种有效形式。专项审计调查具有程序简便、灵活机动、宏观目的性明确、工作时效性和针对性强、效果明显等特点，能够针对宏观管理中存在的突出问题，侧重于加强分析研究，提出审计建议，更有利于发挥审计监督的建设性功能。

二、微观服务绩效审计模式

微观服务绩效审计是以具体审计项目为中心的绩效审计，开展这种绩效审计的目的是解决特定审计项目所面临的特定问题。政府审计机关开展的微观服务绩效审计项目主要包括行政事业单位绩效审计和项目绩效审计两大类。

行政事业单位是管理社会公共事务、进行各项国家行政管理工作的组织机构，它的各项活动经费主要依赖国家预算拨款。行政事业单位绩效审计的内容主要包括三个方面：资源投入经济性审计、管理效率性审计、工作效果性审计。

（一）资源投入经济性审计

资源投入经济性审计主要是检查行政事业单位是否用最少的投入完成了预期的任务，或达到了既定的目标。

1.对人员配备情况的审计

审查要点主要包括：第一，审查人员的编制情况。行政事业单位定编是否符合有关规定，是否与本单位的业务工作量相适应；人员是否按编制配备，有无超编或缺编。第二，审查人员的结构情况。人员是否根据德才兼备的原则录用和安排；是否按岗配人；职位、职数的分类、配备是否科学合理；专业技术职称（资格）的评聘是否与其学术（业务）水平相适应，是否符合岗位工作的需要；干部任免和考核是否符合有关人事、组织制度的规定。

2.对资金运用情况的审计

审计要点主要包括：第一，审查单位预算编制和年度工作计划的确定，包括预算编制的依据是否可靠，完成年度工作中确定的每一项具体任务所需要的资金是否在预算中得以安排，预算结构和计划内容是否科学、合理、有效等。第二，审查预算执行和各项工作的进行情况，包括资金来源和使用是否按批准的预算得以落实，工作任务完成过程中的资金投入是否及时、足额，有无浪费，是否在允许的范围内结合工作特点，积极组织预算外收入，弥补事业经费不足，有无执行过程中擅自更改预算和调整年度工作计划等。第三，审查预算执行结果及年度决算的编制情况，包括是否超出了预算的控制，决算编制是否真实可靠，年度工作计划的完成是否与预算执行相一致，有无因资金来源与开支标准相差悬殊而影响工作等不合理问题。第四，审查财经纪律执行情况，这主要是财务收支审计的内容，包括资金使用是否遵守了有关的财经法纪，有无挤占挪用、虚列支出、转移资金、偷漏税金、贪污私分、违反控购等违法违纪行为，有无挥霍国家资财、损失浪费等情况。

3.对财产物资投放情况的审计

审计要点主要包括：第一，审查财产物资的取得情况，包括财产物资是否通过正当途径取得，自制或租用费和购置经费是否按规定渠道列支，购置手续是否齐全，所购汽车是否符合车辆定编数和定编项目，取得财产物资的性能和质量是否符合工作需要，有无舍近求远、舍内求外、舍好求次的情况，添置的财产物资是否急需并适当考虑了以后的发展需要。第二，审查财产物资的使用情况，包括财产物资是否按规定投入使用，财产物资的利用效果如何，是否确保了行政事业单位各项业务活动的需要，财产物资的使用是否做到合理和节约。第三，审查财产物资的管理和养护情况，包括是否按规定建立固定资产和经费材料账卡，是否按规定建立了一整套的“收管用护”制度并实现了有效管理，财产物资是否被安全储存和保管，清理是否及时，固定资产变价收入是否按规定用于冲减购置费支出或上缴财政。

（二）管理效率性审计

管理效率性审计一般应包括下列内容：第一，审查机构设置是否科学。机构设置是否符合有关规定和程序，是否符合精简的原则；机构分工是否合理，职责和权力是否明确，是否有利于工作和管理；机构运作是否正常，工作是否协调，有无因互相扯皮而影响工作效率的现象。第二，审查人员管理是否合理。人员的使用是否恰当；岗位责任制是否落实和执行，个人工作能力与其承担的业务工作量的配比是否合理；人事管理、考核、奖惩制度是否科学、合理；人员的教育、培训是否充分、及时。第三，审查管理思想、工作作风是否端正。是否按照政治体制改革的要求切实转变职能，政企职责是否分开；是否按照勤政、廉政、高效的思想端正机关工作作风；领导干部工作作风是否正派，是否实行民主管理；工作人员是否遵纪守法。第四，审查管理方法和手段是否先进。管理机制是否健全并发挥作用，政府是否由定性分析向定量分析转变，实现量化管理；管理决策是否民主、科学；管理工作是否走上了制度化、规范化和科学化的道路；现代化管理手段是否最大限度地被引入和得到利用；现有管理潜力是否得到充分挖掘和利用，应配置的设备是否配套，已配置的设备是否已经发挥最大效果，有能力更新的设备是否已经更新。

（三）工作效果性审计

工作效果性审计包括工作任务完成情况审计和工作业绩审计。工作任务完成情况审计主要审查年度工作计划和任务是否已经完成，目标管理责任制所规定的各项职责及管理目标是否已经实现和落实；审查各项工作成果是否真实准确，是否在完成上级下达的工作任务的基础上，积极挖掘本单位的工作潜力，最大限度地拓展业务活动的范围，扩大业务工作成果。工作业绩审计主要审查各项业务活动是否按照党和国家的有关规定开展，是否符合党和国家的方针政策，是否体现国家利益和人民群众的利益，行政事业单位所开展的各项工作是否对社会和各项事业的发展有益，是否考虑了社会效益，行政事业单位是否在保证完成工作任务、确保社会效益的前提下，在国家政策允许和本职工作范围内，追求本单位的经济效益。

"项目"现在已经成为人们使用得越来越频繁的词汇。"项目"各种各样，大部分"项目"属于投资项目。投资项目绩效审计的内容应紧紧围绕投资过程和投资结果，主要查证以下四方面的问题：一是投资决策；二是建设管理，是否切实地履行基建报批程序，征地拆迁、招投标、承发包和合同签订有无违规，建设管理、设计、监理是否到位，有无质量事故或是否延误工期等；三是资金使用，筹资渠道是否合规，资金是否及时足额到位，有无转移、挪用、截留、出借等，费用开支是否符合规定，成本核算（包括工程造价）是否真实、完整、合法等；四是投资效果，投资项目是否及时验收并交付使用，投资效果是否达到决策目标，通过各项指标评价经济效益和社会效益。

●第四节　独立型和结合型绩效审计模式

绩效审计是指审计机关对被审计单位管理和使用公共资源的经济性、效率性和效果性所进行的检查和评价；在多数情况下，绩效审计是作为独立审计项目来开展的，这就是独立型绩效审计。在有些情形下，绩效审计可能与其他审计项目合并进行，这就是结合型绩效审计。本节将介绍这两种类型的绩效审计模式。

一、独立型绩效审计

独立型绩效审计就是将绩效审计作为一个独立的项目来开展，不是将绩效审计的内容融于其他类型的审计项目中。大多数国家的绩效审计是独立型绩效审计，只有加拿大等少数几个国家将绩效审计与其他类型的审计结合进行，实行综合审计模式。所以，一般意义上的绩效审计就是独立型绩效审计。

从目前的情况来看，独立型绩效审计项目应该作为探索的重点方向。深圳市率先开展的绩效审计基本上都是独立型绩效审计项目。独立型绩效审计项目的选择，首先应紧密联系实际，要与当前党委政府的工作重心相结合，从人民群众关注的热点问题入手。其次，审计立足点要高，这样有利于贯彻和体现绩效审计的理念，有利于从宏观的角度来分析、研究问题，具有一定的审计可增值性。同时，还必须考虑审计项目的可操作性，选择审计力所能及而且容易为被审计单位和相关部门所接受、支持、配合的项目。独立型绩效审计的重点方向包括：

（1）以促进经济平稳发展为目标的宏观绩效审计模式。在实施绩效审计的过程中，必须始终贯穿促进经济平稳较快发展这条主线，正确处理好微观与宏观的关系，做到从微观项目入手，从宏观方面分析问题，同时要对宏观经济政策实施情况及效果、公共资源和财政资金配置情况及效果进行宏观分析，及时揭示执行中出现的普遍性、倾向性问题，深入分析各项政策的综合效应，要抓住关键和重点，为进一步完善宏观管理提供参考。

（2）以揭露问题为抓手的制度建设绩效审计模式。在实施绩效审计过程中，正确处理好揭露问题与解决问题的关系，真正把重大损失浪费、影响国家安全和政策目标实现的问题揭示出来，提出有针对性、可操作性的审计建议。从体制、制度层面提出建议，为党委、政府提供决策依据，推动深化改革，严肃揭露和查处违背国家宏观调控政策的问题，保障政策措施落实的及时性和有效性，并从管理体制、投融资体制及运营体制等制度方面提出审计建议。

（3）以关注民生为导向的社会效益绩效审计模式。在实施绩效审计过程中，正确处理好经济效益、社会效益和生态效益的关系，围绕政府中心工作和人民群众普遍关心的热点问题，特别是民生问题，积极开展民生审计。在关注经济效益的同时，将社会效益和生态效益摆在更加突出的位置，加强对民生、民享、民用项目的审计。促进财政资金使用绩效提高，维护人民群众的根本利益，促进和谐社会的建设。

（4）以资金使用效能为基础的行政绩效审计模式。在实施绩效审计过程中，正确处理好资金使用绩效与政府行政效能的关系，把评价资金使用绩效与评价政府行政效能统一起来。通过审查分析政府性资金使用的经济性、效率性和效果性，提高资金使用效益，维护经济安全，促进可持续发展。

（5）以专项资金调查为方式的调查绩效审计模式。在实施绩效审计过程中，以提高专项资金使用效益、促进经济可持续发展为目标，加强对关系经济社会发展和人民群众利益的农业、环境、能源及社会保障等公共领域专项资金的审计调查，重点对政策措施的制定、落实情况及其合理性、有效性进行审查，揭示有关政策落实方面存在的问题，促进相关政策制度的完善。

（6）以建设项目效益为内容的固定资产投资绩效审计模式。在实施绩效审计过程中，以完善投资管理体制、促进固定资产投资效益提高为目标，开展对道路建设、水利工程、城市基础设施等重点投资项目的绩效审计和国家专项建设资金绩效审计，评价投资项目效益，查处违法违规问题，重点揭露影响投资项目经济、社会和生态效益的主要问题。

二、结合型绩效审计

结合型绩效审计就是将绩效审计与其他类型的审计项目结合起来进行，通过一个审计项目，完成多种审计类型的审计目标。这种绩效审计模式类似于加拿大的综合审计模式。中国特色的绩效审计实质上是财务审计向成熟的绩效审计发展过程中必然经历的阶段，这需要一个较长的过程，并非一朝一夕可以成功。结合型绩效审计模式可能是最容易开展的绩效审计模式。首先，从理论上来说，审计作为保障国家经济社会健康运行的免疫系统，具有预防、揭示和抵御的功能，可见，免疫系统功能是多功能的结合，而绩效审计本身也是真实性、合法性、经济性、效率性、效果性等审计的结合体。因此，在绩效审计中，运用结合型绩效审计，有利于充分发挥审计的免疫系统功能。其次，从实践上来说，各级审计机关都在努力探索提高绩效审计工作水平的方式和方法，但总的来讲，具有突破性的创新较少。由于绩效审计本身具有全面性、综合性、前瞻性等特点，使得绩效审计难以形成统一的审计模式，这也使得绩效审计的水平在短期内难以提高。而结合型绩效审计既是审计实践的产物，也是一种思维方式，将其再应用于实践，有利于提升绩效审计的水平。

在结合型绩效审计模式下，不是单纯地将某个项目作为资产负债损益项目、财务收支项目、预算执行项目、经济责任项目或投资项目，而是要以法律设定的审计目标为导向，就是真实性、合法性、效益性结合下的绩效审计项目。在结合型绩效审计模式下，审计方式不是单纯地根据审计通知书确定某个项目是审计调查项目还是审计项目，而是要根据情况，对审计项目中的个别事项或特别事项进行必要的审计调查，实现审计与审计调查的有机结合。

在结合型绩效审计模式下，注重将绩效审计与常规审计相结合，把握绩效审计重点，拓宽绩效审计范围，注重从政策执行、资金使用、资源利用、行政效能等诸多方面综合分析和评价资金的经济性、效率性和效果性，促进提高公共资源配置使用的合理性和有效性，充分发挥审计的建设性作用。具体来说，结合型绩效审计模式的融合或审计范围的拓展主要有以下方式：

（1）在预算执行审计中体现绩效审计理念。在开展财政预算执行审计时，注重审查预算安排的合规性和科学性，关注财政支出结构分析、财政支出增长情况分析，关注预算资金使用效益、行政运行成本和行政效能，注重从宏观的角度揭示和反映部门在预算编制、管理和执行过程中存在的缺陷与问题，提出完善财政预算管理体制、健全财政资金绩效评价体系等建议，促进规范预算管理，提高财政资金使用效益，推动公共财政体制的建立和完善。

（2）在专项资金审计中融入绩效审计内容。在对民生、生态环境、社会保障、教育等专项资金审计和审计调查中，引入绩效审计理念，检查国家政策的贯彻落实情况，关注项目实施后产生的效果，注重从政策层面提出有深度、有价值的审计意见和审计建议。

（3）在经济责任审计中引入绩效评价。在对领导干部经济责任审计中，通过绩效审计理念的引入充实经济责任审计的内容，重点关注领导干部经济社会发展能力、依法行政能力、科学决策能力、内部管理能力及个人廉洁情况，对领导干部任职期间财务收支的真实性、合法性、效益性进行评价，对重大经济决策事项是否存在决策失误、损失浪费、国有资产流失等问题进行真实的反映，做出客观的评价。

（4）在投资领域大力推进绩效审计。在开展投资审计时，坚持以财务收支审计为基础，通过检查资金的拨付、管理和使用情况，揭示投资建设过程中存在的问题，深层次剖析投资管理体制中的缺陷及不适应经济发展的方面和环节，促进减少损失浪费和节约资源，完善投资管理体制，提高工程建设管理水平和投资效益，同时加大对投资效益的分析和对投资决策、投资管理机制的评价。

复习思考题

1.结果导向绩效审计模式的思路是什么？
2.过程导向绩效审计模式的思路是什么？
3.问题导向绩效审计模式的思路是什么？
4.风险导向绩效审计模式的思路是什么？
5.宏观服务绩效审计模式的思路是什么？
6.微观服务绩效审计模式的思路是什么？
7.独立型绩效审计模式和结合型绩效审计模式的区别是什么？

第二篇

技术篇

本篇介绍绩效审计技术的原理、操作及应用，主要内容包括：(1) 绩效审计技术概述，包括国外绩效审计步骤、我国绩效审计步骤、绩效审计方法概览、绩效审计准则、绩效审计标准、绩效审计证据。(2) 绩效审计项目选择方法和计划编制方法，包括选择绩效审计项目的程序和方法、绩效审计计划的编制方法。(3) 绩效审计现场取证方法，包括绩效审计现场取证方法及其运用、绩效审计现场取证方法的科学选择。(4) 绩效审计分析和评价方法，包括绩效审计分析方法、绩效审计评价方法。(5) 绩效审计后续跟踪审计方法，包括绩效审计后续跟踪审计概述、绩效审计后续跟踪审计的工作内容与步骤、绩效审计后续跟踪审计技术。(6) 绩效审计质量控制方法，包括绩效审计质量控制方法概述、审计项目计划阶段的质量控制、审计实施阶段的质量控制、审计终结阶段的质量控制、审计档案归档与后续跟踪质量控制。(7) 信息技术在绩效审计中的应用，包括信息技术在绩效审计中应用的方式，以及绩效审计中的数据采集、分析和结果显示。

第二章

第三章

绩效审计步骤及技术方法概览

主要知识点

绩效审计步骤就是绩效审计项目从开始到结束需要经历的阶段。有人将绩效审计步骤称为绩效审计程序，认为审计程序就是为完成审计工作所需经历的步骤。我们认为，这是对审计程序的望文生义的理解。事实上，审计程序（audit procedure）是指获取审计证据的技术或方法，虽然方法本身可能有步骤，但是审计程序不是指整个审计项目所经历的阶段。根据上述对审计步骤的界定，本章有两个主题：一是介绍国外和我国的绩效审计步骤；二是对绩效审计各步骤可能用到的审计技术方法作清单式列示。具体来说，本章主要内容包括：国外绩效审计步骤；我国绩效审计步骤；绩效审计方法概览。

关键概念

绩效审计步骤；绩效审计方案；绩效审计方法

第一节　国外绩效审计步骤

就政府审计来说，世界上有多种审计体制，不同审计体制下的政府审计机关都在开展绩效审计。我们首先对不同审计体制下有代表意义的国家审计机关开展绩效审计的步骤做简要介绍，然后介绍最高审计机关国际组织倡导的绩效审计步骤和最高审计机关亚洲组织倡导的绩效审计步骤。

一、具有典型意义的几个国家的绩效审计步骤

美国绩效审计步骤大致分为五个阶段：一是初步调查，收集项目实施单位的基

本情况和资料，了解相关背景；二是审查管理监督系统，测试与审计项目相关的项目实施单位管理监督系统的健全性和有效性，并取得相关的证据，确定审计评价标准和初步审计目标；三是编制审计计划，确定审计范围，提示风险领域；四是实施详细检查，按照审计目标收集相关、重要、充分的证据，以审查项目执行者是否按照项目规划的目标来组织实施，以及是否达到了预期效果；五是生成审计报告，提出审计结论，汇报管理层，实施跟踪审计。

英国审计署开展绩效审计的第一步是选择一些有价值的项目来开展绩效审计。绩效审计项目的选择采取自由申报、平等竞争的方式确定。在制订审计工作计划时，有关审计小组针对通过审计可能发现问题的领域及通过审计可以大幅改善绩效的领域提出项目建议。然后，审计小组针对选定的项目进行前期调查。前期调查结束后，需要提交调查报告，调查报告中要提出项目审计的预案。预案也被称为战略计划，需要包含以下几方面的内容：项目所涉及的资金能否审计，是否有证据表明其绩效差，是否是政府、议会及公众关注的事项，这一项目对审计机关而言是否有风险，实施时机是否恰当，开展审计能否取得预期的效果。审计预案一旦获得批准，审计小组就可以制订审计工作方案，开展初步评估。其主要工作内容包括：分析评价对该项目开展全面调查评估是否必要；重新考虑预案中提出的方法是否适当；制订一个包括审计组成员要求和时间安排的行动计划。初步评估结束后，审计小组要形成初步评估报告。如果审计小组认为继续开展该审计项目不能达到预期的效果，则可以建议停止该审计项目。此时，不再需要对该项目进行全面调查评估。全面调查评估是绩效审计最主要的阶段。这一阶段要证实初步评估发现的问题，并收集和分析有关证据。全面调查评估结束后，审计小组就可以起草审计报告。审计报告起草完成之后，要先征求被审计单位的意见。在征求被审计单位意见之后，审计小组对审计报告进行修改，经主管领导审核后，就可以提交了。审计结束后的一定时期内，审计机关要对被审计单位落实审计建议的情况进行评价，以追踪检查审计建议落实情况。

加拿大绩效审计以综合审计的方式开展，主要分为审计计划、审计实施和审计报告三个阶段。审计计划阶段的主要工作是选择审计对象、制定绩效审计标准和起草审计方案；审计实施阶段的主要工作是运用适当的审计方法，收集审计证据，综合分析收集到的信息，应用审计标准评价被审计单位的绩效情况，得出审计结论，提出审计建议；审计报告阶段的主要工作是编制审计报告、确定审计报告、提交审计报告和使用审计报告。

德国是独立审计体制的典型代表。联邦审计院开展绩效审计的第一步是制订审计方案，审计方案中要明确审计目标和重点、审计时间安排，以及通过何种形式对审计结果做出报告。审计方案确定之后，第二步是下达审计通知。审计通知的内容包括审计对象名称、审计调查开始和预计的持续时间、审计负责人及审计组成员、要求支持并提供的设施、要求准备好的资料。审计通知下达之后，就是实施审计调查。在这一阶段，审计人员根据审计方案，切实全面地对重要事实进行实地审计调查，并现场决定具体步骤和实施细节。审计调查结束后，联邦审计院以审计通告的形式将审计结果通知有关部门，并请各部门对此发表意见。在收到被审计单位的意见后，联邦审计院发出进一步的审计通告。

法国是司法审计体制的典型代表。法国审计法院开展绩效审计的第一个步骤是制订审计计划。审计法院的年度工作计划首先由其下设的审计法庭报送，经过审计法院的计划委员会讨论确定。绩效审计计划确定之后，审计法院把任务分配到各个审计法庭，相关法庭组成审计小组，由审计小组向被审计单位下达审计通知书。接下来，审计小组开展现场审计工作，审查被审计单位的凭证、账表等资料，对有关人员进行调查和核实，并撰写审计报告。审计报告提交审计法院检察长办公室审核，由高级法官对审计报告反映的问题和处理意见及审计程序进行检查，提出审核意见。然后，审计法院相关法庭对审计报告相关事项组织讨论，形成合议结论，并向被审计单位提出初步审计意见，被审计单位需要在规定的时间内对初步审计意见予以回复。在此之后，审计法院举行由被审计单位负责人和有关人员参加的听证会。在此基础上，审计法院集体做出终审结论，以审计法院首席院长、检察长或庭长的信函方式向被审计单位或有关单位发出行政通告。

2003年之前，瑞典国家审计体制属于行政型。在这种审计体制下，瑞典国家审计局从20世纪60年代开始实施绩效审计，到20世纪80年代，绩效审计成果显著并积累了丰富经验。所以，瑞典的绩效审计步骤也具有一定的典型意义。瑞典绩效审计过程包括审前调查、审计实施和审计终结三大阶段。审前调查的主要工作包括选择审计问题和制订审计工作计划。完成审前调查之后，要形成书面的调查备忘录，将选定的审计问题和制订的审计工作计划作为审前调查备忘录的组成部分。审计实施也称为调查研究，包括收集审计资料和分析审计资料两项工作。审计终结包括起草审计报告、发布审计报告和后续工作。

二、最高审计机关亚洲组织的绩效审计步骤

最高审计机关亚洲组织《绩效审计指南》指出，绩效审计循环中的关键性步骤包括战略规划、启动审计、执行审计、后续跟踪审计。

绩效审计的第一步是战略规划，即收集和关注那些有助于确定潜在审计领域的各个部门的信息。潜在的题目经过分析和分类之后形成各单位的年度审计战略文件。

当某个题目被选定后，就将启动绩效审计工作。第一步是制订计划，详细规定执行审计的要求；可能还需要进行一些初步研究，收集与该题目相关的信息，以及确定审计的重大事项。

绩效审计的执行阶段主要包括以下事项：制订和执行审计程序方案；收集足够且可靠的相关证据，包括数量和质量分析，并将这些证据形成书面文字；起草审计结果、审计结论和建议；起草讨论稿，在项目结束会上确认审计结果；起草提交政府、立法机关、被审计单位和公众的审计报告。在绩效审计的各个阶段都应当着眼于起草一份既有影响力又统筹兼顾的最终报告的任务。起草报告的过程是一个围绕

审计主题而进行的抽样、提出假设和修订假设的连续过程。因此，在整个审计过程中都应当考虑诸如审计的预期影响和价值、节余情况、形成审计结论的方法等事项。

后续程序可以明确审计影响和被审计单位执行审计建议的过程。在后续程序中，后续跟踪审计占有极为重要的地位，它可以向最高审计机关、立法机关和政府反映绩效审计在改善公共机构管理方面的成效。

三、最高审计机关国际组织绩效审计步骤

最高审计机关国际组织《绩效审计指南》指出，绩效审计周期包括战略规划、前期研究（准备工作）、主要研究和后续跟踪程序四个阶段。

战略规划是选择未来审计主题的机制和详细计划的基础，它还可以作为一种对于未来审计方向进行战略性决策的手段。战略规划与最高审计机关的年度计划体系相关联，在确定审计项目优先次序和选择可能实施的审计项目方面，是一种有用的工具。战略规划的结果，通常是为最高审计机关提供一个连贯、可靠的审计项目表，并作为编制操作性计划和进行资源配置的基础而发挥作用。规划的编制可以按如下步骤进行：第一，确定潜在审计领域。审计领域的选择涉及对于最高审计机关具有重大意义的战略选择。潜在审计领域相当多，而最高审计机关的能力是有限的，这意味着必须谨慎地进行选择。第二，建立可用于这些选择的标准。主要的选择标准可能是最高审计机关在评估和改进政府及其相关机构职能方面做出的主要贡献。一般的选择标准如下：①增加价值。对于开展优质、有用的审计的期望越高，而以前审计或其他评价涉及的政策领域或项目越少，可能增加的价值就越大。增加价值与提供新的知识和视角有关。②重要问题或问题领域。经济性、效率性和效果性或公众信任的风险越大，问题就越重要。③风险或不确定性。战略规划可以基于风险分析，即对现存问题或潜在问题迹象的分析。低效率的领域所涉及的公共利益越多，风险越大（了解越少），不确定性也就越大。这种与一个单位或政府项目有关的指标或因素的积累，是对最高审计机关发出的重要信号，并应使最高审计机关做出审计计划，其审计范围取决于所发现的线索。

在开展主要研究之前，重要的是确定审计目标、范围以及实现目标的方法。这通常是前期研究阶段的任务。前期研究的目的在于确定是否具备开展主要研究的条件。如果确实具备这种条件，审计人员就撰写一个附有工作计划的方案。另外，前期研究还提供关于了解被审计单位、项目或活动所需的背景知识与信息。起草审计方案的重要步骤如下：确定要研究的具体问题和审计目标；确定审计框架和审计设计；确定质量保证、审计组、时间表和资源。审计人员应把审计目标、范围和时间计划安排告知被审计单位。

主要研究的目的是执行工作计划、开展审计并出具高质量的审计报告。开展审计既可以被看作分析过程，也可以被看作沟通过程。在分析过程中，审计人员需要收集数据、解释数据并加以分析。而沟通过程在审计人员首次向被审计单位说明审计事项的时候就开始了，并随着审计过程的进展以及审计发现、论证和观点的分析而持续进行，直到出具审计报告。审计人员与被审计单位进行坦诚的、建设性的对话是非常重要的，但秉持职业操守更重要。工作计划必须得到遵循，相关准则也要得到遵守。一项绩效审计并不是由一系列明确的、可以顺次独立执行的措施、程序和子过程组成的。实践中，绩效审计的不同子过程之间相互交叉，所用方法也颇为复杂。

审计人员可以采用多种方式实施后续跟踪程序，如内部检查和评估、研讨会、专项跟踪审计等。后续跟踪程序有助于使审计报告提出的建议得以有效实施，并向最高审计机关、立法机关和政府提供有关绩效审计效果的反馈信息。在出具跟踪审计报告时，审计人员应该保持客观性和独立性，并强调所发现的薄弱环节是否得到纠正，而不是所提出的审计建议是否得到采纳。后续跟踪活动具有以下四个主要目的：①提高审计建议得到落实的可能性，从而提高审计报告的效果；②协助政府和立法机关的工作；③为评价审计机关绩效提供依据；④为学习和发展创造动力，以获得更多的知识并改进实务工作。

第二节　我国绩效审计步骤

我国对绩效审计的探索始于20世纪80年代，审计署积极推进绩效审计，各地方审计机关也积极探索绩效审计。当然，到目前为止，我国还没有权威的绩效审计指南，所以，也就没有权威的绩效审计步骤。本节介绍各级审计机关确定的绩效审计步骤。

一、我国最高审计机关确定的绩效审计步骤

《中华人民共和国审计法实施条例》第五章专门规范了审计程序，这里的审计程序就是审计步骤，并不是审计取证技术和方法。《中华人民共和国国家审计准则》没有专门将审计步骤作为独立的章节，但是，从其内容体系来看，是将审计步骤分为审计计划、审计实施和审计报告三个阶段。结合《中华人民共和国审计法实施条例》和《中华人民共和国国家审计准则》来看，我国最高审计机关界定的审计步骤各阶段的具体内容是清晰的，这些规定也适用于绩效审计项目。

（一）审计计划阶段

审计机关应当根据法律、法规和国家其他有关规定，按照本级人民政府和上级审计机关的要求，确定年度审计工作重点，编制年度审计项目计划。

审计机关在年度审计项目计划中确定对国有资本占控股地位或者主导地位的企业、金融机构进行审计的，应当自确定之日起7日内告知列入年度审计项目计划的企业、金融机构。

审计机关应当根据年度审计项目计划，组成审计组，调查了解被审计单位的有关情况，编制审计方案，并在实施审计3日前将审计通知书送达被审计单位。

（二）审计实施阶段

审计人员实施审计时，应当按照下列规定办理：通过检查、查询、监督盘点、

发函询证等方法实施审计；通过收集原件、原物或者复制、拍照等方法取得证明材料；对与审计事项有关的会议和谈话内容做出记录，或者要求被审计单位提供会议记录材料；记录审计实施过程和查证结果。

审计人员向有关单位和个人调查取得的证明材料，应当有提供者的签名或者盖章；不能取得提供者签名或者盖章的，审计人员应当注明原因。

（三）审计报告阶段

审计组向审计机关提出审计报告前，应当书面征求被审计单位意见。被审计单位应当自接到审计组的审计报告之日起10日内，提出书面意见；10日内未提出书面意见的，视同无异议。

审计组应当针对被审计单位提出的书面意见，进一步核实情况，对审计组的审计报告作必要修改，连同被审计单位的书面意见一并报送审计机关。

审计机关有关业务机构和专门机构或者人员对审计组的审计报告以及相关审计事项进行复核、审理后，由审计机关按照下列规定办理：提出审计机关的审计报告，内容包括对审计事项的审计评价，对违反国家规定的财政收支、财务收支行为提出的处理、处罚意见，移送有关主管机关、单位的意见，改进财政收支、财务收支管理工作的意见；对违反国家规定的财政收支、财务收支行为，依法应当给予处理、处罚的，在法定职权范围内做出处理、处罚的审计决定；对依法应当追究有关人员责任的，向有关主管机关、单位提出给予处分的建议；对依法应当由有关主管机关处理、处罚的，移送有关主管机关；涉嫌犯罪的，移送司法机关。

审计机关在审计中发现损害国家利益和社会公共利益的事项，而处理、处罚依据又不明确的，应当向本级人民政府和上一级审计机关报告。

被审计单位应当按照审计机关规定的期限和要求执行审计决定。对应当上缴的款项，被审计单位应当按照财政管理体制和国家有关规定缴入国库或者财政专户。审计决定需要有关主管机关、单位协助执行的，审计机关应当书面提请协助执行。

审计机关进行专项审计调查时，应当向被调查的地方、部门、单位出示专项审计调查的书面通知，并说明有关情况；有关地方、部门、单位应当接受调查，如实反映情况，提供有关资料。在专项审计调查中，依法属于审计机关审计监督对象的部门、单位有违反国家规定的财政收支、财务收支行为或者其他违法违规行为的，专项审计调查人员和审计机关可以依照审计法和审计法实施条例的规定提出审计报告，做出审计决定，或者移送有关主管机关、单位依法追究责任。

二、各地审计机关确定的绩效审计步骤

（一）深圳市审计局确定的绩效审计步骤

深圳市审计局对绩效审计的探索较早，不过并没有公布绩效审计指南。根据相关材料介绍，深圳市审计局开展的绩效审计包括以下步骤：

1.绩效审计项目的策划及预选

项目来源有二：一是从预算执行审计的延伸审计过程中挑选合适的备选项目；

二是从相关信息中进行选择。

项目筛选遵循四项原则：重要性原则、时效性原则、可行性原则、增值性原则。

2.审前调查

审计人员要把调查的内容框定在被审计单位利用公共资源购买产品或购买服务所达到的目标、营运管理和资源利用过程的绩效状况等方面。审前调查主要围绕资源配置、财政资金分配、建章立制、经济效益和社会效益、内控制度等方面的情况进行深入调查，要求被调查单位提供相关书面材料。审前调查一要有战略眼光，二要讲求公共关系。

3.审计方案的制订

审计方案的制订是绩效审计的重要环节。由于绩效审计具有特性，因此审计方案的个性化特征尤为明显。审计方案的制订要体现战略研究的理念，解决传统审计中“两头小，中间大”的状况。审计方案涵盖的主要内容包括项目名称、审计类别、审计工作时间（审计期间）、审计范围、方案编制依据、审计项目基本情况、审计目标、审计内容和重点、审计风险评估、审计人员分工和工作步骤。

4.现场审计取证

审计人员要选点进行符合性测试，检查各项制度执行情况，检测各类核算是否完善、统一，进一步确定审计内容和工作步骤，在此基础上，深入现场实施审计，根据修正后目标和评价标准体系确定审计取证范围，回收审计取证数据表格，获取、核实、分析数据。

5.综合分析和征求意见

此阶段需要完成的主要工作包括：整理取证材料、工作记录、重要事项工作底稿；扩充宏观经济知识，增强为宏观决策服务的意识；初步确定审计报告文体格式；组织专家研讨、座谈和评估；关注被审计单位对审计报告的意见和反应（由始至终的互动过程）。

6.撰写审计报告

撰写审计报告是体现审计成果的重要环节。审计报告的基本内容和结构包括：审计情况基本评价，侧重于对审计结果的表述和对审计对象绩效情况的评价；影响绩效的主要问题和环节；审计建议（亟待解决和改进的问题）；被审计单位的意见和反应（可根据情况综合反映）；必要时可增加附录，主要包括被审计单位资讯、审计人员所做的统计图表、照片等资料。

7.绩效审计成果的提升

审计人员撰写审计报告之后，还需要提升绩效审计成果：一是对被审计单位出具审计报告（或审计决定）并追踪整改情况，逐步形成问责机制；二是向政府报出绩效审计结果，受政府委托向人大提交绩效审计工作报告并通过人大审议，旨在为宏观决策服务；三是采取适当的公告制度，应注意审计公告的内容和形式。

（二）《青岛市审计机关绩效审计通用操作指南（试行）》确定的绩效审计步骤

1.审计计划

审计计划是指审计机关应制订绩效审计战略规划，确定绩效审计工作目标，制订本年度绩效审计计划。审计机关既可以选择某个单位开展绩效审计，也可以就某项专题跨单位进行绩效审计。绩效审计项目选择应遵循重要性、实效性、可行性等原则。绩效审计项目按照开展方式分为独立型和结合型。

2.审前准备

审前准备是指审计机关按照《青岛市审计局审计项目质量控制暂行办法》的相关规定进行审前调查，学习和收集相关资料，明确审计的目标、范围和重点，初步确定审计评价标准，设计审计方法，编制审计方案，下达审计通知书。

3.审计实施

审计实施是指审计组依据审计实施方案，按照《青岛市审计局审计项目质量控制暂行办法》的要求，召开进点会，取得审计证据，编制审计工作底稿。审计人员可以从下列途经获取绩效审计证据：（1）审计人员直接采集、编制和分析的资料，包括调查记录，问卷分析的结果，与被审计对象和被审计事项有关的录音、照片、录像带、光盘等资料，审计人员通过观察取得的对相关的内部控制状况的估计，审计人员在审计过程中通过计算和分析形成的证据资料等。（2）通过被审计对象取得的资料，包括被审计对象提供的有关会计凭证、账簿、报表中记录的相关数据，被审计对象提供的与审计项目有关的计划、报告、决议、措施、办法、制度、规定、批复等文件以及会议记录、工作总结、内部审计资料等，从被审计对象信息管理系统中采集与生成的数据信息等。（3）从第三方收集的资料，包括与审计项目相关的法规、政策性文件、实施细则、可操作手册、上级的指令和授权，被媒体公开的被审计对象的预算表、财务收支数据以及经营目标、经济效益等数据，来自公共文献、图书、调查研究报告的信息等。从第三方收集的资料未经审计人员证实，一般不能直接用来支持审计结果和结论。

4.审计报告

审计报告是指在审计实施结束之后，按照《青岛市审计局审计项目质量控制暂行办法》的要求，撰写审计报告，召开业务会议，征求被审计对象意见，出具正式审计报告。

绩效审计报告的撰写应注意以下几点：在初步审计结论的基础上，通过分析形成完整全面的审计结果；在证据充分的基础上形成能够引起关注的审计建议；撰写及时，确保审计建议的时效性；报告语言应当做到行文简练、突出重点、结构逻辑性强、通俗易懂，尽量避免使用专业术语，适当运用分析图表、照片；审计报告的评价意见应坚持客观公正、实事求是、定性分析与定量分析相结合、及时沟通的原则。

5.后续跟踪检查

后续跟踪检查是指审计组在完成绩效审计结果报告之后，对审计项目的效果和质量进行检查，促进审计决定和建议的落实、采纳等行为。

（三）《兰州市绩效审计暂行办法》确定的绩效审计步骤

审计机关应当根据法律、法规、规章和国家有关规定，按照本级政府和上级审计机关的要求，结合本地实际情况，编制年度绩效审计项目计划。审计机关应当选择评价标准易于确定、对提高管理水平具有潜在可能、涉及群众切身利益和群众普遍关心的审计领域，作为绩效审计工作的重点。

审计机关根据年度绩效审计项目计划编制绩效审计项目实施计划。绩效审计项目实施计划的内容包括绩效审计项目的目标、实施时间、参审人员、审前培训、审前调查、实施方案、被审计单位或项目的基本情况、审计固有风险的预测以及相关资料或信息收集的渠道及方法等。

审计机关根据绩效审计项目实施计划开展绩效审计工作，实施项目审计。绩效审计一般应当包括如下阶段：

1.审前调查

审计人员应当按照绩效审计项目实施计划，对被审计单位或项目的基础资料、总体概况、资源状况、管理机制和内控制度以及评价标准等方面进行审前调查。

2.审计调查复核

审计人员应当根据审计实施方案确定的具体审计目标和具体审计内容开展审计调查复核。审计调查复核应当通过审阅观察、询问函证、问卷调查、抽样核对、计算测试、统计分析、图表分析和对比分析等方法，围绕审计目标收集相关、合法、客观和充分的审计证据。

3.分析判断评价

审计人员应当对收集的资料和审计证据进行汇总，并与被审计单位及其管理部门以及有关专业人员就每个项目的具体情况、国家政策、行业标准、项目目标等方面共同研究讨论，以确定该项目公认的审计评价标准。将审计调查复核结果与最终确定的审计评价标准进行对比分析，在与被审计单位和相关部门进行充分沟通后，做出审计评价。

4.制发审计报告

审计人员应当根据项目审计调查后做出的审计评价意见和审计证据以及项目的具体目标撰写绩效审计报告。绩效审计报告的内容可以因审计评价对象和目标的不同有所侧重，但其主要内容应当包括审计的目标、范围、方法、被审计单位和项目的基本情况、运用审计调查手段得出的审计评价结果、审计改进建议、论证审计结果的事实证据和被审计单位的反馈意见等。审计机关应当向被审计单位和相关部门以及本级政府出具绩效审计报告。绩效审计报告在正式制发前应当征求被审计单位的意见，被审计单位的意见予以采纳的，应当对绩效审计报告作必要的修改；被审计单位的意见不予采纳的，在正式出具绩效审计报告时，应当将其一并提交。

5.审计跟踪检查

审计机关应当在法定期限内对已出具的绩效审计报告或审计决定书进行跟踪检查，检查被审计单位和相关部门执行与落实审计建议和决定的情况。被审计单位和相关部门应当积极配合，不得无故拒绝和拖延。

（四）《绍兴市宏观服务型绩效审计管理办法（试行）》确定的绩效审计步骤

1.审计计划

宏观服务型绩效审计项目应当按照能审计、能评价、能提出可行性建议的要求，遵循以下原则确定：宏观性原则、重要性原则、时效性原则、可行性原则、预防性原则。制订宏观服务型绩效审计项目年度计划按以下程序进行：

（1）立项申请。审计机关应多方调研，广开渠道，广泛征求党委、人大、政府、政协、社会公众、审计系统内部意见，以使用者需求为导向，提交项目申报表。立项时应明确审计目标，且有预期审计成果。

（2）确定初选项目。审计机关计划部门组织内外部审计专家、相关部门等力量进行项目优选论证，对初选项目的意义、所要达到的目标和达到目标的可行性进行研究论证，筛选出立项项目并确定优先顺序。

（3）确立计划。局长办公会议根据项目的优先顺序和审计机关的资源配置制订项目计划，并明确各项目审计目标和组织方式，确定年度重大项目。

2.审前准备

首先，强化审前调查。以履职为切入点，以促进体制效率、管理效能、资金效益、政策效用发挥、资产安全、资源节约、生态环境改善等为目标，重点调查体制、机制、政策、制度、管理等方面的突出问题，为编制审计方案提供有效支持。对重大项目尤其是省、市同步项目可先进行试点审计（调查）。

其次，精编审计方案。在审前调查基础上，围绕审计目标，由审计组集体讨论制订审计方案。推行多功能表格式审计实施方案，包括细化的审计内容、审计人员、审计过程、审计结果，使方案真正具备规划、指导、控制功能，方便汇总、检查、复核。审计方案增加“预计审计成果”和“审计成果载体形式”内容，人员分工须明确成果，跟踪落实责任人。实行重大审计项目方案论证制度，由分管领导组织召开，必要时邀请外部专家参加。

最后，履行审前告知。审计机关一般应制发审计调查通知书（时效性较强的可以使用填制式，不要求提前3天送达），也可采用函、公告等方式告知，对领导交办事项或其他紧急事项，经分管领导批准可使用单位介绍信开展工作。结合其他项目审计开展的专项审计调查，不另行制发审计调查通知书。

3.现场实施

审计实施应围绕审计方案进行，在实施过程中如遇到审计方案未明确的新情况，审计组组长有权在请示审计方案审批者同意的基础上，决定是否调整审计方案。

审计人员可灵活运用审计技术方法。审计技术方法的采用应以实现审计目标为目的，包括审计证据收集方法和审计证据分析方法。审计证据收集除使用检查、监盘、观察、查询、函证、计算、分析性复核等常用取证方法外，要广泛采用符合项目特点的访谈、座谈、实验（人为地安排现象的发生过程和发生环境以检验某种结果）、调查（从比较分散的群体中获取对某一事项的评价意见和信息）、二手资料分析（研究报告、统计数据、历史材料、媒体报道等）、技术鉴定、专家咨询、委托第三方取证等方法。

4.审计结果

审计报告形成前，需要召开审计组业务会议进行研究讨论，并可要求法规部门（或审计质量管理部门）参加。在研究审计报告前，审计组应充分听取被审计事项相关主管单位及政府职能部门、审计专家的意见。审计组内部存在较大分歧的，应在审计机关内部组织会签或论证。重大项目审计报告由分管领导组织会审。

审计报告内容应重点反映管理者决策、整体规划、面向行业或区域等突出问题，并从管理缺位、职能交叉重叠、制度缺陷缺失的角度分析原因，提出可行对策。

5.成果运用

第一，多层次开发审计成果。按照及时有效的原则，分阶段、分类别形成审计成果。在审计报告阶段前的任何时间均可形成审计成果，成果形式可以为分段报告、分事项报告、分类别报告、专题报告、审计要情、审计信息、审计要目等。审计报告阶段，除及时形成审计报告外，还应根据使用者的需求，深度开发审计成果，成果形式可以为报告、专报、信息、公告、新闻发布会、媒体报道等。

第二，建立项目后评估制度。分管领导应组织力量，对审计目标实现程度、审计方案执行性、审计方法针对性、审计成果有效性等进行评估，总结审计自身成果和存在的不足，改进和完善业务管理，提高审计质量管理水平。

第三，审计机关法规部门（或审计质量管理部门）定期组织绩效审计项目综合评估，对绩效审计项目整体质量进行评价分析，并提出进一步提升审计质量的建议。

（五）《大丰市审计局绩效审计操作指南（试行）》确定的绩效审计步骤

1.审计项目的选择

绩效审计项目的选择应在调查审计需求、进行可行性分析的基础上确定。审计人员应按照下列步骤选定绩效审计项目：

（1）调查审计需求。根据经济社会发展状况，综合评估党委、政府重点工作和社会关注热点，本级人大、政府对审计工作的要求或交办事项，以及体制机制、政策决策、制度管理、资金资源、经济效益、社会效益、行政效能、环境效益等方面值得关注的情况，初步选择审计项目。对结合型绩效审计项目，一般根据部门、单位主要职能及征收或管理、使用的财政资金及公共资源情况进行初选。

（2）对初选审计项目进行可行性研究。从政策执行、资金使用或项目进展情况是否具备审计条件，有关法规文件资料、财务会计业务资料、信息系统及电子数据、审计评价标准等的可获取性，被审计单位的配合程度，审计人员、职业技能等审计资源满足程度等方面，对初选项目进行可行性评估，确定备选项目的审计目标、审计范围、审计重点和审计工作量等事项。

（3）确定审计项目。根据备选审计项目的重要性、影响力、建设性、时效性、风险性等因素来确定审计项目。

2.审前调查

审前调查的主要内容包括：（1）单位类型、组织结构及其主要职责范围，审计涉及的主要机构及其职责、人员结构情况；（2）与审计事项有关的法律法规、政策及其执行情况；（3）财政财务管理体制、业务管理体制、业务流程以及有关财政财务制度；（4）财政财务数据资料、业务活动及其执行分析报告、项目进展情况、资金拨付进度；（5）管理分配的财政专项资金等政府性资金的类型、规模、结构、投向情况，资金分配计划、项目立项、资金拨付使用、项目资金管理及效益分析情况，计划编制、分配原则、审批程序及资金的使用范围、管理办法等；（6）财政财务及业务信息系统、电子数据情况；（7）项目可行性研究报告、项目申报文本、项目评审资料、项目验收报告等资料的健全完整性和可获取性；（8）相关内部控制及其执行情况。

3.审计实施方案

审计组应对审前调查所获取的情况进行评估，编制审计实施方案。审计实施方案应明确审计目标、需要完成的具体任务和预期的审计成果。审计实施方案能够控制和指导全部审计过程。审计组可以参照以下模式制订审计实施方案：

（1）问题导向。在立项时已知项目在政策目标、机制体制、制度执行、项目管理、资金（资源）投入使用等方面存在问题和缺陷，核实上述问题和缺陷，收集审计证据，分析原因，提出有针对性的整改措施。

（2）制度导向。对项目绩效情况不作预先判断，而是以制度为导向，分析制度的健全性，检查制度的遵循性，对被审计单位按照制度规定的业务程序等内容全面收集审计证据，发现并分析审计对象在经济性、效率性、效果性方面存在问题的迹象或效益不佳的领域，提出审计建议，促进被审计单位整改。

（3）结果导向。对被审计单位和审计对象实现既定目标的程度和所造成的各种影响进行报告，为决策机构提供相关的评价意见。检查项目预期目标完成情况，对政策、资金和管理的目标、经济性、效率性、效果性以及公平性、服务质量、公共责任和公众满意程度等既定的规范、标准进行衡量比较和综合评判，分析影响绩效的原因，提出审计建议。

4.审计证据

审计人员应当按照法定权限和程序获取审计证据。对财务数据、业务数据等审计证据的采集和运用应恰当有效。审计人员为获取审计证据，可以大量、广泛使用满足绩效审计需要的审计方法。

5.审计报告

绩效审计报告要清楚地阐明审计目标，突出绩效审计主题，做到信息完整、事实清楚、定性准确、建议适当。审计报告应依法征求被审计单位的意见，进行充分的沟通和交流。

被审计单位对征求意见的审计报告有异议的，审计组要进一步核实，并根据核实情况对审计报告做出必要的修改。必要时，可以在审计报告中表述被审计单位的反馈意见。

6.后续跟踪检查

在出具审计报告后，应检查或者了解被审计单位和其他相关单位的整改情况。实施跟踪检查时，审计人员可以采取实地检查了解的方式直接取得并审阅相关书面材料，也可以通过了解相关单位和媒体的反应等方式间接获取相关信息。跟踪检查的主要内容为被审计单位及有关管理部门落实审计建议所采取的措施和已经取得或可以取得的成效，包括体制机制的调整、政策的健全性、制度的执行、内部管理的改善等。在检查或者了解被审计单位和其他相关单位的整改情况时，审计人员要取得相关证明材料。

●第三节　绩效审计方法概览

本节首先根据相关研究，介绍国外和国内绩效审计技术方法的概况，在此基础上概览绩效审计技术方法。

一、国外绩效审计技术方法概况

Pollitt根据5个欧洲国家的绩效审计实践，将绩效审计方法归纳为：文件检查、访谈、二手资料评价、问卷调查、行为观察、沟通、与基准比较、国际比较、案例分析、统计技术、向第三方或外部专业机构咨询、建立模型、询问、抽样检验、访问专家。

关于审计方法分类，国外有多种观点。英国审计署将审计方法分为定量分析法和定性分析法；瑞典国家审计局认为应该适应审计发展的要求，将其分为常规的绩效审计方法和独特的绩效审计方法。

路敦常根据澳大利亚维多利亚审计局出具的19份绩效审计报告，将绩效审计方法归纳为：访谈、检查、鉴定和验证、调查、评价、查阅、审阅、统计分析、详细审核、现场察看、借鉴、专业组织协助、收集信息、讨论、比较、观察、数据分析、趋势分析、专题分析、专业鉴定、摄像、抽查、试点项目、资料整理、咨询。路敦常认为，调查法、访谈法和分析法是绩效审计中常用的、有效的审计方法。调查法分为内部调查和外部调查两大类，既可以用来调查事实，集中资料，也可以用来调查对特定问题的看法。在具体实施调查过程中，审计人员又可以采用不同的调查形式，如实地调查、电话调查、信函调查、抽样调查等。访谈法分为直接访谈和间接访谈，一般用于获取一些背景资料和审计线索，常用于揭示有关问题，为审计结论提供支持。分析法是将被审计事项放在一个相应的空间和时间范围内，运用指标对比、趋势估计和比率计算等方法来确定事项的性质与状态。

二、国内绩效审计技术方法概况

刘家义认为，绩效审计的基本方法包括数学分析法、经济活动分析法、技术经济论证法。数学分析法是指在进行绩效审计时，综合运用数学和一定的计算手段，通过建立经济数学模型进行生产经营活动及其成果的数量计算和分析，从而对企业的生产经营活动进行调节、控制和监督，主要包括线性规划法、计划评审法、回归分析法、指数平滑法、库存模型法等。经济活动分析法是指对企业生产经营活动及其成果进行全面系统的研究，对企业经济效益做出全面的评价，主要包括对比分析法、因素分析法、平衡分析法、指数分析法、TQC分析法、雷达图分析法。技术经济论证法也称为技术经济分析法，是对生产建设中的不同方案进行计算评价、分析研究，在众多的方案中选择最优方案，使每一项生产建设既要经济上合理又要技术上先进，主要包括投资分析法、方案比较法、系统分析法和成本效益分析法。

王允孚认为，审计方法作为一个科学的完整体系应包括审计一般方法和审计技术方法。审计一般方法是指进行审计工作所应遵循的基本原则，而审计技术方法是指进行审计工作在技术上所要采用的具体方法。绩效审计所应遵循的基本原则与其他审计是一致的。绩效审计的技术方法中要广泛地应用到比较分析法、指数分析法和分数评价法。

郁云龙认为，绩效审计的方法很多，它大量运用的是调查、对比、分析的方法，但也需要对财务会计资料进行审查核对。因此，绩效审计可以说是财务审计和经济分析等各种方法的综合运用。绩效审计可采用“听、看、查、比、问、盘、记、证”的方法。“听”就是听取相关人员对企业情况的全面介绍；“看”就是深入实际，实地观察了解企业内部控制制度的完备情况和各项规章制度的执行情况；“查”就是查阅各种报表账册、凭证、经济合同、有关文件和企业内部各项规章制度；“比”就是对各项财务经济指标进行纵向和横向对比；“问”就是在工作过程中，对一些不清楚的问题，向有关人员进行询问了解；“盘”就是对企业的库存物资进行监督性的盘点；“记”就是不厌其烦地随时记录审计工作日记，并及时整理归纳；“证”就是取证，取证方法包括谈话笔录、录音、实物照片、录像、复印件等各种形式。

周华檐认为，管理会计与绩效审计具有密切的“姻缘”关系。将管理会计方法引入绩效审计不仅是必要的，而且是可行的。运用管理会计开展绩效审计，是发展审计技术方法的有效途径。

竹德操、吴云飞认为，绩效审计的技术方法归纳起来，主要有传统审计方法、经济活动分析方法、图表审计方法、数学分析方法和现代管理方法。

邓国准、李芳全认为，绩效审计一般技术方法包括传统查账方法、查询测试法、定量分析法、对比分析法、因素分析法。现代管理方法包括系统工程法、方案比较法、投资决策法、价值工程法、成本效益分析法。

张泓认为，绩效审计必须明确地衡量出企业经济效益的好坏，所以，要以企业经济效益指标体系为依据，选取若干主要指标，根据各个指标的重要程度，采取加权的方法进行综合计分，对经济效益好坏程度进行量化。

汪照全认为，绩效审计方法包括本量利分析法、价值分析法、因素分析法、系统分析法、投资效益分析法、对比分析法、定量分析法。

李平认为，绩效审计的技术方法包括传统审计法、查询测试法、对比分析法、因素分析法、差额分析法、平衡分析法、动态分析法。

马云虎、辛丛敏认为，绩效审计仍然要采用一般的审计方法来核实数据和查明问题。经济活动分析、管理会计、经济数学等学科的一些方法，需要作为辅助方法引入绩效审计。根据绩效审计的对象、职能及目的，绩效审计方法体系包括审计调查方法、一般技术方法、特殊技术方法和审计评价方法。

白协建认为，绩效审计方法具有复杂性、综合性、灵活性和多样性的特征，完整的绩效审计方法应包括技术方法、思想方法和工作方法。绩效审计的思想方法和工作方法是完成绩效审计的前提条件，是对绩效审计人员提出的一般性要求。

王丹宇认为，与财务审计相比，绩效审计的方法具有多样性，需要多学科的知识和创新。绩效审计方法基本可分为传统审计方法和专门用于绩效审计的方法，后者包括管理分析、可行性研究报告评价、盈亏平衡分析方法。

张光军认为，绩效审计要创新审计方法。一要采取“望、闻、问、切”的方法。这些方法是中医诊断疾病的传统方法，又称为“四诊”。医生运用这四种治疗措施，下药除病。将这些方法灵活地运用到审计工作中去，同样可以起到事半功倍的效果。“望”就是运用视觉，通过察言观色了解被审计单位的经营状态。“闻”就是运用听觉，收集被审计单位的信息，真实、快捷地掌握其财务管理情况。“问”就是嘘寒问暖，与被审计单位的员工闲聊，在不经意间了解所需情况。二要采取“询、查、访”的方法。“询”，征求意见；“查”，检查调查；“访”，走访群众，了解情况。三要采取“对、核、思”的方法。“对”，对着政策法规实施检查；“核”，仔细地考查、核算、核实；“思”，悉心考虑，认真分析。

崔颖川认为，绩效审计需要的是全面、系统、相互联系的证据，不但需要财务会计资料，而且需要经济技术资料、信息资料等。在方法和手段上除了应用传统的审计方法外，还需要大量应用经济活动分析方法、预测方法、决策方法、数理统计方法和现代管理方法。

黄辉认为，绩效审计除了要运用财务审计和财经审计的方法外，还要运用其他方法。专门运用于绩效审计工作中的方法包括经济活动分析方法、经济预测方法、现代管理方法等。

施青军认为，政府绩效审计方法分为两大类：一为绩效审计方法模式（即绩效审计模式）；二为绩效审计具体方法。前者是指进行绩效审计的总思路，它揭示绩效审计的主要方向、重点和大的审计范围，体现的是绩效审计的战略或全局思维。

后者则是指实施绩效审计具体项目所采用的审计方法或步骤，体现的是绩效审计的局部思维和具体审计策略，主要包括绩效审计证据的收集方法和分析方法。证据收集的主要方法有审阅法、观察法、访谈法、抽样和案例研究法、二手分析与文字查询法、研讨和征求意见法。证据分析的主要方法有比较分析法、比率分析法、统计分析法、成本效益分析法、前后对比法。

曾祥记区分了绩效审计的组织实施方法、查证方法、分析方法、评价方法，认为绩效审计的方法是有机整体，是完整的综合体系，不能将它们孤立起来，而应根据审计对象、审计目的和要求，综合运用各种审计方法，这样才能收到更好的效果。绩效审计查证方法主要分为两大类，即传统技术方法和现代管理技术方法。传统技术方法主要包括顺查法、逆查法、详查法、抽查法、审阅法、核对法、验算法、调查法与盘点法等。现代管理技术方法是指绩效审计中为达到特定的审计目的而采用的技术方法，主要包括集合意见法、回归分析法、时间序列预测法、自适应模型预测法等。相对于传统技术方法，它主要针对的是绩效审计对象的特殊方面。绩效审计的分析方法主要有价值分析法、因素分析法、对比分析法，有必要借鉴财务管理的方法加以改进，考虑风险、时间价值等因素，这样得出的数据将更符合绩效审计目标。

袁海兰认为，开展企业绩效审计的方法有如下三种：一是经济效率指标比较法，是指对反映企业经济效益的主要经济效率指标进行验算，把审计期内的各项经济效益指标与本单位历史最佳水平及同行业先进水平进行比较，从中找出差距，分析原因，为提高经济效益提供目标和依据；二是经济活动分析法，常用的方法有三种，即对比法、因素法和平衡法；三是技术经济论证法，主要是对工业企业生产经营活动中的有关技术方案和决策进行审计，以正确处理技术先进和经济合理之间的关系，克服决策上的盲目和随意性，以尽可能少的投入取得尽可能多的产出。

侯倩茹认为，在绩效审计中，可运用的技术经济分析方法有线性规划法、网络计划技术法、回归分析法、投入产出法、因素分析法、量本利分析法、价值分析法、投资分析法、方案比较法。

三、绩效审计技术方法概览

根据国外和国内的绩效审计技术方法概况，我们将绩效审计技术方法分为六类：一是绩效审计项目选择方法和计划编制方法；二是绩效审计现场取证方法；三是绩效审计分析和评价方法；四是绩效审计后续跟踪审计方法；五是绩效审计质量控制方法；六是信息技术在绩效审计中的应用。根据最高审计机关国际组织绩效审计指南、最高审计机关亚洲组织绩效审计指南及各代表性国家的绩效审计指南确定的技术方法，对各类绩效审计技术方法进行归纳，列示清单，介绍各种方法的具体内容将是本书随后各章的任务。

（一）绩效审计项目选择方法和计划编制方法

1.选择绩效审计项目的程序和方法

选择绩效审计项目的程序和方法包括编制绩效审计战略规划、选择绩效审计项目的步骤、选择绩效审计项目的技术方法。

2.绩效审计计划的编制方法

此部分内容包括国外相关组织制定的指南中对绩效审计计划编制的规定、我国绩效审计计划的种类与内容、我国绩效审计实施方案的编制程序、绩效审计项目计划编制中的技术方法。

（二）绩效审计现场取证方法

绩效审计现场取证方法包括访谈法、观察法、调查法、第三方信息法、文档和实物证据法、审计调查表法。

（三）绩效审计分析和评价方法

1.绩效审计分析方法

绩效审计分析方法包括矩阵数据分析法、时间序列分析法、趋势分析法、因素分析法、比率分析法、探索性分析法、统计推断法（statistical inference）、统计检验法（statistical testing）、灰色关联分析法、碰头会法、描述性统计分析法、回归分析法、目标实现情况分析法（或结果实现情况分析法）、目标手段分析法、基于过程分析法、影响分析法、标杆法、再评价法、成本效益分析法（CBA）、成本效果分析法（CEA）、层次分析法（AHP）、数据包络分析法（DEA）。

2.绩效审计评价方法

绩效审计评价方法包括专家意见法、综合评价法、模糊数学法。

（四）绩效审计后续跟踪审计方法

绩效审计后续跟踪审计方法包括确定后续跟踪审计项目的方法、现场审计的方法。

（五）绩效审计质量控制方法

绩效审计质量控制方法包括审计项目计划阶段的质量控制、审计实施阶段的质量控制、审计终结阶段的质量控制、审计档案归档与后续跟踪阶段的质量控制。

（六）信息技术在绩效审计中的应用

信息技术在绩效审计中的应用主要包括信息技术在绩效审计中应用的可行性分析和方式，以及绩效审计中的数据采集、分析和结果显示。

复习思考题

1.我国最高审计机关确定的审计步骤是什么？是否适用于绩效审计？

2.我国各地方审计机关确定了一些绩效审计步骤，这些审计步骤的共性步骤有哪些？

3.国外绩效审计方法有哪些？

4.从应用阶段来区分，绩效审计技术方法分为哪些类型？

第四章

绩效审计准则、绩效审计标准和绩效审计证据

主要知识点

绩效审计就是根据绩效审计准则收集审计证据，并以绩效审计标准为尺度进行评价，在此基础上得出审计结论。本章主要内容包括：绩效审计准则；绩效审计标准；绩效审计证据。

关键概念

绩效审计准则；绩效审计标准；绩效审计证据

第一节　绩效审计准则

本节首先界定了审计准则和政府审计准则，在此基础上介绍了国外及国际组织绩效审计准则，最后介绍了我国的绩效审计准则建设情况。

一、审计准则

审计准则，是指审计人员在实施审计工作时必须恪守的行为规范和专业指南，也是判断审计工作质量的权威性准绳。审计准则是审计人员实践经验的总结，是适应时代需要、为保障审计的职业声誉而产生的。世界上最早的审计准则是美国的民间审计准则。后来，内部审计和政府审计都出现了审计准则。审计准则诞生于20世纪40年代，相对于审计的起源与发展而言，审计准则起步较晚，但此后迅速发展和完善，现已成为指导审计工作、规范审计行为的原则和标准。

纵观世界范围内审计准则发展的历史可以发现，各种审计准则正在不断趋向国际化。在政府审计方面，1977年在联合国支持下，最高审计机关国际组织在秘鲁

首都利马举行的会议上通过了一份关于国家审计机关审计规则的国际性文件《利马宣言——审计准则指南》，主要内容包括：总则；独立性；最高审计机关同议会、政府和行政机构的关系；最高审计机关的职权；审计方法、审计人员和国际知识交流；报告；最高审计机关的审计权力。此后，该组织又多次召开有关审计准则问题的国际研讨会，并设立审计准则委员会负责国际政府审计准则的制定工作。在民间审计方面，对审计准则达到国际协调化做出最大贡献的是1977年成立的国际会计师联合会。其常设委员会之一国际审计实务委员会先后发表了一系列国际审计指南，对各国审计界产生了重大影响。在内部审计方面，国际化倾向也日趋明显。美国内部审计协会自20世纪50年代以后逐步发展成为一个国际性学术组织，已有100多个会员国，内部审计准则体系历经多次修订。审计准则国际化的原因主要有社会需求国际化、审计准则的技术特性和国际审计组织的积极贡献。

审计准则在内容上明确了审计主体的资格要求，规定了审计人员在审计业务中可以做什么，不可以做什么。因此，审计准则是一种规范，是关于审计主体资格及其行为的专业规范，不仅可以指导审计人员开展审计工作，而且为判断审计工作质量的好坏，判断审计报告真实、公允与否提供了依据。具体来说，审计准则具有如下作用：

（1）审计准则是衡量审计质量的客观标准。对于审计工作的质量很难进行直接的质量测定，评价审计质量只能依据专业评价标准，审计准则恰恰提供了这种评价依据。

（2）审计准则是明确审计责任的依据，也能保护审计人员的合法权益。审计人员承担着职业责任和法律责任。审计准则规定了审计职业责任的最低要求。审计人员如果严格按照审计准则的要求执业，就可以最大限度地降低审计风险，充分利用审计准则来保护自己的正当权益。

（3）审计准则是审计组织与国内社会各界进行沟通、与世界各国进行经验交流的载体。审计工作专业性强，通过制定审计准则，可以使社会各界了解审计工作的基本内容和审计质量的基本水准。审计准则是审计实践经验的总结和升华，已成为审计理论的重要组成部分。各国审计准则的协调，有利于推动各国审计经验的交流，促进全球经济的共同繁荣与发展。

（4）审计准则是完善内部管理的基础。科学可行的审计准则，是审计机构改进管理、提高审计质量与效率的基础，以审计准则为依据制定各种内部管理制度是保证审计规范化、制度化的有效措施。

二、政府审计准则

政府审计准则是国家审计机关及其工作人员在从事审计业务活动时的专业规范。它是审计机关制定的规范，是全国审计机关依法审计的部门规章，适用于各级审计机关和审计人员依法开展的审计工作。我国政府审计准则建设经历了一个逐步发展的过程。1996年，审计署发布了一系列审计规范，共38条，又称审计署老38条审计规范。2000年开始，审计署陆续发布了新的审计准则和审计规范，逐渐替代老38条。2000年审计署发布的1号令包括《中国国家审计准则序言》《中华人民共和国国家审计基本准则》《审计机关审计处理处罚的规定》《审计机关审计听证的规定》《审计机构审计复议的规定》；2号令包括《审计机关审计方案准则》《审计机关审计证据准则》《审计机关审计工作底稿准则（试行）》《审计机关审计报告编审准则》《审计机关审计复核准则》。2001年8月审计署发布的3号令包括《审计机关专项审计调查准则》《审计机关公布审计结果准则》《审计机关审计人员职业道德准则》《审计机关审计档案工作准则》《审计机关国家建设项目审计准则》。2003年12月审计署发布的5号令包括《审计机关审计重要性与审计风险评价准则》《审计机关分析性复核准则》《审计机关内部控制测评准则》《审计机关审计抽样准则》《审计机关审计事项评价准则》。此外，2004年2月审计署发布6号令《审计机关审计项目质量控制办法（试行）》。2010年审计署发布了修订的《中华人民共和国国家审计准则》。

我国制定国家审计准则的目标是：(1) 全面落实审计法，推进依法治国，促进依法行政，实现审计工作的法治化、制度化和规范化；(2) 促使审计机关和审计人员按照统一的审计准则开展审计工作，规范审计行为，提高审计质量，明确审计责任；(3) 促进审计机关和审计人员依法履行职责，维护国家财政经济秩序，促进廉政建设，保障国民经济健康发展。

三、国外及国际组织绩效审计准则

（一）美国政府审计准则

美国是世界上最早开展政府绩效审计的国家。然而，美国并没有建立独立的绩效审计准则，而是在政府审计准则中包括绩效审计的内容。经历修订的政府审计准则被美国各级审计机构和会计理论界所公认，主要的内容包括：

第一章　综述

(1) 主要内容和制定目的、适用范围

(2) 经济责任、基本前提

(3) 审计人员责任和服务

第二章　政府审计种类

(1) 财务审计

①财务报表审计

②相关财务事项审计

(2) 绩效审计

①经济性审计

②效率审计

③项目审计

第三章　一般标准

(1) 审计人员资格规定

(2) 接受继续教育的要求

第四章　财务审计作业准则

（1）计划工作

（2）法规要求

（3）弊端注意

（4）证据搜集与工作底稿编制

（5）内控测试与评价

（6）实质性测试

（7）相关财务事项

（8）现场作业规范

第五章　财务审计报告准则

（1）报告对象

（2）报告说明

（3）符合性与内容测试范围

（4）违规、违法和其他行为

（5）直接报告的违规、违法行为

（6）内控缺陷等

（7）报告分送

第六章　绩效审计作业准则

（1）规划、目标范围、方法

（2）监督与指导

（3）明确局限性

（4）管理控制测试与评价取证

（5）编制工作底稿

第七章　绩效审计报告准则

（1）书面报告

（2）适时报告

（3）报告内容

（4）报告要求

（5）报告分送

上述美国政府审计准则中，关于绩效审计的专门内容包括：

第一章“综述”中明确定义了绩效审计及其目标，包括项目的效果性、经济性、效率性、内部控制、合规性、预期分析，同时对这些方面作了详细分析，明确了每个方面的具体目标。

第六章“绩效审计作业准则”是绩效审计的专门内容。该章的主要内容包括四个大的方面：审计计划；督导员工；获取充分、适当的审计证据；编制审计工作底稿。此外，在风险导向审计模式下，还将合理保证、重要性和审计风险的概念贯穿于整个绩效审计过程。在介绍审计计划部分，该章包含两个层次。第一层次，审计师考虑审计目标、评估审计风险和重要性水平时，需要了解以下具体内容：项目的性质和概况；绩效审计报告的潜在使用者；内部控制；信息系统控制；法律和规章要求，合同条款或拨款协议，舞弊及滥用；以前的审计和鉴证业务。第二层次，在进行审计计划的过程中，审计师还应该做到：确认审计评价标准；确认审计证据的来源和所需审计证据的数量和类型；考虑其他人员的工作；分配人员和其他资源；与管理层、管理人员或其他人员沟通；编制审计计划。在督导员工部分，该章简单介绍了督导的方式及督导性质、程度及原因。在介绍获取充分、适当的审计证据部分，该章对充分性和适当性作了详细的阐述，还要求对审计证据做总体的评价。最后，该章说明了编制审计工作底稿的一些具体要点。

第七章“绩效审计报告准则”是绩效审计的专门内容。该章主要涉及报告的形式、内容以及报告的出具三个部分。第一部分介绍了报告的形式和目的，说明在没有完成审计工作，无法出具审计报告的情况下，审计师应该怎么做，同时增加了类似于财务审计期后事项的说明。第二部分分别从以下几个方面介绍了报告的内容：目标、范围和方法；报告的结果；内部控制的缺陷；舞弊、滥用行为，违反合同条款或拨款协议以及滥用行为；直接向被审计单位以外的机构报告；结论；建议；报告审计师是否遵循了一般政府审计准则；报告负责人的看法；报告保密和敏感的信息。第三部分介绍了绩效审计报告分发的原则及具体做法。

（二）最高审计机关国际组织绩效审计指南

以美国为代表的国家在制定绩效审计准则方面的努力推动了国际审计组织在绩效审计准则方面的行动。1986年，在悉尼召开的最高审计机关第十二届国际会议发表了《关于绩效审计、公营企业审计和审计质量的总声明》。该声明关于绩效审计的内容包括：绩效审计的定义、目标和局限性；绩效审计的技术和报告；人力资源利用审计。此后，自1998年开始，最高审计机关国际组织着手开展绩效审计指南的编制工作。2004年7月，这份编制时间长达6年、几经修改和完善的绩效审计指南终于定稿发布了。这份指南依据最高审计机关国际组织制定的《审计准则》和《职业道德规范》，综合了国际绩效审计的经验，对绩效审计的基本原理、前提、程序与技术方法等都进行了详细的阐述。

绩效审计指南的内容如下：

第1部分　什么是绩效审计

1.1　绩效审计的概念

1.2　绩效审计的特征

1.3　绩效审计的基础理念

1.4　绩效审计的基本问题

1.5　经济性、效率性和效果性审计的内涵

1.6　公共管理对绩效审计的影响

1.7　绩效审计与绩效评价、项目评价的关系

1.8　分析方向和方法存在的不同

1.9 总结
第2部分 政府绩效审计的审计原则的应用
2.1 将审计原则应用于绩效审计
2.2 绩效审计的一般要求
2.3 其他重要的防护措施
2.4 总结
第3部分 现场工作准则和指南：启动和计划绩效审计
3.1 绩效审计循环的总体步骤
3.2 战略规划的内容
3.3 对具体绩效审计项目进行计划
3.4 总结
第4部分 现场准则和指南：绩效审计的执行
4.1 主要研究过程的特征
4.2 收集数据过程中要注意的问题
4.3 审计证据和审计发现的特点
4.4 应对不断变化且充满矛盾的环境
4.5 分析数据并得出结论
4.6 总结
第5部分 报告准则和指南：提交审计结果
5.1 最终报告
5.2 审计报告的可靠性
5.3 好的、可用的绩效审计报告的特征
5.4 绩效审计报告的分发
5.5 后续跟踪程序的目的
5.6 总结
附录1 绩效审计方法
附录2 绩效审计标准
附录3 证据和记录
附录4 沟通与质量保证
附录5 绩效审计和信息技术
附录6 环境视角下开展的绩效审计
附录7 绩效审计中的系统导向方法——理论框架

（三）最高审计机关亚洲组织绩效审计指南

最高审计机关亚洲组织认为，亚洲国家的许多特征与欧美国家不同，而这些特征又可能会影响绩效审计，所以制定了最高审计机关亚洲组织绩效审计指南。

其主要内容如下：（1）前言；（2）绩效审计指南介绍；（3）战略规划介绍；（4）绩效审计的各个步骤，包括计划单个审计项目方案、确定绩效审计目标、制订审计程序方案、了解被审计单位业务及环境、确定初步研究任务、制定审计标准；（5）执行绩效审计。

四、我国绩效审计准则

我国最高审计机关还没有制定独立的绩效审计准则，但是，已经颁布的国家审计准则是开展绩效审计所必须遵守的。地方审计机关在审计署领导下积极探索绩效审计，一些地方审计机关颁布了绩效审计指南或办法，按其颁布时间列举如下：

《兰州市绩效审计暂行办法》，2004年11月；

《辽阳市政府投资项目绩效审计评价办法》，2007年8月；

《杭州市行政事业单位绩效审计评价规范》，2008年12月；

《青岛市审计机关绩效审计通用操作指南（试行）》，2009年1月；

《浙江省宏观服务型绩效审计管理办法（试行）》，2009年7月；

《绍兴市宏观服务型绩效审计管理办法（试行）》，2009年8月；

《安徽省固定资产投资项目绩效审计评价指南（试行）》，2009年11月；

《常州市绩效审计操作指南（试行）》，2009年12月；

《宁夏回族自治区绩效审计办法（试行）》，2010年1月；

《大丰市审计局绩效审计操作指南（试行）》，2010年3月；

《江苏省审计机关绩效审计通用操作指南（试行）》，2010年；

《江苏省审计机关部门预算绩效审计操作指南（试行）》，2010年；

《江苏省审计机关专项资金绩效审计操作指南（试行）》，2010年；

《江苏省审计机关国有企业绩效审计操作指南（试行）》，2010年；

《江苏省审计机关政府投资项目绩效审计操作指南（试行）》，2010年；

《江苏省审计机关资源绩效审计操作指南（试行）》，2010年；

《江苏省审计机关环境绩效审计操作指南（试行）》，2010年；

《江苏省审计机关地方外债项目绩效审计操作指南（试行）》，2010年。

从时间上来说，《兰州市绩效审计暂行办法》颁布较早，其主要内容包括：第一章，总则；第二章，审计范围和内容；第三章，审计程序和方法；第四章，审计评价标准和依据；第五章，其他；第六章，法律责任；第七章，附则。

青岛市审计机关对结合型绩效审计的探索具有代表性，其颁布的《青岛市审计机关绩效审计通用操作指南（试行）》的主要内容包括：第一章，总则；第二章，审计计划；第三章，审前准备；第四章，绩效审计评价；第五章，审计实施；第六章，审计报告；第七章，后续跟踪检查；第八章，附则。

浙江省在宏观服务型绩效审计方面的探索具有代表性，其颁布的《浙江省宏观服务型绩效审计管理办法（试行）》的主要内容包括：第一章，总则；第二章，审计计划；第三章，审前准备；第四章，现场实施；第五章，审计结果；第六章，成果运用；第七章，附则。

江苏省绩效审计指南的颁布虽然在时间上并非领先，但是，其内容体系较为全面。《江苏省审计机关绩效审计通用操作指南（试行）》的主要内容包括：第一章，总则；第二章，审计计划；第三章，调查了解情况；第四章，审计实施方案；第五章，审计证据；第六章，审计评价；第七章，审计报告；第八章，审计整改检查；第九章，附则。

《安徽省固定资产投资项目绩效审计评价指南（试行）》是颁布较早的专门针对固定资产投资项目绩效审计的指南，其主要内容包括：总则；评价原则；评价内容；评价标准；评价方法；评价指标；附则。

第二节　绩效审计标准

本节首先界定审计标准和绩效审计标准，然后介绍了国外绩效审计标准，最后介绍了我国地方审计机关颁布的绩效审计指南中对绩效审计标准的规定。

一、审计标准

审计标准也称为审计依据，是据以做出审计结论、提出处理意见和建议的客观尺度。

（一）审计标准的分类

审计标准可按不同的标准进行分类，不同种类的审计标准有着不同的用途。对审计标准进行适当的分类，有利于审计人员根据需要选用恰当的审计标准。

1. 按来源和渠道分类

按来源和渠道分类，审计标准可以分为外部制定的审计标准和内部制定的审计标准。

（1）外部制定的审计标准，包括国家制定的法律、法规、条例、政策、制度，地方政府、上级主管部门颁发的规章制度和下达的通知、指示文件等，涉外被审计事项，所引国际惯例的条约等。

（2）内部制定的审计标准，包括被审计单位制定的经营方针、任务目标、计划预算、各种定额、经济合同、各项指标和各项规章制度等。

2. 按性质分类

按性质分类，审计标准包括：

（1）法律、法规。法律是国家立法机关依照立法程序制定和颁布，以国家强制力保证执行的行为规范的总称，如宪法、刑法、民法、会计法、审计法、预算法、税收征管法、海关法、税法、企业法、公司法、经济合同法等；法规是由国家行政机关制定的各种法令、条例、规定等，如《全民所有制工业企业转换经营机制条例》《中华人民共和国价格管理条例》《企业会计准则》等。

（2）规章制度，主要有国务院各部委根据法律和行政法规制定的规章制度，省、自治区、直辖市根据法律和行政法规制定的规章制度，被审计单位上级主管部门和被审计单位内部制定的各种规章制度等，例如国家主管部门制定的各项财务会计制度、单位内部制定的各项内部控制制度等。

（3）预算、计划、合同，例如国家机关、事业单位编制的经费预算，企业单位制订的各种经济计划，被审计单位与其他单位签订的各种经济合同等。

（4）业务规范、经济技术标准，例如人员配备定额、工作质量标准、原材料消耗定额、工时定额、能源消耗定额、设备利用定额等，此外，还有国家制定的等级企业标准、优秀企业的管理条例等。

3. 按衡量对象分类

按衡量对象分类，审计标准包括财务审计标准和绩效审计标准。

（1）财务审计标准。财务审计的主要目标是对被审计单位经济活动的真实性和合法性做出审计和评价，因此，财务审计标准主要有国家法律、法规，国家主要部门或地方各级政府制定的规章制度，单位自己制定的会计控制制度、计划、预算、合同等。

（2）绩效审计标准。绩效审计的主要目标是对被审计单位经济活动的有效性做出审计和评价，因此，绩效审计标准主要有单位的管理控制制度、预算、计划、经济技术规范、经济技术指标、可比较的各种历史数据、同行业的先进水平、上一等级企业的标准、优良企业的管理规范等。

（二）审计标准的特征

1. 权威性

审计标准是判断被审计单位经济活动合法性、有效性及真实性的准绳，是审计人员提出审计意见、做出审计决定的根据或理由。因此，任何审计标准都必须具有一定的权威性或公认性，否则，不足以作为依据。当然，不同层次的依据，其权威性大小不一样。例如，预算、计划、定额、标准、历史数据等是用来衡量经济活动优劣的重要依据，对于这类依据主要强调它的公认性和可接受性，一般要由审计人员和被审查单位协商后确定。

2. 层次性

审计标准一般是由审计主体以外的国家机关、管理部门、业务部门、技术部门和单位制定的，因管辖范围和权威性大小不同而有不同的层次。一般来说，制定的单位级别越高，管辖的范围越广，其权威性越大。

3. 地域性

由于各国的社会经济制度不同，生产力发展水平不同，其审计标准和内容也各不相同，因此，一个国家不能照搬另一个国家的审计标准。我国各地区、各部门的实际情况和发展水平也不相同，因此，其适用的审计标准也各不相同。审计人员在进行审计判断时必须注意到地区差别、行业差别和单位差别。

4. 时效性

各种审计标准都有一定的时效性，不是在任何时期、任何条件下都适用。审计人员在审计工作中要密切注意各种依据的变化，选用在被审计事项发生时有效的判断依据，不能以过时的法律、法规、规章制度作为判断依据，更不能以旧的审计标准来否定现行的经济活动，或用新的审计标准来否定过去的经济活动。

5.相关性

审计标准的相关性，主要是指所引用的审计标准应与被审计项目和应证实的目标相关。审计标准的相关性，首先表现在所选用的依据与被审计事项是相关的，能够判定被审计事项是否真实、合法与有效，其次表现在能说明审计人员提出的审计意见、做出的审计决定有充足的理由，最后表现在针对某一被证实的事项来说，所选用的各种依据能从不同的角度去证实，这些依据也是相关的。

二、绩效审计标准的内涵

绩效审计标准是审计人员评价公共受托责任履行情况时所使用的规范、准绳，以及应有的期望、最佳实务和标杆。绩效审计不仅是收集审计证据的过程，更重要的是将收集的审计证据与评价标准进行比较，从而做出判断或提出建议。绩效审计标准是做出审计判断的依据和准绳。从这种意义上来说，绩效审计标准更重要。

前面已经介绍过，审计标准具有权威性、层次性、地域性、时效性和相关性的特征。绩效审计标准除了具有上述五种特征外，还具有相对性、先进性、动态性、可控性、计量性等特征。作为财务审计的依据，大多数财务审计标准在全国范围内是统一的，但作为绩效审计的依据，绩效审计标准在不同行业、不同时期则不相同，同一行业、同一企业、同一指标也有不同的评价标准，因而具有相对性。绩效审计的目的主要是促进被审计单位提高绩效，因此，作为衡量绩效高低的依据，绩效审计标准应该具有一定的先进性，这样有利于激励被审计单位努力提高绩效。财务审计标准一般能相对稳定在一定的时期内，但绩效评价依据随着国家经济政策、科学技术、管理要求的变化而不断变更，如计划、定额等每年均有变化，因此，绩效审计标准具有动态性。用作绩效评价依据的，应该是单位可以控制的指标，否则就会失去评价意义，所以，绩效审计标准具有可控性。要准确衡量被审计单位绩效的状况，一般应采用计量性指标，如各种指标、数据等，而不宜用一般原则等定性指标，因此，绩效审计标准具有计量性。

绩效审计标准按其发挥作用的效力大体可分为三个层次：第一，共性标准，如普遍适用的法律、法规、法则和管理原理、原则，国民经济宏观调控、产业政策、国家在一定时期的发展规划等；第二，行业、地区或系统内的参数、指标、数据等行业标准，如行业规章、部颁标准、平均利润率、速动比率等；第三，被审计项目的规划、目标、预算、计划等个性标准，如被审计单位自行制定的标准和管理制度，单位职责说明书，决策时确定的经营目标、财务预算等。因此，在每开展一项绩效审计之前，审计人员要根据确定的审计对象进行审前调查，就衡量绩效审计标准问题与被审计单位进行沟通协商，寻求一种大家认可的、不存在异议的审计标准。

怎样选择和确立审计标准是审计的重要事项，关系到审计结果的客观性和公正性，关系到被审计单位的利益，关系到审计项目的成败。评价的可选择标准来源很多，在没有标准选择的情况下也可能存在与被审计单位协商产生的标准。在众多的标准面前，如何选择科学的标准，达到审计目的，是审计项目中的重要问题。在选择和确立标准时，一般应当遵循如下原则：（1）全面性。评价一个审计事项、一个被审计单位或一项政策，不能简单地以最终结果来评价。标准应该是系统的，不能完全以结果论成败。审计事项是一个连续的或持续的过程，过程中可否有效控制，资源是否得到有效合理利用，社会、经济和环境效益充分兼顾与否，都是要充分考虑的方面。（2）科学性。科学性是指标准既是先进的也是现实中通过努力可以达到的。（3）权威性。绩效审计评价中有一部分标准是法律、法规，而大多数标准虽然可能不是法定的，但必须经得起时间和受众的检验。

三、国外绩效审计标准

最高审计机关国际组织（INTOSAI）认为政府绩效审计标准有三类，即与健全的行政管理原则、实务和管理政策相一致的管理活动的经济性、效率性和效果性。这里的健全的行政管理原则、实务和管理政策也称为良好管理实践（good management practice）。

荷兰鹿特丹Erasmus大学公共管理学教授Pollitt等人调查了欧洲四国（英国、荷兰、瑞典和芬兰）最高审计机关20世纪80年代中期和90年代中期已公布的绩效审计报告，通过这些报告来研究绩效审计标准。结果表明，各国最高审计机关虽然一再强调经济性、效率性、效果性是其评价绩效的标准，但实践中效率性和效果性常常被忽略，而健全的行政管理原则、实务和管理政策（良好管理实践）标准经常被提到。

Pollitt等人将绩效审计标准分为八类：（1）经济性；（2）效率性；（3）效果性；（4）良好管理实践；（5）良好治理（good governance）；（6）服务质量（quality of service）；（7）目标完成（goal attainment）；（8）其他（other）。经济性、效率性和效果性无须再解释。良好管理实践中包括许多方面的内容，如被审计单位是否有完整的会计系统，是否建立目标制定程序，是否认真对待用户的意见，是否将其人力资源系统地分配到最能发挥作用的岗位上去等。良好治理和良好管理实践不同，前者具有整体性和外在性，是政府组织之间的制度安排，后者针对的则是特定公共部门内部资源的分配。目前，许多公共政策不是由单个组织来实施的，而是通过多个组织之间的协调与合作完成的，这样必须从全局的角度来评价其最终效果。服务质量是指提供的公共服务满足用户合理期望的程度。目标完成是指被审计单位是否成功地完成了自己制定的目标或法律规定的目标，采用该标准并不要求审计人员在被审计单位的工作和目标完成之间建立一种严格的因果关系。

根据上述分类，Pollitt等人对欧洲四国政府绩效审计报告逐一比较分析，结果显示，各国受本国政治、经济、文化因素影响，在绩效审计标准的应用上各有特色，具体情况见表4-1。

根据欧洲四国最高审计机关绩效审计标准实践情况可以发现，绩效审计处于社会、政治、经济、法律等一系列整体制度安排之中，其标准的选择、运用受到这些因素的影响。撇开具体环境因素，各国在绩效审计标准的选择和运用上有一些共性，表现在以下几个方面：

表4-1　各国绩效审计报告中的绩效审计标准使用情况

国家	审计报告所在时间	经济性	效率性	效果性	良好管理实践	良好治理	服务质量	目标完成
英国	1985—1987	10	5	7	28	11	0	5
	1993—1995	23	18	22	43	5	17	18
瑞典	1993—1995	7	3	1	22	6	22	6
荷兰	1985—1987	60	4	2	101	8	0	13
	1993—1995	29	4	3	76	7	1	15
芬兰	1993—1995	29	—	—	16	49	0	33

第一，虽然各国最高审计机关都把“3E”作为绩效审计标准，但对“效率性”和“效果性”标准的关注度明显不如“良好管理实践”标准。产生这种现象的原因可能有：缺乏可计量的产出结果是开展效果性审计的主要限制；良好管理实践标准通过确定被审计单位是否遵循了既定的管理程序和管理制度，更容易让被审计单位接受和认可；审计人员的素质、技能限制也使绩效审计标准更倾向于良好管理实践。

第二，各国最高审计机关选择和运用的审计标准都比较模糊。这种做法可以为最高审计机关留出广阔的空间以便在实践中制定更加具体的标准，但模糊的审计标准让审计人员感到难以鉴别、解释和使用，因而，选择和使用绩效审计标准需要审计人员依靠自身素质做出合理判断。

第三，各国最高审计机关所使用的绩效审计标准大部分建立在被广泛接受的准则、规范和目标基础之上，例如法律、部门规章制度和操作指南、专业标准、绩效管理考核目标、部门所能接受的管理实践。

四、我国绩效审计标准

我国政府绩效审计起步晚。深圳市审计局最早开始探索与国际接轨的绩效审计。王彦平根据Pollitt等人提出的绩效审计标准类别和深圳市审计局2003—2007年公布的42份绩效审计报告，分析了深圳市审计局绩效审计标准运用情况，结果见表4-2。

表4-2　深圳市审计局绩效审计标准运用情况

审计报告所在时间	经济性	效率性	效果性	良好管理实践	良好治理	服务质量	目标完成
2003—2007	17	9	3	38	6	0	24

表4-2的结果显示，深圳市审计局在选择和运用绩效审计标准时，与国外绩效审计发达国家早期实践的情况非常相似，关注的焦点是良好管理实践、目标完成、经济性三个标准。评价标准主要来源于：被审计单位、项目自身设计的考核目标；

组织的基本规定或基本计划文件；有关法律和规章制度；方针性文件；公认管理程序等。

考查我国绩效审计标准的另外一个视角是看地方审计机关已经颁布的绩效审计指南中对绩效审计标准的规定。下面根据颁布的时间顺序摘录了一些地方审计机关颁布的绩效审计指南中对绩效审计标准的规定。

1.《兰州市绩效审计暂行办法》中的相关规定

第二十三条　审计机关在开展绩效审计工作过程中，应当按部门和行业确定绩效审计的评价体系和评价标准。

第二十四条　各部门和行业的具体评价标准主要包括以下内容：

（一）财政部门。预算编制标准、预算执行标准、预算调整标准、预算平衡标准、部门预算管理标准、综合财政管理标准、财政资金拨付标准、财政专户管理标准、专项资金审核标准、政府采购管理标准、国有资产监管标准、收费票据管理标准等。

（二）税收征管部门。税收目标管理标准、纳税申报标准、税源监管标准、税收稽查标准、税收入库标准、发票管理标准、减免税管理标准等。

（三）各预算单位和部门。工作职能标准、规范管理标准、目标管理标准、财务管理标准、资金使用标准、资产管理标准、资产配置标准、资产消耗标准、执收执罚管理标准、预算外资金管理标准等。

（四）国有或国有控股金融机构。存款管理标准、融资管理标准、信贷资金管理标准、贷款审批发放标准、投资回报标准、债券投资管理标准、有价证券管理标准、信用卡管理标准、手续费管理标准等。

（五）国有及国有控股企业或企业化管理事业组织。目标管理标准、经营决策管理标准、行业标准、生产标准、技术标准、质量标准、投资管理标准、财务管理标准、设备管理标准、资源消耗标准、供销管理标准等。

（六）公共投资建设项目和技术改造项目。立项决策管理标准、预决算的编制标准、招投标管理标准、资金筹集管理标准、合同管理标准、签证管理标准、项目管理标准、工程监理标准、建设成本核算标准、财务管理标准、竣工验收标准、决算审核标准等。

（七）各类专项资金。征缴标准、募集标准、核拨标准、使用标准、专户管理标准、监管标准、效益衡量标准等。

第二十五条　确定绩效审计评价标准的主要依据：

（一）法律、法规和规章的规定以及管理部门确立的目标；

（二）工作规划、项目计划、可行性研究报告、调查分析获得的结果；

（三）公认的技术标准或者有关部门制定的规范标准；

（四）有权力的机关和单位发布的统计数据或相关结论；

（五）法律文书或法定鉴定结果；

（六）同行业的规范标准；

（七）本行业以前年度曾经达到的最高业绩；

（八）专家学者和专业技术人员的意见和观点。

第二十六条　审计机关应当根据经济社会发展和客观实际情况的变化，及时修订和补充绩效审计的评价标准。

2.《青岛市审计机关绩效审计通用操作指南（试行）》中的相关规定

第二十六条　绩效审计标准是用来评价被审计对象（事项）经济性、效率性和效果性等内容的合理的、可实现的绩效标准。绩效审计标准代表了最佳或良好的实务。

第二十七条　绩效审计可从经济性、效率性、效果性、公平性和环境性等层面设立指标进行评价，并对评价结果进行分析。

第二十八条　绩效审计人员应根据项目情况确定评价内容、设定评价标准。评价标准应具备如下特征：

（一）可靠性，指在相同的环境和条件下，不同的评价人应用同样标准能够得出同样的结论。

（二）客观性，指评价标准本身应该是客观的、现实的，而不是凭空想象的或假设的，评价标准的确定不受任何单位和个人的偏见或分歧的影响。

（三）相关性，指评价标准应该能够反映信息使用者的需要，评价结论与使用者的需求密切相关。

（四）代表性，指评价标准能够涵盖被审计对象或项目的整体特征、目的和宗旨，尤其是在特定的环境和条件下绩效的所有重要事项和方面。

（五）明确性，指评价标准应该具体明确。审计评价标准的表述必须明确，不能引起歧义甚至模棱两可和抽象。

（六）可比性，指类似的被评价事项之间和不同的审计年度之间应用的标准应该是一致的。

（七）可接受性，指评价标准应该具有权威性，能够使被审计对象及其他有关各方广为接受。

（八）可获得性，指评价标准是以可接受的成本获得的。

（九）可持续性，指审计标准应经得起历史的、社会发展的检验。

第二十九条　绩效审计评价标准的来源分为强制性标准和非强制性标准。

（一）强制性标准是指有关法律法规和方针政策，国家、行业或地区性的正式标准。

（二）非强制性标准是指专业机构研究和制定的专业标准和公认的或良好的实践标准（如行业或地区平均水平和先进水平）；其他国家的标准和经验；历史的评价指标；被审计对象自行制定的标准（如可行性报告、预算、目标、计划、定额、技术指标、产出能力等）；有关利益关系方的评价标准。

运用被审计对象自行制定标准作为审计标准时，审计人员应评价其合理性和完整性。

第三十条　绩效审计评价标准的确定，应与被审计对象进行充分沟通。

第三十一条　根据审计结果和确定的绩效评价标准，对被审计事项的绩效情况进行定量或定性评价（优先使用定量评价）。在分项评价基础上可按照好、较好、一般、差等4个等次进行总体评价。

第三十二条　绩效审计评价应坚持客观公正、实事求是、及时沟通的原则，对于超越审计职责范围的事项，证据不足、评价依据或标准不明确的事项，审计过程中未涉及的事项不作评价。

3.《浙江省宏观服务型绩效审计管理办法（试行）》中的相关规定

第十九条　宏观服务型绩效审计应围绕审计目标和突出关键问题进行有限评价，其他不需处理处罚只需改正的问题或事项，不在审计报告中列举，不进行评价，应通过审计管理建议书等形式促进整改。另对未审计、证据不充分、无依据或无评价标准的事项也不予评价。

审计评价标准应根据具体项目的特点和审计目标有针对性地选择，可以为相关法律法规、政策、行业标准、专家意见、公众意见等。

4.《安徽省固定资产投资项目绩效审计评价指南（试行）》中的相关规定

（1）法定标准，即国家政策、法规中所规定要达到的要求，其中包括国家有关行业部门制定和颁布的各种具体标准。

（2）计划标准或预算标准，即项目开工前预先编制的标准，包括项目建议书、可行性研究报告、初步设计、施工图等。

（3）历史标准，即以前年度的实际水平，可以说明项目效益是否达到和超过历史上的最高水平，包括历史最好水平、行业平均水平等。

（4）先进标准，即全国或本地区同行业已达到的先进水平。

第三节　绩效审计证据

本节在介绍审计证据的基础上，介绍绩效审计证据的相关内容。

一、审计证据的内涵

1.审计证据的定义

审计证据是指审计机关和审计人员获取的，用以证明审计事实真相、形成审计结论的证明材料。审计证据的来源具有广泛性，除了书证、物证、言证、勘验笔录等证据，还有其他证据。由于审计人员要依据审计证据做出审计结论和审计建议，所以，审计证据是审计质量的主要保证。同时，由于审计的本质是为委托人提供问责信息，所以，审计证据是解除或追究被审计人经济责任的重要依据。

2.审计证据的分类

国际会计师联合会颁发的《国际审计准则——审计证据》将审计证据分为：会计报表所依据的原始凭证与会计记录、其他来源的佐证信息。美国审计人员协会颁布的《审计准则第32号说明书》，把审计证据分为所依据的会计资料和佐证信息两大类，并且规定佐证信息又包括以下七种形式：实物证据、文书证据、声明书、函证、口头证据、数学性证据和分析性证据。以上所述审计证据种类的不同，是由于其内容不一致、形式不相同和取得的来源不尽相同。国际会计师联合会和美国审计人员协会都将其他来源的佐证信息作为审计证据之一。可用作审计证据的其他信息包括：(1) 审计人员从被审计单位内部或外部获取的会计记录以外的信息，如被审计单位会议记录、内部控制手册、询证回函、分析师的报告、与竞争者的比较数据等；(2) 审计人员通过询问、观察和检查等审计程序获取的信息，如通过检查存货获取的存货存在性的证据等；(3) 审计人员编制或获取的可以通过合理推断得出结论的信息，如审计人员编制的各种汇总表、分析表等。

为了使审计证据的收集、整理和评价工作更为有效，一般将审计证据分为实物证据、书面证据、口头证据和环境证据。

(1) 实物证据，是指审计人员通过实地观察和参加清查盘点所获得的，用以证明有关实物资产是否存在的证据。实物证据对某项实物资产是否存在的证明力最直接，效果最为显著。它可以对该实物的状态、数量、特征给予有力的证明。

(2) 书面证据，是指审计人员通过实施测试程序和运用不同的方法所获取的以书面资料为存在形式的审计证据。书面证据按其来源渠道可以分为亲历证据、外部证据和内部证据三类。亲历证据是指由审计人员（包括助理人员、外聘专家）通过运用专业判断和相应的程序与方法，对被审计事项的有关资料进行计算和分析而得到的证据。外部证据是指由被审计单位以外的，与被审计事项有一定联系的第三方提供的相关证据。除有关单位提供的业务询证证据和书面证明以外，外部证据还包括不在书面证据范围内的有关实物证据或外部人员的陈述等。内部证据是指由被审计单位内部机构或职员编制并提供的有关书面证据。

(3) 口头证据，是指经审计人员询问而由被审计单位有关人员或其他人员进行口头答复所形成的审计证据。审计人员获取口头证据的目的有两个方面：其一，为了印证某一结果是否与审计人员的判断相一致；其二，审计人员获得口头证据的目的在于发掘一些新的、重要的审计线索，从而有利于对有关事项进一步调查取证。

(4) 环境证据，是指影响被审计事项的各种环境事实。环境证据一般不属于基本证据，不能用于直接证实有关被审计事项，但它可以帮助审计人员了解被审计事项所处的环境或发展的状况，为判断被审计事项和验证已收集的其他证据提供依据，因而，环境证据仍然是审计人员进行判断所必须掌握的资料。环境证据可具体分为反映内部控制状况的环境证据、反映管理素质的环境证据、反映管理水平和管理条件的环境证据。

3.审计证据的特性

审计证据要成为做出审计结论和审计建议的依据，必须具备足够的证明力，而这种证明力又来源于审计证据的特性。审计证据的特性是指审计证据内在的特征和性质，具体体现为审计人员围绕这些特征和性质收集审计证据时应达到的基本要求。

对于审计证据的特性，在国际上有不同的描述。国际审计准则认为，审计证据的特性包括充分性和适当性，其中适当性又包括相关性和可靠性两个方面。美国审计准则提出，审计证据的特性包括充分性和胜任性，其中胜任性可以从可靠性和相关性两个方面进行解释。

我国审计准则沿用了国际审计准则的提法，强调审计证据的充分性和适当性。审计证据的充分性是指审计证据的数量足以使得审计人员形成审计意见，即收集的审计证据数量足够。审计证据的适当性是指审计证据的相关性和可靠性，即审计证据应当与审计目标相关联，并能如实反映客观事实。审计证据的适当性实质上是指审计证据的质量，它和审计证据的充分性互为补充，共同体现其证明力。

二、绩效审计证据的内涵

1. 绩效审计证据的定义与分类

绩效审计证据是指审计机关和审计人员获取的用以支持审计意见和结论的证明材料。按照美国政府绩效审计准则的描述，绩效审计证据可以划分为实物证据、文件证据、询证证据和分析性证据四大类。

（1）实物证据，是审计人员通过对工作场所、人员工作实况、财产物资或事件的直接检查或观察而取得的证据，比如备忘录、照片、图画、图表、实物样本。一般而言，这类证据的可靠性相对较高。

（2）文件证据，是人为形成的书面资料，比如政府或其他权力机构的法规、政策与程序手册，职务规定的说明，组织章程，预算，报告，信件，合同，会计记录，会议记录等。

（3）询证证据，是通过询问、面谈或问卷表等调查形式取得的证据，比如会谈记录、收回的调查问卷等。有时，这类证据不能直接使用，还需要采用一定的数理统计方法进行再加工，形成分析性证据。文件证据和询证证据可以是被审计单位内部制作的，也可以是从外部即第三方获得的资料。来自第三方的证据通常比内部资料更为可靠。

（4）分析性证据，是根据所取得的原始资料进行计算、比较、综合、分析所产生的证据，通常是由审计人员自己制作的，其可靠性较高。不过，这种可靠性也是相对的，并依赖于原始资料的可靠性。

2. 绩效审计证据的质量要求

绩效审计证据与财务审计证据在质量方面的要求是相同的，都必须具有充分性、相关性和可靠性。

（1）充分性，是指绩效证据从数量方面足以支持审计意见和结论。充分性是对绩效审计证据数量的最低要求。

（2）相关性，是指绩效审计证据与审计目标和评价标准之间逻辑相关，也就是绩效审计证据与被审计事项和审计目标之间有一定的逻辑关系，对审计意见和结论的形成具有重要意义。

（3）可靠性，是指绩效审计证据是有效的和可信的，并且符合事实。绩效审计证据的可靠性要求绩效审计证据必须是确凿、有说服力、有时效性、真实的。

3.绩效审计证据的分析步骤

运用各种方法收集到大量的绩效审计证据后，需要对其进行分析。在审计实践中，审计人员通常一边收集绩效审计证据，一边进行证据的归纳、分析、整理。分析绩效审计证据一般遵循以下步骤：

步骤1：认真审阅数据资料，从中概括出一些概念范畴，归纳基本情况；

步骤2：将不同来源、不同性质的原始资料联系起来进行对比分析；

步骤3：按时间（内容）序列将该事项发生的各个阶段（内容）进行重新排列；

步骤4：将分析得到的事项（事实或趋势）与预先确定的参照物进行比较，判断偏离程度。

4.绩效审计中常用的分析方法

分析方法在绩效审计中运用得非常广泛，审计人员通过分析可以获得分析性证据。绩效审计中常用的分析方法有定量分析法和定性分析法两类。

（1）定量分析法，也称数据分析，是指对从项目或其他来源获取的资料进行计算、比率分析、趋势和模型分析。常用的定量分析法有比率分析法、比较分析法、时间序列分析法、量本利分析法、回归分析法等。

（2）定性分析法是一种直观的文字分析方法。常用的定性分析法有内容分析法、程序分析法、案例分析法三种。

复习思考题

1.美国绩效审计准则的内容主要有哪些？

2.最高审计机关国际组织颁布的绩效审计准则的内容主要有哪些？

3.绩效审计标准包括哪些类型？

4.绩效审计标准应具备哪些特征？

5.绩效审计证据有哪些类型？

第五章

绩效审计项目选择方法和计划编制方法

主要知识点

本章主要介绍绩效审计规划及绩效审计准备阶段的相关方法，主要内容包括：选择绩效审计项目的程序和方法；绩效审计计划的编制方法。

关键概念

绩效审计项目；绩效审计战略规划；绩效审计计划；绩效审计实施方法

第一节　选择绩效审计项目的程序和方法

传统审计项目多为授权项目或受托项目，如财政预算执行审计为法定授权审计项目，经济责任审计是组织人事部门或纪检监察部门的委托项目。而绩效审计则不同，绩效审计的终极目标是降低政府或非营利组织的运行风险，促进绩效提升。审计机关对绩效审计项目的选择具有主动性。在政府和非营利组织领域，低效和风险问题无处不在，或者说可审计项目很多，而审计机关的审计资源有限。因此，如何能在资源有限的情况下实现审计产出最大化是审计机关开展绩效审计必须考虑的问题，说到底就是绩效审计立项或者选择绩效审计项目的问题。实践表明，选择一个好的审计项目可以达到事半功倍的效果。绩效审计项目的选择建立在绩效审计战略规划的基础上，因此，我们首先了解绩效审计战略规划。

一、绩效审计战略规划及编制

绩效审计战略规划是指按照一定的标准和程序，确定近几年重点审计事项、任务进度安排，安排审计资源配置，编制后续审计计划。绩效审计战略规划是审计机关整体战略规划的一部分，是年度审计项目计划编制的基础，它有助于识别和选择那些对提高政府责任感和行政管理水平具有潜在推动力的审计领域，为审计机关确定今后的审计范围提供战略性指导。绩效审计战略规划主要是为具体项目的选择确定方向，为编制审计实施方案和进行审计资源配置提供方向和指导。它虽然还不可能涉及具体审计项目，但已经明确了年度或跨年度绩效审计的潜在审计领域以及主要的问题导向。

编制绩效审计战略规划必须进行绩效审计需求分析、绩效审计价值分析和审计资源状况分析。绩效审计需求分析主要有三种形式：一是指令性需求分析，包括政府首长交办任务、人大委托任务和上级审计机关统一组织的审计项目分析等；二是政策需求分析，包括国家宏观经济发展、国家民主与法治建设、国家审计发展分析等；三是专业审计需求分析，主要指审计机关各业务部门的专业需求推荐分析。绩效审计价值分析应关注审计领域的重要性价值和审计结果价值可预期性分析，我国的绩效审计通常从政府管理和经济管理的薄弱环节入手，通过政策研究，选择政府特别关注的资金、项目、问题等，作为立项统筹的重要选择。由于尚未进入具体立项阶段，对绩效审计结果价值的可预期性价值分析主要是对绩效审计结果的宏观作用价值进行判断。审计资源状况分析，主要是从审计资源配置的角度，对绩效审计能否进行以及能否取得预期效果进行综合能力评估，通常包括审计人员数量与结构、绩效审计能力与经验、专家聘用与专家知识的学习和运用等。在上述分析的基础上，编制绩效审计战略规划还应明确绩效审计的潜在领域和选择标准。

首先，应根据法定授权明确绩效审计的潜在领域。从理论上来讲，一切有投入产出的项目、活动和组织都应该被纳入绩效审计立项范围，但受立法和审计手段的限制，绩效审计立项范围在不同国家可能有一定的差异。例如，英国《国家审计法》规定，在实施绩效审计的过程中，主计审计长不能评价政策目标本身的优劣。

最高审计机关国际组织根据经济性、效率性和效果性的含义，列举了绩效审计的可审计领域。最高审计机关亚洲组织绩效审计指南规定，绩效审计可以评估以下内容：政府适用的信息和政策建议的质量；是否建立行政机制并使其有效运行，从而使政府能够了解是否为实现政策要求而制定了项目目标；制定的项目目标是否实现以及实现的程度；项目执行方法的经济性、效率性和效果性；预定的和潜在的、直接的和间接的项目影响。

美国政府绩效审计关注的领域比较广泛，包括：项目的效果性和结果、经济性和效率性；内部控制；法律、法规的遵循。除上述领域外，绩效审计还评估项目或政策方案，评价提案的优缺点，评估利益相关方对政策方案的各种观点，确认最佳实务等。

英国审计署将绩效审计选择范围明确限于：英国审计署近期工作重点；议会及公共账目委员会关注的重点领域或问题；公众关注的社会热点、焦点和难点问题；重大改革政策措施的推行情况和结果；当前审计及其他监督部门尚未涉及的领域或问题。

我国审计机关可以选择下列项目作为备选项目：政府、人大、媒体、公众关注的单位、项目和事项；财务审计中了解的风险较高的事项和领域；一些提案、信访事件等反映的需要详细审查和分析的活动、事项；审计机关内部机构认为可以开展的绩效审计项目。这些项目的来源主要有两个：一是“自上而下”的项目，即政府和人大交办的绩效审计项目；二是“自下而上”的项目，主要是由审计机关内部各专业机构提出的绩效审计备选项目。结合目前绩效审计实践和审计法的规定，我们认为，我国的绩效审计可以把资金作为切入点，不断向政府职责、管理活动和项目延伸。绩效审计项目涉及但不限于以下几个领域：（1）部门预算执行绩效情况；（2）政府性专项资金（基金）绩效情况；（3）政府部门履行职责绩效情况；（4）公共投资项目绩效情况；（5）重点企业的绩效情况；（6）政策实施情况及效果；（7）公共资源配置使用情况；（8）人大议案、人民政协提案、人民来信来访反映的重大管理或绩效问题。

其次，绩效审计战略规划应明确绩效审计项目的选择标准，即选择和确定绩效审计项目时应该考虑的因素。最高审计机关国际组织绩效审计指南提出的选择标准包括增值、重要问题或领域、风险或不确定性。最高审计机关亚洲组织绩效审计指南提到的选择标准包括预期效果、财务重要性、管理风险、政治敏感性、国家利益和审计覆盖面。江苏省审计厅制定的绩效审计指南将重要性、增值性、时效性作为选择标准；《青岛市审计机关绩效审计通用操作指南（试行）》将重要性、实效性、可行性作为选择标准。

综合上述绩效审计指南并结合我国审计实践，审计机关为什么选择这个项目而不选择另一个项目，一般情况下取决于以下几个因素：

（1）增值潜力，主要是指被审计单位在经济性、效率性和效果性方面存在管理风险，有改进空间。这些风险体现在：管理部门没有针对以往审计提出的控制薄弱环节进行改进；公众和媒体提出批评意见；预期目标没有实现；频繁的人事变动；单位本身的高度复杂性；没有接受监督检查的时间过长等。被审计单位的增值潜力大，意味着开展绩效审计后预期成果大。

（2）重要性，即选定的项目在政府管理、资源运用或社会需求等方面较为重要。通常可以从政府、人大、群众对该项目的关注度高低、项目在绩效方面的问题是否突出并亟待解决、项目建设是否对地方经济和环境产生长远影响等方面，确定项目是否重要。此外，财政投入的资金量、与环境保护等民生问题的相关程度亦是重要性的判断依据。重要性同样可以从金额和性质来判断。项目越重要，越应该优先立项。

（3）可行性，即审计成本相对较低，可操作性较强。项目可行性评估主要关注该项目或领域进行审计的复杂程度和可能存在的风险。可行性评估还需要考虑与开展审计有关的审计权限、审计资源、审计能力和审计时间。如果审计机关选择过于复杂的事项或存在较高风险的领域（或项目）进行审计，比如有关被审计事项不易观察和计量、信息和数据不易获得、责任可能被推诿或混淆、存在安全保密问题、没有统一的评价标准、审计人员的知识不能满足要求等，就会导致审计成本加大。1980年澳大利亚对邮盟柜台服务的管理审计总共花费349 600澳元，耗费长达4年的时间之后，不得不最终放弃，很大程度上是因为联邦审计署不能准确确定范围、合理实施项目管理并选取恰当的审计技术，审计人员缺乏经验也是一个重要原因，这表明该项目立项时没有充分考虑其可行性。总的来说，对于审计成本较低和可操作性较强的项目应该优先立项。

（4）时效性，即关注审计需求，审计时机要贴近经济社会发展实际，能及时为解决问题提供帮助。如果一些项目计划因环境、政策变化而变得不合时宜，通常就不再实施了。一般情况下，党委、政府、人大的年度工作重心是选择绩效审计项目的重要依据。浙江省审计厅开展的就业及再就业税收优惠政策执行专项审计调查项目就充分体现了项目选择的时效性，项目实施时正值税收优惠政策试点即将结束，政府拟对该政策进行完善和调整，审计结果可以为政策的完善和调整提供相关的、及时的信息。

绩效审计战略规划为年度绩效审计计划提供基础，年度绩效审计计划是绩效审计项目计划和资源分配的依据。我们认为，绩效审计战略规划一般包括对被审计对象及环境（含运营风险）的描述、审计机关内部各部门所作的长期战略汇总、近年开展的绩效审计及整改情况、将来可能开展绩效审计的领域、选择绩效审计项目的标准、今后两年开展的绩效审计项目清单及其选择依据和执行时间。绩效审计战略规划应与国家审计署的总体规划一致，以5年为一个周期，绩效审计战略规划每年应予以及时修正。通过绩效审计战略规划，可以对绩效审计进行统筹安排，为未来绩效审计方向的确定提供决策依据，并对绩效审计项目的立项选择提供指导性依据。

审计署可以根据当前“着力推动提高发展质量和效益”的工作重点制定绩效审计发展规划，与审计队伍建设规划、审计信息化发展规划、审计法律法规建设规划等构成审计规划体系，同时，各地方审计机关可以参照制订适应本地绩效审计发展的战略规划。

二、绩效审计项目选择的步骤

选择审计项目是连接审计战略规划与具体审计项目实施的桥梁。

英国审计署确定绩效审计项目要经历一个自下而上的多层次多环节反复酝酿的过程。一般先由各业务部门的审计人员多渠道收集和分析信息，确定绩效审计的选题，在比较分析预期审计成果和预计成本的基础上，提出项目建议上报主计审计长，由其做出最终选择。其主要步骤如下：明确项目选题范围；广泛收集资料；确定合适的项目选题；对项目选题进行成本效益分析；确定项目选题。

我国审计署科研所课题组（2004）在《绩效审计程序与方法研究》中提出了以综合评价法为核心的绩效审计立项方法。其基本步骤包括：确定可选择的绩效审计项目，收集上述项目的相关信息，根据收集的信息对每个备选项目结合立项应考虑的因素聘请专家打分；对每个项目的各个因素的打分结果进行加总排序，结合审计资源，将得分高的项目确定为绩效审计项目或优先立项，纳入年度审计项目计划。许汉友（2007）将数据包络分析法（DEA）用于选择绩效审计项目，其步骤包括：选定决策单元集合（可审计项目），选择投入产出指标，用效率测量系统（EMS）软件进行分析，根据数据包络分析结果，将技术效率小于1的项目结合审计资源约束情况确定为绩效审计对象，这种方法一般适用于被审计项目绩效可以用定量指标进行衡量的情况。

我国国家审计准则规定的审计项目选择步骤同样适用于绩效审计项目的选择，其步骤如下：调查审计需求，初步选择审计项目；对初选审计项目进行可行性研究，确定备选审计项目及优先顺序；评估审计机关可用审计资源，确定审计项目。

审计机关可以从下列方面着手调查审计需求，初步选择审计项目：国家和地区财政收支、财务收支以及有关经济活动情况；政府工作重心；本级政府行政首长和相关领导机关对审计工作的要求；上级审计机关安排或者授权审计的事项；有关部门委托或者提请审计机关审计的事项；群众举报、公众关注的事项；经相关数据分析认为应当列入审计的事项；其他方面的需求。

审计机关对初选审计项目进行可行性研究，确定初选审计项目的审计目标、审计范围、审计重点和其他重要事项。审计机关可以重点调查研究下列内容：与确定和实施审计项目相关的法律、法规和政策；管理体制、组织结构、主要业务及开展情况；财政收支、财务收支状况及结果；相关的信息系统及电子数据情况；管理和监督机构的监督检查情况及结果；以前年度审计情况；其他相关内容。对本级政府行政首长和相关领导机关要求审计的项目和上级审计机关安排或者授权的审计项目可以不进行可行性研究，直接立项。

审计机关在调查审计需求和可行性研究过程中，应从下列方面对初选审计项目进行评估，以确定备选审计项目及其优先顺序：项目重要程度；项目风险水平；审计预期效果；审计频率和覆盖面；项目对审计资源的要求。审计机关也可以采用征求意见函、调查问卷、访谈等方式向有关部门、机构、单位、专家学者、社会公众等广泛征求意见，取得支持和关注，对拟选项目及相关内容做出补充或调整。

一般情况下，上级审计机关应当将其直接审计下级审计机关审计管辖范围内的重大绩效审计事项列入年度绩效审计项目计划，并及时通知下级审计机关。上级审计机关可以依法将其审计管辖范围内的绩效审计事项，授权下级审计机关进行审计。对于上级审计机关审计管辖范围内的绩效审计事项，下级审计机关也可以提出授权申请，报有管辖权的上级审计机关审批。

三、绩效审计项目选择的技术方法

（一）成本效益法

英国审计署选择绩效审计项目的亮点是以风险分析为基础进行成本效益分析。其步骤如下：

（1）评估项目风险，制定风险管理措施。开展绩效审计会遇到各种各样的问题，如与被审计单位关系紧张、审计涉及多个部门或多个利益主体、审计评价标准得不到认可等，这些问题的存在构成了绩效审计风险。审计人员应分析影响绩效审计项目按期提交报告的因素，并分别就每个因素确定风险事件，评估风险事件的可能性、后果，根据评估结果，征询各方意见，确定应采取的风险管理措施，并形成风险管理资料，这些风险管理资料至少包括风险事件、可能性、影响、控制方法、责任人等要素。

（2）预计绩效审计成果。审计成果具体体现为政府及相关部门接受审计建议后，其资源使用的经济性、效率性和效果性的提高。绩效审计成果具体体现为：财务节约；由于采纳审计报告中的建议所带来的过程和实践的改变；依据审计报告所采取的行动有助于被审计单位取得更好的成绩；为管理或规避已发现的风险而采取的预防性措施和得到改善的控制流程；提供“保证”，这种保证让第三方有理由对政府的业绩数据保持信心；产生“威慑性效果”，即遏制消极行为、鼓励积极行为的效果。

（3）估算审计成本。审计人员应结合审计重点、审计范围、审计方法等多方面的因素，估算所需的财务资源、人力资源（数量和专业结构）、外部审计资源、时间等成本。

（4）根据风险、成果和成本分析，权衡比较，确定合适的审计项目。

（二）综合评价法

综合评价法操作简单，比较适合我国地方审计机关选择绩效审计项目。其步骤如下：

（1）确定可选择的绩效审计项目。根据项目选择标准，采用“自上而下”或“自下而上”的方式选择审计项目。例如，某审计局各业务处按照“自下而上”的方式上报了6个项目，分别是交通局的公路维修和保养项目、卫生局的医疗器械采购项目、房屋管理局的经济适用房项目、科技局的科研经费项目、民政局的春蕾工程项目和农业局的水稻肥料补助项目。

（2）了解上述备选项目的相关信息。应了解的相关信息具体包括这些单位的文件、内部审计报告、业绩和目标等资料，项目外部有关组织和机构的报道、报告和专业杂志刊登的信息，审计机关以前年度报告等。

（3）根据收集的相关信息，对每个备选项目，结合上述应考虑的因素进行打分。这些因素就是前文提到的选择绩效审计项目的标准，这些标准可能包括预计审计效果、资金规模、管理风险、影响力、可行性等，这些因素在不同审计机关或者同一审计机关的不同时期并不是一成不变的。实践中，还可以根据各因素的重要程度设置一定的权重（各权重相加等于1），根据实际情况定义各分值的含义，在此基础上可以聘请不少于5个不同领域的专家进行打分。

（4）对各因素打分进行汇总、排序，结合审计资源约束，确定绩效审计项目。计算各项目各因素的平均分数（总得分/专家人数），进而计算各项目的加权平均分数（如果设置了权重的话），并按照分数从高到低排序。将分数高的审计项目确定为绩效审计项目或者优先安排。假如6个被审计项目的评价得分如表5-1所示，审计机关审计资源和能力仅能审计4个项目，则应该选择科研经费、公路维护、医疗器械和经济适用房项目，其余2个可以放弃或者纳入明年的审计项目库。该项目中资金规模的得分可以根据资金规模大小设置各得分值的范围，该得分是客观的，其余几项则主要由各专家根据专业判断打分。

表5-1 **利用综合评价法确定审计项目表**

应考虑的因素	备选项目						权重
	公路维护	医疗器械	经济适用房	科研经费	春蕾工程	肥料补助	
预计审计效果	6	2	2	9	2	2	0.3
资金规模	2	6	9	6	2	9	0.2
管理风险	9	9	9	9	6	9	0.2
影响力	7	7	4	6	3	1	0.2
可行性	6	9	3	9	6	3	0.1
加权平均得分	6	5.9	5.3	7.8	3.4	4.7	
优先次序	2	3	4	1	6	5	

（三）征求意见函法

征求意见函法，是指审计机关采用信函、电子邮件、互联网页等形式制发征求意见函，向有关部门、机构和人员征求审计项目立项建议或者对初步选定的绩效审计项目的意见，解释选择该项目的理由，并要求被征求意见单位（人）进行回复。征求意见函应对被征求意见对象回复意见的范围、重点、方式、时间等做出明确指引，以利于审计机关对回复意见进行汇总和采纳。征求意见的对象一般包括地方党委、人大、政府、政协、地方政府直属部门，当然也可以向广大公众征求立项意见。2008年审计署曾向广大网友征集2009年审计项目计划安排建议，取得了较好的成果。江苏省地方审计机关也广泛使用该方法确定绩效审计项目。

（四）调查问卷法

调查问卷法，是指审计机关设计出一系列对拟选绩效审计项目各种应考虑因素进行描述和分析的命题，调查被调查对象对各命题的认同程度，并对各项目同意立项的票数及比率进行统计，从而选定审计项目。问卷中各命题的设计应该围绕主题，简短清晰，格式统一，对答复意见预设量化指标，并尽量避免多项选择。对回收的调查结果，要依据问卷既定设计思路，选取相应的统计公式和分析模型，进行汇总分析，要特别注意汇总中权重的选择和影响。随着网络的日益普及和公民对绩效审计关注度的不断提高，审计机关可以尝试在门户网站上就绩效审计项目立项进行网络调查。

（五）访谈法

访谈法包括走访和座谈两种方式。走访是一种提问者和回答者之间交互式获取信息的方式，可以用来了解问题、发现问题、了解观点看法、收集信息等。座谈是指邀请有关机构代表或相关专家以及拥有不同知识、经验和观点的人员等进行集体沟通和讨论。与调查问卷法的广泛性特点不同，访谈法的对象是精心挑选出来的，通过这种方法取得的意见和建议具有较强的针对性和较高的权威性。

另外，初次选择绩效审计项目时也可以参考其他单位已经实施的绩效审计项目，这些项目名称可以从其他审计机关网站上获得。例如，香港特别行政区审计署自2001年以来每年都在官方网站上公布约20个绩效审计报告；2003年至2011年年底，深圳市审计局共开展绩效审计项目77个，这些项目报告都可以在深圳审计信息网上下载；江苏省审计厅2009—2011年大力推进绩效审计项目，每年评选优秀审计项目，这些审计项目也可以在网上查到。上述绩效审计项目至少在可行性方面为审计机关绩效审计立项提供了基础。

江苏省2×11年度绩效审计获奖项目[①]

一等奖：

1.徐州市审计局实施的徐州市淮河流域2×08—2×10年水污染防治绩效情况专项审计调查项目

2.丹阳市审计局实施的丹阳市医疗保险管理中心2×10年度运行管理绩效情况审计项目

3.省厅农环处实施的太湖水污染治理情况专项审计调查项目

4.扬州市江都区审计局实施的扬州市江都区2×10年度城镇职工基本医疗保险基金绩效审计项目

5.泗阳县审计局实施的泗阳县2×08—2×10年度农机购置补贴项目绩效情况审计项目

6.省厅投资处实施的省级预算内统筹基建项目资金使用效益专项审计调查项目

7.无锡市审计局实施的无锡市创新创业创意载体建设管理情况专项审计调查项目

8.赣榆县审计局实施的2×10年赣榆县城乡居民最低生活保障资金绩效审计项目

二等奖：

1.扬州市审计局实施的扬州市新城西区、经济技术开发区征地拆迁绩效情况专项审计调查项目

2.徐州市铜山区审计局实施的铜山区2×07—2×10年度扶贫技能培训补助资金绩效情况专项审计调查项目

3.省厅企业处实施的省属国有企业资本收益情况专项审计调查项目

4.镇江市审计局实施的金港大道建设工程项目决算和投资绩效审计项目

5.淮安市淮阴区审计局实施的淮阴区2×08—2×10年度残疾人事业专项资金绩

---

① 摘自江苏省审计厅网站。

效审计项目

6.泰州市海陵区审计局实施的泰州市海城担保有限公司2×08—2×10年担保资产运营绩效审计项目

7.常熟市审计局实施的常熟市2×08—2×10年新型墙体材料专项资金征收、使用及管理绩效情况专项审计调查项目

8.南京市审计局实施的河西指挥部及河西国资集团2×08—2×10年经济运营绩效情况专项审计调查项目

9.常州市金坛区审计局实施的常州市金坛区2×08—2×10年廉租住房保障资金管理和使用绩效情况专项审计调查项目

10.南通市审计局实施的南通先锋观音山印染集中生产地区污染源整治情况专项审计调查项目

三等奖：

1.睢宁县审计局实施的睢宁县2×08—2×10年政策性农业保险资金管理和使用绩效情况专项审计调查项目

2.沭阳县审计局实施的沭阳县城区饮用水安全管理绩效情况专项审计调查项目

3.无锡市锡山区审计局实施的无锡市锡山区墙体材料改革与节能工作领导小组办公室2×10年度新型墙体材料发展专项基金绩效审计项目

4.连云港市新浦区审计局实施的新浦区劳动就业管理处2×08—2×10年就业再就业资金绩效情况审计项目

5.省厅直属二局实施的沪瑞国道主干线支线溧水至南京公路建设项目竣工决算及项目绩效情况审计项目

6.常州市审计局实施的常州市市区老住宅小区综合整治绩效情况专项审计调查项目

7.盐城市审计局实施的盐城市市区青年路西延及两侧地块征地拆迁补偿安置项目资金使用情况及其绩效审计项目

8.苏州市吴中区审计局实施的吴中区农村股份社绩效情况专项审计调查项目

9.盐城市大丰区审计局实施的盐城市大丰区职工医疗保险基金管理中心2×07—2×10年医疗保险基金绩效审计项目

10.南京市秦淮区审计局实施的2×09—2×10年秦淮区残疾人保障资金使用效益情况专项审计调查项目

11.淮安市审计局实施的淮安市市直行政单位公务用车运行管理绩效情况专项审计调查项目

12.南通市审计局实施的南通汽运事业集团有限公司2×09年度资产负债损益及绩效情况审计项目

●第二节　绩效审计计划的编制方法

编制审计计划的过程是对审计项目进行深入调查的过程，按照相关规定，应先成立审计小组，下达审计通知书。绩效审计计划是对审计项目的总体规划，是衡量审计项目质量的重要标准。本节主要介绍绩效审计计划的种类和内容、绩效审计实施方案的编制程序和方法。

一、国外相关组织制定的指南对绩效审计计划编制的规定

（一）最高审计机关国际组织（INTOSAI）

最高审计机关国际组织编制绩效审计计划的步骤如下：收集被审计单位信息，获取相关知识，估计可能面临的问题；确定审计目标和范围；开展初步分析；强调开展计划时已经预料到的问题；编制审计预算和时间安排；确定人员要求，建立审计小组；与被审计单位讨论审计的范围和目标。

绩效审计计划的内容如下：根据审计项目的预期性质、时间和范围开发总体框架，选择具体审计方法。审计总体框架具体包括审计范围（问题）、适用的审计准则、评价标准（或指标体系）等，在以问题为重点的绩效审计项目中，审计评价标准可以适当淡化。

（二）最高审计机关亚洲组织（ASOSAI）

最高审计机关亚洲组织编制绩效审计计划的步骤如下：收集被审计单位及其所在组织的信息，评估风险，确定重要领域；明确审计目标和范围；进行初步分析；预见一些特殊问题；编制预算和审计进度表；明确对审计人员和审计组的要求；与被审计单位讨论审计的范围、目标和对审计标准的评价；编制审计计划。

绩效审计计划的内容如下：与被审计领域和部门的高效、经济和有效运作相关的审计目标和分解目标；适用的审计标准；为获取证据所需的专门作业；需要收集的审计证据；收集证据的程序、步骤；审计小组成员的任务分配和时间调配；任何必要的专门指导。

（三）美国审计机关

美国审计机关编制绩效审计计划的步骤如下：考虑各种项目的重要性和潜在的审计报告使用者的需求；了解被审计项目；了解与审计具体目标和审计范围有关的内部控制；设计审计方法和程序，以发现重大违法违规、违反合同条款和拨款协议的事项；确定评价审计事项所需要的标准；考虑可能影响当前审计目标的以往审计和鉴证业务的结果；确定能用作审计证据的资料的潜在来源；考虑是否可以利用其他审计师和专家的工作来达到某些审计目标；为实施审计配备适当、充分的人力和资源；与负责被审计项目的管理人员和其他相关人员就计划和实施审计的一般情况进行沟通；编制审计计划。

绩效审计计划的内容如下：有关被审计项目的法律授权、背景、当前目标、主要地点以及能够帮助审计师了解和开展审计的其他背景情况；审计组每位成员的职

责分工情况（如编制审计方案、实施审计、督导和复核工作、起草报告、处理被审计单位官员的反馈意见、报告定稿）；审计方案；审计报告的一般格式以及所包含资料的类型。

（四）英国审计署

英国审计署编制绩效审计计划的步骤如下：确定审计过程中需要回答的问题；确定占用的审计资源；确定项目时间；确定审计风险；在风险管理基础上寻求时间、成本和质量三者之间的平衡；确定审计方法体系；制订信息沟通计划；确定档案管理办法。

绩效审计计划的内容如下：成本预算；审计人员；所需的外部审计资源、时间和成本；任务分工；重大审计事项完成时间；在规定的时间和预算内完成任务的风险。

（五）其他国家审计机关

其他国家的绩效审计指南也明确了绩效审计计划内容。例如，澳大利亚绩效审计计划的内容主要包括：审计目标；审计范围；审计评价标准；审计方法；相关预算；风险分析；可能的出行安排；审计资源分配；咨询专家的建议约定书或合同；预期审计的成本和时间安排（重要的进展标志）等。

二、我国绩效审计计划的种类与内容

按照国家审计准则的规定，审计机关的审计计划包括审计工作方案和审计实施方案。当然，并不是所有的项目都要编制审计工作方案，审计工作方案一般是针对比较大的审计项目，这种审计项目可能由上级审计机关组织，由多个审计小组实施审计。这时，审计工作方案由上级审计机关编制，各审计小组根据上级审计机关制订的绩效审计工作方案结合对被审计项目的进一步调查研究，编制绩效审计实施方案。对于地方审计机关自行开展的由单个审计小组实施的绩效审计项目，可以只编制绩效审计实施方案。审计工作方案侧重于对审计总体目标的定位和实施范围的统筹考虑，应当具有较强的指导性，保证必要的实用性，应当有利于统一审计人员的思想，明确认识，保证审计实施方向的正确性和实施成果的有效性。

按照我国国家审计准则的规定，绩效审计工作方案一般包括：审计目标；审计范围；审计内容和重点；审计工作组织安排；审计工作要求。绩效审计工作方案的基本要素可以概括如下：一是审计的基本思路和总体目标。结合绩效项目本身的要求，在对被审计对象进行调查研究，学习和收集相关资料的基础上，初步确定审计的主导思路和总体目标。二是界定审计的相关范畴。以审计总体目标为导向，通过调查了解和分析被审计单位及项目背景、管理方式及内部控制情况、资源和外部环境等相关信息，确定审计所涉及的时间、地域、重点经济领域等覆盖面。三是设定绩效审计总体评价体系，根据被审计对象目标实现的关键因素初步确定审计评价标准。四是提供恰当和适用的审计方法。在确定总体审计方法时，要根据审计总体目标的要求，充分考虑被审计项目的业务特点、资金规模、时间、地域因素等。

绩效审计不是标准化产品，每一次审计都是从一张白纸开始。按照我国国家审计准则的规定，审计实施方案应该包括以下内容：审计目标；审计范围；审计内容、重点及审计措施；审计工作要求，具体包括项目审计进度安排、审计组内部重要管理事项及职责分工等。

绩效审计实施方案的基本要素可以概括如下：一是明确阐释审计的动机与理由，确定审计目标以及可执行的专题性审计实施目标；二是确定审计范围和重点；三是根据资金的分配取向和审计对象的特点，确定审计评价指标体系，并选择具有可操作性的绩效审计方式、方法；四是确定具体时间安排、资源配置、审计成果形式和审计要求。

对上级审计机关已经下达绩效审计工作方案的，审计组应当按照审计工作方案的要求编制审计实施方案。

三、我国绩效审计实施方案的编制程序

绩效审计实施方案中的审计目标和范围在年度审计项目计划和审计工作方案中已经明确，考虑到审计资源已经基本配置完毕，审计目标和范围一般不会有重大变化，因此，绩效审计实施方案的核心内容是确定审计事项及应对策略。审计人员应在对被审计单位及其相关情况进行充分调查的基础上，结合评价标准寻找差距，确定问题，根据重要性判断标准，将重要性问题确定为审计事项并制定应对策略。审计事项的应对策略主要包括怎么审、何时审和谁来审。“怎么审”涉及审计取证和评价方法的确定，“何时审”和“谁来审”涉及审计资源（时间和人力）的分配问题。

（一）调查了解被审计单位及其相关情况

绩效审计实施方案的核心内容是界定审计主题或问题，进行重要性判断，并提出应对措施。因此，审计人员编制审计方案前应进行充分的调查研究。

1.调查研究途径

审计人员可以从以下方面调查了解被审计单位及其相关情况：单位性质、组织结构；职责范围或者经营范围、业务活动及目标；相关法律、法规、政策及执行情况；财政财务管理体制和业务管理体制；适用的业绩指标体系以及业绩评价情况；相关内部控制及执行情况；相关信息系统及电子数据情况；经济环境、行业状况及其他外部因素；以往接受审计和监管及整改情况；需要了解的其他情况。

审计人员可以从控制环境、风险评估、控制活动、信息与沟通、对控制的监督五个方面了解被审计单位相关内控及执行情况。审计人员可以通过了解保障信息系统正常运行的稳定性、有效性、安全性等方面的一般控制和保障信息系统产生的数据的真实性、完整性、可靠性等方面的应用控制了解被审计单位信息系统控制情况。

2.调查研究方法

审计人员可以采取下列方法调查了解被审计单位及其相关情况：书面或者口头询问被审计单位内部和外部相关人员；检查有关文件、报告、内部管理手册、信息系统的技术文档和操作手册；观察有关业务活动及其场所、设施和有关内部控制的

执行情况；追踪有关业务的处理过程；分析相关数据。

（二）评估被审计单位存在重要问题的可能性

审计人员判断问题是否存在的标准主要包括：法律、法规、规章和其他规范性文件；国家有关方针和政策；会计准则和会计制度；国家和行业的技术标准；预算、计划和合同；被审计单位的管理制度和绩效目标；被审计单位的历史数据和历史业绩；公认的业务惯例或者良好实务；专业机构或者专家的意见；其他标准。

审计人员判断问题重要性时应关注：是否涉嫌犯罪；是否属于法律、法规和政策禁止的问题；是否属于故意行为所产生的问题；可能存在的问题所涉及的数量或者金额；是否涉及政策、体制或者机制的严重缺陷；是否属于信息系统设计缺陷；政府及公众的关注程度；需要关注的其他因素。

（三）确定审计应对措施

审计组应当根据上述标准评估被审计单位存在重要问题的可能性，以确定审计事项和审计应对措施：一是评估对内部控制的依赖程度，确定是否及如何测试相关内部控制的有效性；二是评估对信息系统的依赖程度，确定是否及如何检查相关信息系统的有效性、安全性；三是确定主要审计步骤和方法；四是确定审计时间；五是确定执行的审计人员；六是其他必要措施。

（四）编制和调整审计实施方案

审计组在分配审计资源时，应当为重要审计事项分派有经验的审计人员，安排充足的审计时间，并评估特定审计事项是否需要利用外部专家的工作。通俗地讲，审计实施方案就是审计组组长的工作思路，制订后也不是一成不变的，遇有下列情形之一时，审计组应当及时调整审计实施方案：（1）年度审计项目计划、审计工作方案发生变化的；（2）审计目标发生重大变化的；（3）重要审计事项发生变化的；（4）被审计单位及其相关情况发生重大变化的；（5）审计组人员及分工发生重大变化的；（6）需要调整的其他情形。

一般项目的绩效审计实施方案由审计组组长审定，报审计机关业务部门备案。当绩效审计目标、审计组组长、审计重点、现场审计结束时间发生调整时，应报审计机关主要负责人批准。编制和调整审计实施方案可以采取文字、表格或者两者相结合的形式。在编制审计实施方案时应重点关注审计实施范围、审计重点和审计方法设计。

绩效审计实施范围和审计重点，一般是与绩效审计目标的确定同时进行的。审计人员的专业判断在绩效审计实施范围和重点的确定过程中具有主导作用。确定审计实施范围和重点时通常应该考虑四个因素：一是从金额和性质两个方面反映出的财务重要性；二是从某些或某种迹象中反映出的管理风险重要性；三是从审计成果预估中反映出的成果重要性；四是从审计过程的操作性中反映出的可控性。

绩效审计方法设计，一般首先对各种审计方法进行系统选择和合理配置，再对运用这些方法的先后步骤或者具体程序做出计划。绩效审计方法比较多，各种方法的特点和局限性也不同，并且各种方法的运用不是一个完全按固定顺序进行的操作过程。设计审计方法计划的目的，就是要使方法的选择和运用具有同一目标性和服务审计目标的互补性。设计审计方法计划前，包括每一种审计方法的选用前，应当进行审计需求界定，做好主要问题设计。审计人员可以根据每种评价标准列出所需审计证据的性质以及所需实施的审计程序，保证审计方法与审计目标的高度一致性；同时，在具体设计审计方法时，还要特别注意具体程序或步骤间的逻辑关系，保证程序完整，尽量避免目标上的重复，并易于审计人员理解和操作。江苏省审计厅编制的绩效审计指南中列举了确定绩效审计重点的四种方法：（1）目标分析法，即通过对被审计单位的工作目标和影响工作目标实现的因素进行分析评估，按目标偏离程度的大小排序，据以确定审计重点；（2）制度分析法，即对被审计单位制度的健全性、遵循性和有效性进行评估，把制度不健全、执行不到位等方面的情况作为审计重点；（3）问题分析法，即根据审前调查中评估的被审计单位可能存在的绩效问题，判断问题的重要性，据以确定审计重点；（4）风险分析法，即分析评估被审计单位内外部风险的能力或水平，把管理不善、容易发生风险的领域作为审计重点。

绩效审计实施方案可以采用表格式，也可以采用文字描述式。采用审计调查表方式就某一事项进行调查的，审计调查表应作为审计实施方案的组成部分。

以下为某区审计局编制的初始的绿化资金管理和使用绩效审计实施方案。

审计实施方案

编号：XHSJ-JL-003-2010

审计项目名称：××区绿化资金管理和使用绩效审计

被审计单位：××区绿化局

地址：××路×××号

审计方式：就地审计调查

编制依据：根据局年度审计工作计划

审计目标：通过对2006—2010年上半年区绿化财政性资金来源和支出结构的分析，摸清区绿化资金的主要投向；通过对区绿化资源分布的分析，进一步促进我区绿化资源的合理配置；通过对绿化建设、改造项目预算执行情况及绿化养护资金使用管理情况的审查，进一步规范经费的使用、提高资金的使用效益。

审计范围、审计内容、审计重点：

1.通过对2006—2010年上半年区绿化财政性资金来源和支出结构的分析，摸清区绿化资金的主要投向。

（1）摸清并分析区绿化财政性资金来源情况。

（2）从绿化建设和改造、绿化养护两个方面分析区绿化资金的支出结构情况。

2.××区绿化资源现状的调查：

（1）通过运用绿化地理信息系统，了解并分析2009年区绿化资源布局情况。

▲通过对各街道的绿地率、绿化覆盖率的计算，分析区绿化分布情况。

▲对区内大型公共绿地布局情况进行分析，测算是否存在500米绿化服务

盲区。

（2）通过对2006—2009年区“绿化覆盖率”和“人均公共绿地”两个公共绿化指标的比较，分析我区绿化发展现状及在市里的排名情况。

3.通过对绿化建设、改造项目的检查，分析其项目实施及管理效益情况。

（1）了解并分析2006—2009年上半年区绿化建设、改造项目的项目实施情况。

（2）了解2006—2009年区新增绿地面积、改造绿地面积、种植乔灌木情况及白玉兰杯考核、优美景点的获奖情况。

4.通过对绿化养护资金使用管理情况的检查，分析其资金的使用效益。

（1）对区绿化养护项目实际资金需求及财政预算核定数进行对比分析。

（2）对区绿化养护资金拨付、使用环节效益情况进行审核。

▲了解并审核区绿化养护资金的拨付情况；

▲了解并分析绿化养护资金的流向及养护成本；

▲了解市绿化局对我区养护工作的相关考核结果及在全市的排名情况。

5.居民满意度测试：利用我市绿化行业社会公众满意评价调查报告，对2009年我区居民对绿化满意度进行评价。

审计组负责人：张三

成员：李四、王五、赵六

人员分工：

李四负责审计内容第1项；

张三负责审计内容第2、5项；

赵六负责审计内容第3项；

王五负责审计内容第4项。

聘请我市城市发展信息研究中心进行区绿化资源布局情况调查。

计划工作时间：

8月20日至8月31日，实施审前调查并编制审计调查方案。

9月3日至9月14日，调查收集相关事项和资料；分析有关事项现象和资料并形成工作底稿。

9月17日至9月28日，撰写和完成审计报告。

科长审核意见：　　　　　　　　法规科审核意见：

分管局长审批意见：　　　　　　局长审批意见：

四、绩效审计项目计划编制中的技术方法

（一）问题分析法

问题分析法是英国审计署1993年在借鉴B.明托所著的《金字塔原理》一书理论的基础上开发的一种技术方法，目的是保证审计报告能够观点明确、逻辑严密、意见一致。英国的《绩效审计手册》对问题分析法有详细的描述：“问题分析法是一种通过确定总括性问题、相关子问题以及用来解答这些问题的具体审计任务来规划绩效审计工作的方法。”通过问题分析法，审计人员能够按照严密的、结构化的

步骤把审计要回答的总括性问题分解成具体的审计任务，从而指导审计工作。英国审计署形象地将这一类似于金字塔结构的系列问题描述为逻辑结构树：审计要回答的总括性问题是第一层问题，被喻为树干；第二层问题是大树枝；第三层问题是支树枝；第四层问题是树梢；审计人员通过一定的方法完成的审计任务则是树叶。审计任务是从审计要回答的总括性问题经过第二层、第三层、第四层的逻辑结构演绎推理出来的。

问题分析法的主要做法是：首先提出几个审计中要回答的总括性问题，再针对总括性问题设计一系列子问题，然后以子问题为基础继续分解出更小的问题，但这些细小问题综合起来能够反映总括性问题。在审计计划阶段使用问题分析法有助于识别当前的风险和问题。

问题分析法的基本程序如下：首先，由审计组成员采用讨论会的形式明确与审计对象相关的无争议的真实信息，这些信息可能包括审计对象的目标、支出、收入、资源、员工数量、投入、产出、主要部门职责、监管和政策工具，受益人情况，涉及的利益相关人，公众感兴趣的问题等。其次，理清相关风险，确定影响目标实现的各种因素，进行风险分析，发现每一个风险，并确定风险的重要性，识别政府部门运行中对经济性、效率性和效果性的主要威胁，明确组织风险、运营风险、外部风险等。最后，以前述的背景信息和风险评估结果为基础，根据经济性、效率性和效果性概括出主要审计问题，这些问题构成主要审计目标，根据主要问题推导出第二层次的问题，再进一步细化为第三层次的问题，这些问题构成现场审计的任务。

问题分析的第一步和第二步分别构成了审计计划的背景和风险评估部分，第一层次的问题构成了审计目标，第二、三层次的问题构成了审计范围。一般情况下，这些问题采用金字塔结构，通过结构化的方案提供研究框架，第一层和第二层的问题为是/否问题，以保证严谨的逻辑结构，第三层次的问题可以采用什么、为什么、如何或多少等问题。另外，这些问题应遵循两个原则：一是互相排斥，融合为一，即问题不能互相交叉重复，子问题涵盖整个审计内容；二是"二七"原则，一个给定的子问题既不能少于2个，也不能多于7个。问题分析结构如图5-1所示。

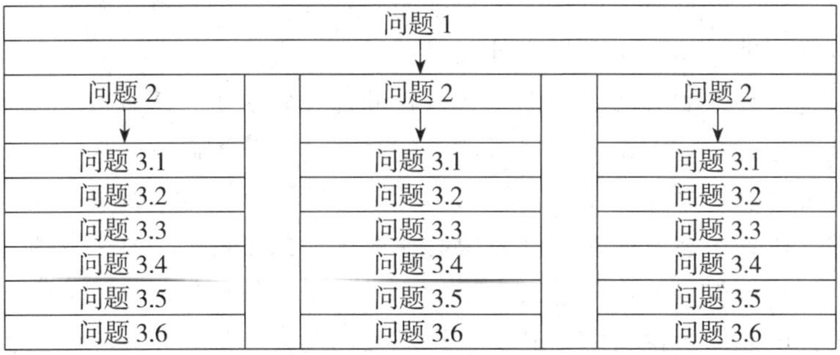

图5-1　问题分析结构图

现举例说明。道路的拥堵每年造成大量的经济损失，英国政府采纳了一个解决拥堵问题的计划——“高速公路当局的‘优化使用计划’”。该计划由一系列旨在减少拥堵状况的项目组成，如提高道路的规划速度，对封闭车道进行更加快速的清理，设置信息路牌提醒驾驶员前方发生问题等。该道路建设项目的成本远远高于当初的估算，英国审计署开展了“道路建设成本估算与监督”的绩效审计。问题分析结构如图5-2所示。

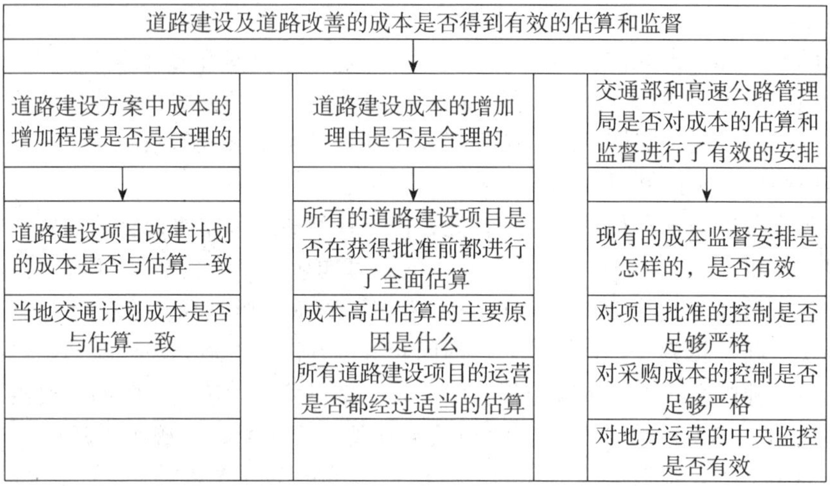

图5-2　“道路建设成本估算与监督”项目问题分析结构图

（二）结构关系图法

充分理解与审计项目相关的政策动态是非常重要的。因此，有必要在明确绩效审计的具体事项之前，利用有关文件和专家（例如有关部门和机构的财务审计人员）的知识绘制结构关系图。

绘制结构关系图的目的是帮助并证明审计人员对政策目标、被审计单位绩效指标、被审计单位的主要当事人及其相互关系取得充分的认识。用图表的形式将这些因素绘制成一张概念化的结构图是非常有用的。这种图表或结构图为确定绩效审计事项和全面系统地考虑审计范围提供了扎实的基础。

绘制结构关系图是规划绩效审计工作的一个重要阶段。结构关系图是一种获取信息的有效方法，其具有增值性，体现了团队精神，有助于针对性地获取相关领域专家的指点和帮助，有助于制订审计项目计划，也有助于交换审计意见。

绘制结构关系图的方法将根据审计项目的性质以及审计组在开始阶段拥有的信息量而相应变化。其重点是要在尽可能短的时间内充分了解审计对象。如果已经掌握了很多相关信息，例如在以前审计的基础上进行跟踪审计，那么审计组只要召开一次简单的自由讨论会就能对审计对象有比较全面的了解。但如果是新的或复杂的审计项目，审计组就可能需要进行大量的资料收集工作：首先，调查分析重要部门的文件和相关的外部评论文章；其次，进行实地调查，例如审计组成员到现场与被审计单位主要当事人进行面谈；最后，召开审计组会议，对了解到的情况进行比较分析并完成绘图工作。

认知图法是一种绘制高质量的结构关系图的方法。具体操作步骤如下：

第一步，确定审计主题。绘制结构关系图应当围绕一个能够清楚地体现审计总体目标的问题来进行，这有助于参加绘图的人员理解审计的范围和需要关注的核心问题。典型的问题包括：该项目能否取得较好的绩效？国防部电子采购的方法应如何改进？国家卫生健康委员会是否有效地执行了国民保健计划中的防癌计划？这种总括性问题可以通过不同的方式提出，因此，审计人员必须明确，通过审计要论证说明的主题是什么。当然，问题的文字表述可以根据最终形成的认知图而有所不同。

接下来的第二、三、四步是一个循环往复的过程，审计人员在绘图过程中可以重复多次。

第二步，自由讨论。在自由讨论中，参加人员针对上述总括性问题提出各自的答案。他们可以将自己的想法写在纸条上，然后将纸条贴在白板上，同时有意识地一边开发新的想法，一边完善正在绘制的图表。为保证讨论会取得好的效果，应做到以下几点：提出的观点言简意赅，并用较大的字体书写；每一张贴纸上只写一个观点；反对意见应写在一张新的贴纸上，而不要覆盖或替换原有的贴纸，这样可以不断启发新的不同观点。

第三步，观点归类。这一步是将所有观点编号，并将它们分成内容相近的组。如果参加人员在分组过程中发现了原来被忽略的领域，可以随时添加新的观点。

第四步，建立联系，即寻找各组观点之间的联系。在这一过程中可以使用专业软件。参加人员应对已发现的联系进行讨论，并提出补充意见。

（三）心智图法

心智图法的前身是射线图法（radial drawings），这种方法被用于分析研究问题已经有很长的历史，最早可能是公元3世纪柏拉图学派的思想家Poephyry用它来表述亚里士多德的逻辑类别。英国著名的心理学家、英国头脑基金会总裁、心智图法的发明人Tony Buzan，一直致力于寻找一种可视化的、快速阐释思想观点的方法来支持学习和记忆活动。20世纪60年代，他的努力使得这一现代版的心智图法流行起来。

心智图法又称为思维导图，是一项流行的全脑式学习方法，它能够将各种点子、想法以及它们之间的关联性以视觉图像的形式呈现，将一些核心概念、事物与另一些概念、事物形象地组织起来，成为我们脑内的记忆树图。它允许对复杂的概念、信息、数据进行组织加工，以更形象易懂的形式展现在我们面前。

心智图法总是从一些中心概念、问题入手。非常典型的是一些与中心概念线形连接的关键字、短语或图像。它被认为是一种全面调动分析能力和创造能力的思考方法。创造出好的心智图要遵循以下原则：将主要概念、想法放置于图的中心位置，最好用图片来表示它；尽量使用大空间，以便稍后有足够的空间添加其他内容；可以使用不同的颜色和字体，使你绘制的心智图富有个性化；在心智图上寻找、发现关系；为次级主体建立次级中心。

在编制审计计划时，运用心智图法可以使人们的信息交换活动（如工作组、项目会议、头脑风暴会以及战略研讨会）形象化，对收集起来的信息进行组织、重组、过滤及分析，实现信息结构化，辨识出信息所包含的关键要点之间的联系，改进知识管理系统。心智图可以被用于工作界面可视化，各种信息以及外部链接蕴藏其后。最新的心智图法软件能够通过搜索引擎和内容刷新功能自动生成心智图，以最佳方式生成和展示信息。心智图法能够自动在不同信息格式间进行转换，如网页、项目管理信息文件、微软的幻灯片（PPT）、Word文档以及Outlook任务文档等，进而更好地管理会议演讲、项目工程、提议讨论、调查研究、通信联络等各种活动产生的信息，纵贯项目活动的准备、执行和后续等各个阶段。

遭受恐怖袭击的纽约双子星大楼倒塌后，指挥中心立即启动救灾应变系统，一幅大型心智图呈现在指挥中心的荧幕上，里面的内容包括了所有的问题、冲击以及解决方案、优先顺序与操作程序等。灾难现场不断传来的讯息都能立即被加到心智图合适的位置上，为指挥中心做出决策提供参考依据。由此可见，虽然资讯繁杂，但是有了心智图，思绪一点都不乱。

心智图法的相关软件有Mindmanager、Xmind。

（四）风险分析法

任何审计都可能产生各种各样的问题，这会影响审计开展方式或者审计结论，甚至对两者都产生影响。有些问题可能不会构成对成功审计的重大威胁，有些问题则可能干扰审计进程或者导致审计结果被怀疑，因此，需要对审计进行风险管理。

1.风险识别

在审计方案编制阶段，审计人员必须识别与审计相关的风险。借鉴其他项目尤其是类似项目的审计经验，以及开会自由发表意见，都有助于审计人员识别审计风险。

编制审计方案时最常见的风险与下列因素有关：①审计组的稳定性，主要由人员流动或者不可预计的人员请假引起；②审计组的专业能力，如是否拥有完全符合条件的审计组成员；③信息的可获取性，如是否存在无法获取必要的信息或者获取的信息不可用的问题；④信息的可信度，如是否存在收集的信息不可信或者模糊的问题；⑤审计程序设计是否有缺陷，如测试程序能否收集到必要的信息，或者审计标准是否恰当，能否得出有效的审计结论；⑥与被审计单位的关系，如被审计单位的作为或不作为及其态度可能导致审计延误。

2.风险应对

审计人员必须对风险是否可接受做出决定。如果不对风险采取任何应对措施，则说明风险是可接受的。如果风险水平非常低，也无须采取任何具体的应对措施。另外，如果是重大风险，但没有任何措施或者可采取措施的成本不合理，则无须采取任何应对措施。如果接受重大风险并采取应对措施，则说明实施审计取得的收益应该超过应对风险的成本。

审计风险最小化策略可以采用试审或吸收一位来自被审计单位的人员加入审

计组。

在不能获得足够的信息来确定审计目标、审计标准、审计范围以及相关审计风险的情况下，开展试审（preliminary study）是审计风险管理策略的好模式。试审同时提供了一个测试审计方法或者数据采集技术的机会，也为与被审计单位建立良好关系打下了基础。

另一种控制审计风险的方式是吸收一位来自被审计单位的人员加入审计组。这种方法的好处是，来自被审计单位的人员能够做到以下几点：①成为与被审计单位的专门联系人；②向审计组提供综合的、经过充分考虑的建议；③向被审计单位反映审计组的观点；④协助解决数据质量问题；⑤在审计组形成最终结论之前，与审计组及时沟通被审计单位的意见。

采用上述方法时，审计组组长必须考虑与被审计单位人员相关的潜在的“利益冲突”。如果该人员成为审计组的一部分（实际上因考虑利益冲突，这种情况非常少见），必须由审计组组长进行恰当授权，并且该人员必须在审计组组长的领导下工作。

（五）甘特图法

甘特图法是在20世纪初由亨利·甘特开发的。它基本上是一种线条图，横轴表示时间，纵轴表示要安排的活动，线条表示整个期间计划和实际的活动完成情况。甘特图直观地表明任务计划在什么时候进行，以及实际进展与计划要求的对比。在编制审计方案时，甘特图可以被作为审计时间规划的重要工具。

设计一张甘特图，应详细列明必须实施的关键审计事项。该图通常按照审计报告日期往前 追溯安排其他审计事项应完成的时间，以便使总体审计工作能够有条不紊地进行。关键审计事项通常包括：审计前期准备、证据收集、证据分析、编制报告、征求意见、信息沟通、公布审计结果等。审计人员也可以专门针对重要审计事项编制甘特图。

甘特图的编制工具包括Microsoft Office Project、Ganttproject、Excel、Visio等。

编制甘特图应该明确审计项目的每一项任务的开始时间和结束时间，图5-3为一个简易的甘特图。

在编制上述甘特图时，可以将周次精确到日期，审计流程中的每一个任务可以设置两行，分别表示计划和实际执行情况，这样可以在业务执行过程中很清晰地看到各项任务实际执行和计划的偏差，以便及时做出调整。

上述技术方法有些可以用于绩效审计取证，如认知图法、心智图法等，另外一些取证阶段的方法同样可以在审计计划阶段使用，如头脑风暴法、自由讨论法等。

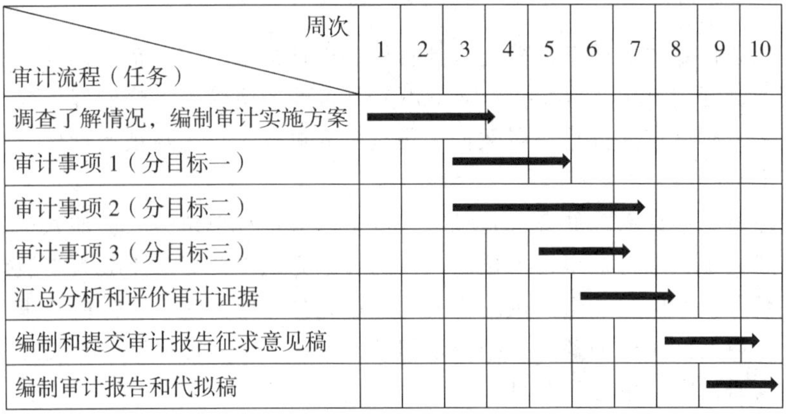

图 5-3　简易的甘特图

复习思考题

1.如何选择绩效审计项目?
2.什么是成本效益法?
3.什么是综合评价法?
4.绩效审计实施方案的编制步骤是什么?

第六章

绩效审计现场取证方法

主要知识点

绩效审计实施阶段的主要任务是审计证据的收集和评价。不同证据收集方法的效力不同，适用范围也不同。合理选择绩效审计方法有利于降低成本，提高效率，降低风险，提高审计质量。本章将介绍现场取证方法，主要内容包括：绩效审计现场取证方法及其运用；绩效审计现场取证方法的科学选择。

关键概念

访谈法；观察法；调查法；第三方信息；文档和实物证据法；审计调查表

●第一节　绩效审计现场取证方法及其运用

国际审计组织绩效审计指南以附录的形式介绍了绩效审计取证方法和分析评价方法，美国、英国、加拿大、瑞典等国家的审计机关也十分重视绩效审计方法的开发和应用，并编制了专门的绩效审计方法指引或者手册。我国审计署科研所在编制绩效审计指南时重点关注了美国和加拿大审计署开发的六种绩效审计方法，即评价综合方法、内容分析法、调查法、结构化访谈法、案例研究法和前瞻性评价综合方法。其中评价综合方法、内容分析法、前瞻性评价综合方法、案例研究法等具有一定的综合性，无法将取证和分析评价区分开来。我国国家审计准则第九十二条规定了七种取证方法，具体包括：①检查，是指对纸质、电子或者其他介质形式存在的文件、资料进行审查，或者对有形资产进行审查；②观察，是指察看相关人员正在从事的活动或者执行的程序；③询问，是指以书面或者口头方式向有关人员了解关于审计事项的信息；④外部调查，是指向与审计事项有关的第三方进行调查；⑤重新计算，是指以手工方式或者使用信息技术对有关数据计算的正确性进行核对；⑥重新操作，是指对有关业务程序或者控制活动独立进行重新操作验证；⑦分析，是指研究财务数据之间、财务数据与非财务数据之间可能存在的合理关系，对相关信息做出评价，并关注异常波动和差异。本节主要介绍国外审计组织关注的几种绩效审计取证方法。

一、访谈法

绩效审计的大量工作以访谈为基础，在审计过程的不同阶段需要开展各种形式的访谈。英国审计署按照时间构成比例将访谈法分为传统的访谈法和新兴的访谈法。传统的访谈法以对话式访谈为主，在时间构成比例方面，访谈者占20%，被访谈者占80%。新兴的访谈法有专题座谈法和认知图法，这些方法中，访谈者主要担任协调人的角色，只占用谈话时间的5%。具体而言，访谈法包括以下几种：

（一）结构化访谈法

这种访谈通常按照一个详细的访谈提纲进行，各个访谈活动的提纲风格都是相同的，即问题的措辞和提问的顺序具有一致性。运用结构化访谈法的主要步骤包括：设计结构化访谈，如确定变量和开发问题，编写问题；进行预测试和专家评审；培训访谈人员；选择和联系受访者；进行访谈；分析数据。

结构化访谈法的主要优点是访谈结果方便量化，可作统计分析；与问卷调查相比，结构化访谈能够控制取证信息的可靠性，反馈率高，应用范围更广，可以问些复杂的问题，并可选择性地对某些特定问题作深入调查，还可以对被访谈者的态度精心观察以获得非语言信息。

结构化访谈法的主要缺点是：结构化访谈需要具有高度熟练的技巧和受过专门培训的访谈者，需要较多的人力、物力和时间；对于敏感性、尖锐性或者有关个人隐私的问题，被访谈者受心理因素和环境因素的影响，可能不会做出正面回答，导致访谈结果失真。

（二）非结构化访谈法

这种访谈通常有一个访谈指南可供参考。访谈指南的内容主要是介绍一些谈话主题和试探性问题的例子，供访谈者需要时使用。这种方法下，访谈者可以自由灵活地提出事先没有考虑到的问题，或者设计一些开放性问题，并对被访谈者的答复进行深入探讨。这种方法适用于构建理论，能提供丰富的数据，适用于复杂的审计项目。缺点是可能需要投入大量的时间，数据分析时有额外的工作量，难以量化。

（三）认知图法

这种方法一般用来了解某个组织是如何进行决策的，也可以用来揭示帮助或阻碍该组织实现目标的各种因素。这种方法有助于将工作重点放在审计目标上，理清工作思路，能揭示各个组织在工作思维方式上的差异。访谈者可以在访谈过程中澄清或核对其对被访谈者答复内容的理解是否正确。其缺点是：每次访谈须有两个访谈者（一个提问引导访谈者，另一个在白板上绘图）；要求有绘图设备；需要具有专门技能的访谈者。

（四）专题座谈法

专题座谈法可以理解为一种多元式面谈，参加座谈会的人员通常为6~10人，一般包括学术界人士、政府部门决策者、某个领域的专家、相关利益团体，甚至包括审计组成员。专题座谈法有利于与会者对各自的观点进行讨论和比较。这种方法适用于形成和测试各种观点，有助于设计或修订调查问卷，成本低，效果好。其缺点是需要具有专门技能的协调人，存在与会者缺乏讨论动力的问题。在召开座谈会前，可以事先将有关讨论的主题提交给相关人员，以便他们有时间做些准备。

（五）头脑风暴法

这是一种群体访谈法，具有非结构化特点，适用于绩效审计的开始和最后阶段，能够形成思想观点并获取审计证据。这种方法是激励与会者表达各种思想观点的理想方法，有助于传播知识。其缺点是，同样存在与会者缺乏动力的问题，并且难以对大家表达的观点进行分析。如果要寻找审计证据，应该认真考虑这种方法是否适合。

（六）邮寄访谈法和电话访谈法

这两种方法是指通过邮寄或电话方式进行非面对面的远距离访谈，能覆盖较大范围的访谈对象。邮寄访谈法可满足被调查人匿名的心理，适用于一些敏感性题目，能确保提问的一致性，可避免访谈者导致的偏差，但其反馈率可能较低，需要向被访谈者清楚地介绍有关情况，管理工作负担重。电话访谈法是一种收集数据的快速方法。如果被访谈者对要回答的问题不清楚，访谈者可以及时澄清，同样，反馈率较低，难以同时进行访谈和记录，不能阅读非口头性信息。

二、观察法

观察法是指通过靠近特定的对象来了解正在发生的事情，包括两种具体的方法。

（一）参与式观察法

参与式观察法是指审计人员根据现场情况，采取公开观摩、佯装购物等方式观察。这种方法可以评估正在发生的事情，有丰富的信息来源，但可能会干扰现场工作，有丧失客观性的风险。英国审计署对政府公共服务热线提供公共服务情况的绩效审计项目中，审计人员就曾经运用“秘密购买”（审计人员假扮社会公众来电咨询，用于测试员工是否能够妥善处理公众来电）的方式，对护照申办咨询服务热线的服务质量进行取证，发现90%的来电得到了恰当的处理。

（二）非参与式观察法

非参与式观察法是指审计人员不直接参与正在发生的活动，而是根据现场情况采取暗中观察、公开照相等结构性较强的方式进行观察，有丰富的信息来源。但是，这种方法存在“不够贴近”的风险，看不到观察范围之外的风险，不易操作。例如，在青岛麦岛污水处理厂绩效审计项目中，为了解项目截污是否彻底，前海一带是否还有未治理的污染问题，两名审计人员沿着海岸线，从大麦岛一直走到浮山湾，沿途对雨污混流的污水处理厂西侧暗渠、云霄路暗渠等进行拍照取证，发现了截污处理不彻底等问题。

三、调查法

（一）案例研究法

1.案例研究法的用途

审计人员在开展绩效审计项目尤其是问题导向型绩效审计项目时，可以将整个审计项目作为一个案例研究项目，或者针对其中的某一审计事项开展案例调查。

案例研究法可以被用于证实假设问题存在且它们并不是个别现象，可以对复杂问题进行综合性的深入分析，可以获得例证用以同其他信息作比对、讨论，还可以同总体数据结合起来，证实更广泛研究的结果。但是，审计人员很难基于案例研究对问题的发生频率、严重程度做出陈述，即便这些案例是用来反映总体问题并且具有代表性。

在选择所要研究的案例数目时，必须权衡检验的广度和深度。案例研究所选取的案例可以同时包括失败和成功的案例，所以有可能通过对比来发现潜在因素。此外，案例研究法还可以用来补充通过对单一案例进行深入研究获得的总体信息。

当开展了一定数目的案例分析后，审计人员可以就审计发现同被审计单位交流，以获得他们关于分析成果能否准确反映整体状况的看法。审计人员也可以在会议中同科学家、专家、技术人员讨论案例分析的结果。在结合了总体数据和案例分析的深度数据，并且二者相互佐证的情况下，审计人员将有足够的理由接受审计发现并把它们作为一些推演的基础。

2.案例研究法常用的技术

案例研究法中常常采用比较研究和抽样技术。

（1）比较研究

比较研究主要用于探究发展趋势和可能的状况。审计人员可以对比同一主体不同时点的状况，可以对比表现良好和表现较差的主体，也可以将一个或多个项目同总体情况作对比，或者对比不同国家相似区域的情况。

（2）抽样技术

审计人员必须判断抽样是否是获取部分审计证据的合适途径。他们需要考虑如下因素：总体中的样本数目和相对规模；样本中要回答的问题的复杂程度；用其他测试或程序获得的证据的相关性和可信赖性；各种方法的相对成本和时间耗用。

因为审计人员试图通过测试从总体中抽取的一部分样本来得到关于总体的结论，所以抽取的样本的代表性是至关重要的。抽样方法可以是统计抽样，也可以是非统计抽样。二者都需要运用专业判断。

计划抽样阶段的第一步是准确界定总体。对于统计抽样，总体内样本的同一性是非常重要的。首先，审计人员必须确定通过测试样本所要达到的审计目标。其次，审计人员必须确定样本容量。在选取样本的整个程序中，审计人员需要时常复核选取的样本是否准确地代表了总体情况。审计人员应该事先编制问卷并进行调查，然后对问卷结果进行检验。当发现偏差或例外时，审计人员有必要考虑它们的性质和发生原因。最后，审计人员必须做出总体评价并形成结论。

在绩效审计中常常使用抽样技术来获取审计证据。尽管抽样活动的目的可能不同，但是基本原则是相同的。在绩效审计中，抽样技术大多被用于“当重要事实不能通过其他方法获得，并且有结构性对比的需求以及良好的可推演性”的情况。由于资源有限，样本容量一般不会很大，并且通常有必要限制所回答问题的数目。为了进一步获取深层次的信息，常常用诸如案例分析等其他信息收集技术来辅助抽样技术。

3.案例研究法的分类

美国审计署项目评价方法局制定的案例研究法中将案例研究分为六种类型，包括示例型（illustrative）案例研究、探索型（exploratory）案例研究、关键案例（critical instance）研究、项目实施（program implementation）案例研究、项目效果（program effects）案例研究、累积（cumulative）案例研究。这些不同类别的案例研究与其他调查方法相结合，在绩效审计中应用非常广泛。

（二）问卷调查

民生类绩效审计项目往往存在明确的受益对象，采用调查问卷法可以调查受益对象的满意程度。

尽管调查问卷中使用的调查问卷各不相同，但它们往往包括封面信、指导语、问题三部分。封面信旨在向被调查者介绍调查目的、调查单位、调查的大致内容、调查者身份、对象选取方法、保密措施等。指导语是用来指导被调查者填答问卷的各种解释和说明，其作用和仪器的使用说明类似。问题是问卷的主体，也是问卷设计的主要内容，从形式上看可分为开放式问题、封闭式问题两大类。开放式问题只提供问题但不为答题者提供答案，由答题者根据自己了解的情况自由填答；封闭式问题则是在提出问题的同时给出若干答案，要求答题者根据实际情况进行选择。开放式问题允许问答者自由发表意见，所得资料丰富，但资料不便于统计分析，对回答者的知识水平和文字表达能力有一定要求，花费时间较多，可能产生无用的资料，而封闭式问卷与之相反。一般在探索性调查中采用开放式问卷，在大规模正式调查中采用封闭式问卷。

设计调查问卷应考虑的因素有以下两个：一是主观障碍，即由调查者心理上和思想上对问卷产生的各种不良反应所形成的障碍，如问卷题目太多、问卷表太厚、费时思考、问卷涉及个人隐私时可能会造成被调查者的畏难情绪和思想顾虑，直接影响调查结果；二是客观障碍，即由被调查者自身的能力、条件等方面的限制所形成的障碍，主要包括被调查者的文化水平、理解能力等。

调查问卷的问题形式主要有填空式、是否式、多项选择式、矩阵式、表格式五种。填空式一般只适用于既容易回答又容易填写的题目；是否式可以将回答者分为两类群体，但所得的信息量太小；多项选择式是各类调查问卷中采用最多的一种形式；矩阵式是将同一类型的若干问题集中在一起，构成一个问题的表达方式；表格式是矩阵式的变体，与矩阵式相似。一般情况下，矩阵式和表格式这两种形式在同一问卷中不宜用得太多。如调查某一城市的环境情况，可采用表6-1。

表6-1 **调查问卷**

你觉得污染在你所在的城市是否严重？（请在每一行适当的格中打勾）

	很严重	较严重	不太严重	不严重	不知道
1.灰尘					
2.噪音					
3.污水					

问题答案的设计原则包括穷尽性和互斥性。穷尽性是指答案包括了所有可能的情况，对于任何一个被调查者来说，答案中总有一个是符合其情况的；互斥性是指答案之间不能交叉重叠或相互包含。

问题的语言要尽量简单，尽量避免使用专业术语；问题不能太长，应尽量清晰简短；问题不能有多重含义；问题不能带有倾向性，即问题的提法和语言不能使被调查者感到应该填什么或感到被希望填什么；不要采用否定形式提问，因为人们习惯于肯定形式提问，如果采用否定形式提问，许多人会漏掉问题中的“不”字；不能直接提问敏感性问题。

问题的数量应该能让被调查者在20分钟左右答完，否则会使其产生厌倦情绪或畏难情绪；应将简单的题目和被调查者熟悉的题目放在前面；一般先问行为方面的问题，再问态度、意见、看法方面的问题；个人背景方面的问题可能对调查有很大帮助，但应放在结尾；开放式问题一般应放在后面。还需要注意的是对于后续性问题回答顺序的处理。后续性问题是指在前后两个相连的问题中被调查者是否回答后一个问题要由他对前一个问题的回答结果来确定，即前一个问题是过滤性问题。

采用调查问卷收集资料的方法可以包括自填问卷法和结构化访谈法。前者是指调查者将调查问卷发送给（或者邮寄给）被调查者，由被调查者自己阅读和填答，然后由调查者收回的方法；后者是指调查者依据结构式的调查问卷，向被调查者逐一提出问题，并根据被调查者的回答在问卷上选择合适答案的方法。

自填问卷法包括个别发送法、邮寄填答法、集中填答法。它可以节省时间、经费和人力，具有很好的匿名性，可以避免人为因素的影响。它的主要缺点是问卷的回收率有时难以保证，对被调查者的文化水平有一定的要求，调查资料的质量往往难以保证。

结构化访谈法包括当面访谈法和电话访谈法。当面访谈法由调查者亲自解释调查问卷并记录回答内容，回答率高、调查资料质量高、适用范围广（对被调查者的文化水平要求低），调查者可以看到被调查者的反应，有利于辨别资料的真伪，但被调查者也可能受到调查者语言、姿势的影响。电话访谈法需要提前设计电话访谈问卷表，并对总体进行抽样，同时要求有预备对象、有利于计算机处理。这种方法简便易行，省时省钱，但靠声音来判断资料的真伪有一定难度。

运用调查问卷法需要一定的技巧，审计人员如果不具备相关的问卷调查能力，也可以聘请咨询公司进行问卷调查，最后由审计人员对问卷质量和数据分析质量进行监控。

调查问卷法的优点是：节省时间；调查结果可以量化，便于统计分析；由于问卷的核心问题是封闭式的（有固定的选择答案），因此所收集的信息比较可靠。

其主要缺点包括：由于多为自填方式，被调查者可能不愿意或者不能够提供所需信息，因而影响了调查结果的质量；调查问卷的设计难度大，不同设计者对同一问题的理解各异，设计的问题也不同，影响了问卷质量；问卷调查采用文字取代对话的方法，调查结果广而不深，如果问题太多，被调查者会产生腻烦心理；问卷回收率难以保证。

（三）准实验（实地）调查

真正意义上的实验的重要特征是随机分配主体作为实验组和控制组，实验组接受处理，控制组不作处理。控制组是一系列未作处理的主体，用于同被处理过的实验组的成果作对比；实验组是接受干预的一组主体，干预的成果将与控制组进行对比。

准实验调查是指非随机选定实验组和控制组的研究方法。在实践和政策问题上应用的实验方法越来越多地转向准实验方法，试图尽可能减少造成评价困难的外部因素，尽管这种方法不具有合理开展实验研究所具备的高度科学严谨性。

两种常见的准实验设计包括以一种近似随机分配的方式构建控制组或对照组。这种近似随机分配是通过配比参与和非参与目标或通过统计调整使得参与和非参与目标在某些相关特征上尽可能平等。

四、第三方信息

从第三方收集资料的方法，是指在绩效审计中，审计人员从被审计单位以外的第三方获取的、作为绩效评价的依据和标准使用的外部信息。目前，审计部门使用的第三方信息来源主要有以下几方面：一是国家法定职能部门定期公布的信息，如国家统计机构定期发布的社会经济发展统计数据等；二是行业主管部门（包括行业协会）提供的信息，如定额标准、能耗标准、环境监测数据等；三是各种科研机构和民间组织提供的信息；四是社会中介机构提供的信息；五是国际组织和其他权威人员提供的信息。第三方信息来源多样而且不成体系，多以零散状态存在于不同机构和行业中，随着项目的变化而变化，这就要求审计人员具备较强的信息处理能力，能将大量纷繁零散的信息进行分类、甄别、提炼和加工，去粗取精，去伪存真，形成系统的、相互验证的可靠信息。审计人员对取得的第三方信息必须进行可靠性评价，并在对第三方信息可靠性进行风险管理的前提下，确定是否采纳第三方信息。例如，某审计局在市政道路维修资金绩效审计中调阅了市政道路工程处路面状况分析报告、城市道路桥梁运行维护管理统计报告和统计资料汇编，从中获取了道路的质量状况、道路的评价指标及与其他区县的比较等重要信息，运用相关单位提供的遥感技术，对道路损坏程度进行标注，为分析资金运用方向和道路损坏程度是否匹配提供了重要资料。

五、文档和实物证据法

文档和实物证据法是指从文本或者其他物质来源获取有关信息的方法。

文档证据法包括历史文档法和实时文档法。历史文档法获取的证据来自早已整理并装订好的文档资料，如会议记录、投资评估报告等。这种方法的工作量最小，可以节约数据生成时间，最适合在审计初始阶段进行。运用该方法时需要充分认识文档制作者的动机，收集的数据可能不够全面，且证据可能已经过时。实时文档法获取的证据来自第三方向审计人员现场出具的文档资料，如公函。这种方法成本低，效果好，适用于敏感性项目，可提供有引用价值的数据资料，但存在不配合的风险，难以判断数据资料的可靠性，通常很难对这些资料进行分析。

实物证据法获取的证据来自位于审计现场的物体，这是一种效果非常好的定性证据，如果将其从审计现场搬到被审计单位作为实物证据，将具有无可辩驳的说服力。这种方法证据确凿，但可能缺乏代表性，难以对证据进行分析，有些证据可能不适合现场移动。对于不适合现场移动的实物证据，审计人员可以采用拍照或者摄像的方法固化审计证据。

六、审计调查表

尽管走访能为审计人员提供有助于评价项目效果的资料，但大量接触有关人员可能极其耗时和费钱。审计人员可以在计划编制阶段或者取证阶段采取调查表的方式获取相关信息。如果准备在取证阶段使用，审计人员可以在调查阶段先就这张表上的问题咨询一些人的意见，以便在整理和评价调查表时对预期反应和潜在问题心中有数。如某审计局在标准化菜市场建设专项资金绩效审计中，针对菜市场的产权归属和经营权向各菜市场管理部门发放调查表，结合访谈情况发现“国家所有、街道经营”“国家所有、私人经营”“集体所有、统一经营”“集体所有、租赁经营”“个体所有、自主经营”等情况并存，增加了标准化菜市场建设的推进难度，有针对性地提出了审计建议。

●第二节　绩效审计现场取证方法的科学选择

一、科学选择绩效审计取证方法的重要性

（一）有利于实现审计目标

政府绩效审计的目标主要表现为行为目标和结果目标。行为目标体现为合规性、经济性、效率性，结果目标体现为效果性。绩效审计目标又体现为三种审计形态：经济性审计侧重于现金价值审计；效率性审计侧重于管理审计；效果性审计侧重于经营审计。目标不同，需要的审计证据也不同，科学选择绩效审计方法可以为实现上述不同的审计目标提供取得证据的途径和手段，能够帮助审计人员对审计事项的合理性、可靠性做出判断，最终实现审计目标。

（二）有利于节约审计成本，提高审计效率

现代政府面临的施政环境发生变化、民众对政府的要求提高、政府面临的预算约束等，迫使政府加强成本管理。审计署修订的《审计机关审计项目计划管理规定》等文件对审计资源投入和经费使用提出了要求。审计工作是受审计资源限制的，如果不讲究审计方法的科学性，就不能在规定的时间内使用特定的资源完成审计任务，造成审计成本上升，这不利于廉政审计机关的建立。绩效审计如果不能在绩效管理中发挥表率作用，也将影响工作的开展。

（三）有利于降低审计风险，提高审计质量

绩效审计人员的职业判断非常重要。只要有审计判断，就必然会产生审计风险。审计风险的极端表现是审计失败，而审计失败是审计质量低下的表现。绩效审计方法具有开放性、灵活性，不同的绩效审计方法具有不同的优缺点和适用范围，选择不同的绩效审计方法会影响审计证据的可靠性和证明力，进而影响审计判断，引发审计风险。科学选择绩效审计方法有利于降低审计风险，提高审计质量。

二、影响绩效审计取证方法选择的因素

绩效审计相对于财务审计拥有更广泛的内涵，其职能的扩大是以科学实用的技术方法为基础的，但国际上对绩效审计程序和方法的规范并不统一，我国也没有非常明确的程序和方法指南。随着我国绩效审计工作的不断深入，绩效审计方法步入科学化阶段，探讨和规范审计方法的工作必将得到极大重视，“影响绩效审计取证方法选择的因素”就是其中的一个重要议题。影响绩效审计取证方法选择的因素如图6-1所示。

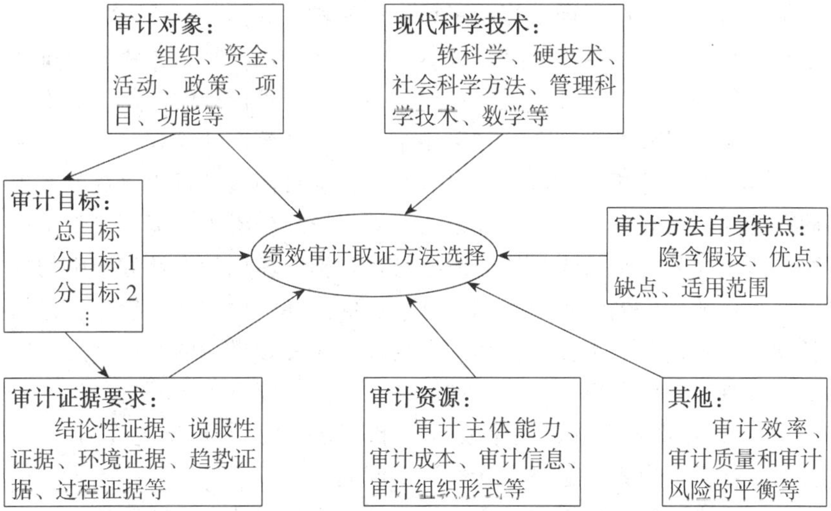

图6-1　绩效审计取证方法的影响因素分析图

（一）现代科学技术的发展为绩效审计取证方法的选择提供了拓展空间

审计学科具有边缘性和综合性（石爱中，2005），如抽样审计、计算机辅助审

计、信息系统安全审计、环境审计等都是相关学科与审计学科相互渗透的结果，都不可避免地要借鉴相关学科的方法。绩效审计是传统审计与管理学科相结合的产物。20世纪40年代，传统财务审计理论与内部控制的研究成果结合后推动了审计方法的变革，使审计视野由传统的财务报表扩展到组织管理全过程，进而发展到绩效审计。现代科学技术的突飞猛进，一方面为绩效审计提供了技术储备，另一方面大大丰富了绩效审计方法，推动了绩效审计的发展。

现代科学技术的标志性成果中与审计及审计方法密切相关的成果包括：硬成果中的计算机、互联网，软成果中的20世纪40年代的“旧三论”(SCI)(信息论、控制论、系统论）和20世纪70年代的“新三论”(DSC)(突变论、耗散结构、协同论）等；社会科学中的调查研究法、实地研究法；管理科学中的博弈分析、层次分析、人工神经网络、数据包络分析、时间序列分析、回归分析、聚类分析、判别分析、模糊评价等方法。上述科学技术和研究方法是绩效审计方法创新和发展的基础，它决定了一定时期审计方法的特征和可能的创新发展空间范围。绩效审计方法的科学化水平受科学和管理技术的制约，另外，现代科学和管理技术的发展为绩效审计取证方法的选择和创新提供了一个可能的空间范围。

（二）审计目标结构是决定绩效审计取证方法选择的首要因素

审计目标，是指人们在一定社会环境下，通过审计实践活动所期望达到的境界或最终结果。要达到目标，必须有相应的计划和方法措施，而将其付诸实践后，才能检验结果是否符合设定的目标。任何一种审计的实施，首先都要确定审计目标，并进一步细化为具体目标，然后才可能确定实现具体目标的审计内容、审计程序和审计方法。因此，审计方法是实现审计目标的手段和措施，审计方法应服务于审计目标的需求，审计目标的不同会影响审计方法的科学选择。

绩效审计的总体目标包括行为目标（合规性、经济性、效率性）和结果目标(效果性)。具体到某一个审计项目，可能只涉及四个目标中的一部分。如果一个审计项目侧重于结果目标的实现，往往采用结果导向绩效审计模式，数据资料分析时可能更多地采用比较分析的方法；如果一个审计项目侧重于行为目标的实现，可能会采用问题导向或流程导向绩效审计模式，数据资料分析时可能更多地采用管理分析等方法。除此之外，绩效审计还有一些具体目标，体现为审计方案中的各个审计主题，这些目标的确定同样也会影响审计方法的选择，比如在合规性目标的前提下可能包括项目资金筹集、下拨、使用的合规性，这一分目标的实现必然会使用一些传统的保证程度强的财务审计方法，如函证、盘点、复算等。

（三）审计对象的性质和范围是绩效审计取证方法选择的决定性因素

审计对象涉及“审谁”和“审什么”的问题。

首先，国家审计的直接对象性质存在差异，影响审计方法的选择。国家审计的直接对象是政府部门、非营利组织和国有企业（包括国家控股的金融企业)。一方面，审计对象通过影响审计目标来间接影响审计方法的选择；另一方面，审计对象也直接影响审计方法的选择，针对不同的审计对象，审计人员需要采取不同的审计方法。政府部门、非营利组织和国有企业的性质有很大差异。政府部门制定各种政策、制度，其目标具体体现在各部门的法定职责之中；非营利组织在志愿的基础上从事公益活动，这种活动具有准公共产品的性质，不以营利为目的，职责包括启迪知识、升华灵魂、保护健康和安全等；国有企业主要从事生产、运输、贸易等经济活动，其目标除营利外还可能包含保障国家安全和稳定。显然，三种审计对象目标不同、职责各异，对政府部门关注公共管理效果，对非营利组织关注公众利益，对国有企业关注经济效益和经济运行的安全性。因此，政府部门绩效审计更多地关注合规性、经济性、效率性等行为目标，非营利组织绩效审计更多地关注公众满意度等效果性目标，国有企业绩效审计更多地关注经济性（包括决策失误导致的损失浪费等）、效率性（如内部控制有效性、资本投入产出比等）目标。由此可见，审计对象不同、审计关注点不同，采用的绩效审计方法也不同。

其次，国家审计的间接对象性质也存在差异，影响审计方法的选择。国家审计的间接对象是公共资金及其活动、政策法规、建设项目或政府的某一功能（或公共产品）。公共资金及其活动主要指财政预算资金、专项资金、基金类资金及以此为载体的经济管理活动，对这些资金及其活动的绩效审计，必然大量运用财务审计的方法。在行政型审计体制下，对于政策法规执行情况的审计将产生很大的效用，这种审计项目在实践中常体现为专项审计调查项目。以审计署开展的节能减排专项审计调查为例，在审计过程中常常采用审阅、检查、制度分析、管理分析等方法。对于建设项目的审计，一般包括可行性研究审计、投资决策审计、建设项目跟踪审计、建设项目效果性审计等环节，在各环节中需要采用一些专门的审计方法。对于政府的某一功能（如义务教育、社会保障等）的审计，往往采用多部门联合审计或专项审计调查的形式，必然离不开满意度调查等数据收集方法。

最后，审计对象涉及的范围和内容同样也影响审计方法的选择。例如，如果进行资源投入审计，其主要对象就是预算、专家讨论记录以及会议纪要等；如果进行过程控制审计，其主要对象则是制度、规程、部门职责等。对预算、计划的审计可以使用审阅法等传统审计方法，但对制度、规程的审计仅使用审阅法显然不能起到作用，还需要采用内部控制测试以及流程分析等方法才能达到审计目的。对于公共组织提供的特殊公共产品，如国防、公共秩序、环境保护、科学技术等，由于财政资金投入后不会产生直接的经济效益，而且所产生的政治效益、社会效益需要经过较长时期才能显现，而这些间接的、无形的政治效益、社会效益很难通过价值衡量予以量化，因此，无法采用成本收益法进行审计分析评价。

综上所述，社会需求的多样性使得绩效审计对象具有复杂性，不同的被审计对象及其提供的产品性质不同，审计目标不同，审计范围和内容不同，导致审计方法也不同。

（四）审计证据要求对绩效审计取证方法的选择有一定的影响

审计目标和内容对审计证据提出了一定的要求，而不同的审计证据需要通过特定的审计方法来收集和分析。按照最高审计机关绩效审计指南的规定，绩效审计证据可以分为实物证据、口头证据、文件证据和分析证据等。

获得实物证据的途径除传统审计中的盘点之外，绩效审计中会更多地采用拍照、摄像、观察等方法，反映危险情形时照片可能比书面描述要有力得多。

口头证据一般采用访谈的方法获得。访谈对象可以是被审计单位人员、项目受益人、项目管理人员或相关问题的专家。访谈目的是对发现的相关问题寻求解决方案或分析原因。

文件证据的获得途径要广泛得多。外部文件证据可以包括被审计单位收到的信件或备忘录、供应商的发票、租赁契约、合同、外部审计报告、内部审计报告、其他报告、第三方函证等。内部文件证据来自被审计单位内部，包括会计记录、对外通信函件、职位说明、计划、预算、内部报告、备忘录、总结业绩的统计数据、内部政策和程序等。由于绩效审计对象涉及面广，限于知识结构和资源约束，审计人员可能需要从专业机构、协会刊物获得第三方信息，有时还会请专业调查机构进行相关主题的满意度调查。

分析证据是绩效审计的特色证据，这种证据往往是审计人员根据被审计单位提供的原始资料，运用自己的判断进行初步分析整理获得的证据。

除上述证据外，绩效审计对管理和控制进行评价时可能会需要环境证据，并且将环境证据作为主要证据。绩效审计可能会需要过程证据，以了解绩效的成因，分析相关对策。绩效审计对项目决策进行评价时可能会需要一些反映未来项目绩效的趋势证据。另外，由于绩效审计证据多为说服性证据而非结论性证据，因此，在收集审计证据、选择审计方法时必须注意审计证据的充分性。

（五）审计资源状况可能会影响一些绩效审计取证方法的应用

审计资源是可以为审计组织和审计人员所掌握的并在审计工作中发挥作用的一切要素的总称。审计资源具有稀缺性和可开发性。从构成要素来看，审计资源包括审计力量资源（包括人、财、物，核心是人力资源）、审计信息资源，以及审计组织方式、方法等。

首先，审计主体的能力和素质直接影响绩效审计取证方法的选择和应用。审计目标的实现要求审计人员在审计全过程中运用特定的审计方法，获得审计证据，得出审计结论，出具审计报告，最终完成审计任务。然而，每种审计方法的应用都有特定的技术手段和要求，审计主体只有选择自己能驾驭的审计方法，才能保证审计证据质量，确保审计结论准确，从而顺利实现审计目标，因此，审计主体的能力和素质是审计方法选择时必须考虑的因素。绩效审计的专业性和综合性都比较强，审计技术与方法更加复杂，审计人员只具备财经、审计方面的知识是不够的，还应通晓管理和工程等多方面的知识。在为美国审计署工作的3 000多名审计人员中，经济学家、社会学家、工程师、律师、保险精算师、计算机专家、医疗和国土安全专家占有相当大的比重，保障了绩效审计的实施。相比之下，我国审计人员的配置呈现出知识结构单一、技能素养差距大的非均衡特点，精通财务会计知识的人员占大多数，而掌握管理学、社会学、技术经济学、计算机、法律、心理学、工程学等知识的非财经类专业人员严重缺乏。绩效审计团队或人员除需要具备复合型知识结构外，还需要具备较强的创新能力、沟通能力和研究分析能力。审计署原审计长刘家义在全国审计机关工作会议中提出了“审计机关要培养查核财务的能手、分析问题的高手、计算机应用的强手、精通管理的行家里手”的要求，其中，后三者是绩效审计人员的能力瓶颈。只有具备这些能力，绩效审计人员在选择审计方法时才能得心应手，否则难免会因“审计意见缺乏相关性、分析拙劣、建议肤浅”而遭受指责。

其次，审计经费可能会制约绩效审计取证方法的选择和应用。与科学工作不同，审计工作往往是短期性的，很少有一项审计工作能够不受时间、人力或经费的限制。审计项目是在一定的资源约束下进行的，不同的审计方法所需的资源消耗是不同的，其中，审计经费是制约绩效审计取证方法选择的重要因素，但同时，审计经费约束也可能推动绩效审计取证方法的创新。

最后，审计信息的共享程度、审计组织方式也会对绩效审计取证方法的选择产生影响。审计过程中，审计信息的共享程度直接影响审计方法科学化。当审计信息的共享程度较高时，绩效审计人员就可以创新性地选择更有效的审计方法。审计组织形式按照审计地点可以分为现场审计和非现场审计，其中，非现场审计可以分为报送审计和联网审计。很显然，当采用非现场审计形式时，现场走访、拍照、观察等取证方法的应用必然会受到限制。

（六）绩效审计取证方法自身的假定及特征也会影响审计方法的选择

审计方法的产生必然伴随着各种假定，当某些假定不存在或失效时，就会影响这些方法的使用。例如，内部控制分析评价法的基本假定之一是内部控制有效且能避免串通舞弊；抽样法的基本假定是被查总体中的每一个项目都能代表总体特征且被抽中的机会相等；函证法的基本假定是第三方存在且第三方的答复能够提供更可靠的证据（不存在串通舞弊）。因此，审计人员在选择审计方法时必须清楚审计方法的基本假定，一旦这些基本假定失效，审计方法的选择就会缺乏效率并可能影响所获得的审计证据的可靠性。此外，审计人员还必须关注每一种审计方法的优缺点和适用范围，这样才能选择科学适当的审计方法。

当决定采用调查法时，审计人员必须运用统计技术来保证他们所选择的样本代表被调查对象的全体，必须在增加样本容量和牺牲准确性之间做出选择。如果要求作为审计结果的数据非常准确，如需要收集的是重大违规问题证据，问卷调查技术就不可用。如果随机抽样很难达到样本可代表总体的要求时，或者即便样本可代表总体但样本容量过大，使用抽样方法可能导致审计机关所付出的代价超出其节约的工作量，那么这一技术手段也不可取。

成本收益法也存在明显的缺陷。首先，成本收益法实质上仅从经济效率的方面来衡量决策质量，否定了决策中的公平标准及其他需要考虑的标准；其次，当重要物品不存在市场价值时，审计人员不得不主观估计目标群体及受益人的支付意愿，这在客观上给审计人员留出了操作空间，因而这种主观估计的方法的可靠性值得怀疑。

应用审阅法的重要前提是被审计单位提供的资料真实、可靠和充分，而现实中往往存在资料的真实性缺失的情况。比如，建设项目结算审计中，施工单位上报的结算主要由工程量清单和工程单价组成。在审计过程中，审计人员可与建设工程定额对照检查其套用的定额是否正确，但对于工程单价的真实性及工程量，则需要进入施工现场进行实地检查和勘测。

在使用对比分析法的过程中，审计人员不能仅靠数字的比较得出审计结论，数字可以说明某个问题但不足以证明问题。比如，通过对某政府部门三年来用于设备更新经费的情况比较，发现上升趋势明显且超出了人员经费及办公经费增长的幅度，那么是否能够以此得出财政资金投入过多的结论呢？显然不能，这是因为通过将该部门设备现状与上级要求进行比较可以看出，尽管该部门用于设备更新的支出在不断增加，但老化、超龄使用的设备仍占绝大多数，无法满足部门职能的需求，审计结论应为“财政资金安排不尽合理，对于设备支出的力度还应加大”。

审计方法自身的特征和优缺点决定了通过该方法获取的审计证据的特征及其在某方面的证明力。要想得出正确的审计结论，就需要确定支撑审计结论的适当的审计证据，而适当的审计证据需要通过适用的审计方法来获得，通常还需要综合运用多种方法获取证据以增强证据的证明力，保证审计结论的准确性。所以，审计方法自身的特点是影响审计方法选择的又一因素。

除上述影响因素外，审计人员在选择绩效审计取证方法时还应该考虑审计效率、审计质量和审计风险。其中，审计效率和审计质量是科学选择绩效审计取证方法的动因。审计人员愿意承担的审计风险水平的高低决定了审计质量的高低，而审计质量的高低直接影响着审计方法的选择。审计人员愿意承担的审计风险水平越低，对审计质量的要求就越高，对审计方法的选择就越严格，所选择的审计方法就应该越科学合理。

三、政府绩效审计取证方法的科学选择

（一）政府绩效审计取证方法选择应遵循的原则

1.适应性原则

首先，选择的审计方法要与不同审计对象及其不同的审计目标相适应。公共资金及其活动审计关注资金使用有无截留、挪用时，主要采用传统的包括复算、审阅、分析性复核等财务审计方法；关注资金管理流程时，主要采用控制测试、调查问卷法、访谈法等；关注资金管理效果时，主要采用座谈会、比较分析法、调查问卷法等。政策法规执行情况审计关注合规性时，一般选择比较分析法；关注政策效果或体制问题时，一般选择调查问卷法、管理分析法等。建设项目审计关注经济性时，一般采用财务审计方法；因建设项目施工时间较长，一般采用跟踪审计方法。

其次，选择的审计方法与公共产品资金投入、公共产品生产、公共产品产出等不同阶段相适应。一般情况下，公共产品资金投入阶段的审计可使用审阅法、政策对比法、结构分析法等；公共产品生产阶段的审计可使用管理（或体制）分析法、

内控测试法、因素分析法等；公共产品产出阶段的审计可使用调查问卷法、比较分析法、成本收益法、因果分析法等。

最后，选择绩效审计取证方法还应该与审计人员的素质和能力相适应。有些审计方法可能需要审计人员具有特殊的素质和能力，因此，在选择审计方法时应该重新审视审计人员的素质和能力。

2.创新性原则

与合规性审计强调严谨的逻辑思维不同，绩效审计强调创新的审计职业思维。绩效审计取证方法具有开放性，不论是问题导向绩效审计、结果导向绩效审计还是流程导向绩效审计，审计人员在选择审计方法时都必须坚持创新性原则，注重运用下列思维：①多项思维，有“乱枪打鸟”的意识；②逆向思维，要克服思维定式；③侧向思维，充分利用“他山之石”；④联想思维，从而做到解放思想，与时俱进，积极引进前沿的管理理念和先进的技术方法。

3.经济性原则

审计人员在选择绩效审计取证方法时应结合审计资源和审计主体能力考虑经济性原则。绩效审计工作既是践行科学发展观的要求，也是实现节约型社会的重要手段。审计工作要促进政府各部门和事业单位在使用公共资金时讲究经济性、效率性和效果性，为建设节约型社会提供保障。作为政府的一个部门，审计机关在开展工作时要遵循节约的原则，使得审计经费的每一分钱都花得经济。任何审计方法都是有成本的，遵循经济性原则选择审计方法是建设节约型审计机关的题中应有之义。

4.系统性原则

审计人员要将选择绩效审计取证方法作为一项系统工程来看待。首先，审计方法有自己的系统结构，且具有层次性、开放性；其次，各种方法相互依存、相互作用；最后，各种审计方法受环境的影响，有自己的适用范围，都能实现一定的子目标，各子目标相互作用，为实现终极目标服务。

（二）选择绩效审计取证方法的具体步骤

第一步，明确审计对象的性质。我国绩效审计对象受审计法的限制，属于非完全授权的绩效审计，一般是预算资金及以预算资金为载体的管理活动。绩效审计对象可以分为部门基本支出、专项资金支出、基本建设项目支出和政策执行情况。部门基本支出的经济性一般关注政府行政成本，如人、财、物的运用有无损失浪费情况；效率性主要体现在政府服务的效率上；效果性主要体现在部门职责的完成情况上。专项资金支出的经济性主要体现为资金支出结构的合理性，有无截留、挪用等情况；效率性主要体现为专项资金形成的资源的利用效率，以专项资金为载体的管理活动的内部控制情况；效果性具体体现为专项资金提供的服务或产品质量的提高、受益群体满意度等。基本建设项目支出一般分为三个阶段，每个阶段都涉及经济性、效率性和效果性目标。项目申报阶段，应关注立项是否符合部门的规划和目标，有无决策失误导致无效投资和损失浪费，有无弄虚作假申报项目、小项目大预算、虚假立项或重复立项，还要关注可行性研究论证的科学性；项目建设阶段，应关注概算管理、招投标管理、合同管理、工程监理、施工管理、设备材料管理、进度管理、成本控制、资金管理、质量管理等管理流程的效率性；项目竣工阶段，应关注项目的质量、数量和效果情况，尤其是效果情况，比如是否对地区收入、技术进步、国家经济发展等方面产生经济影响，是否对自然资源保护利用等方面产生环境影响，是否对就业、生活条件、地区发展产生社会影响等。对于政策执行情况的审计，总体来看属于合规性审计，但更要关注政策的公平性、合理性，还要对违反政策的原因进行分析。因此，不同的审计对象，其审计关注点有很大差异，导致审计方法各不相同。

第二步，确定审计目标结构、审计事项和证据形式。为使审计目标对审计项目的执行具有指导性，应该对审计目标进行分解，首先将审计项目总目标分解成若干子目标，然后将这些子目标逐个分解为若干具体的小目标，这个层层分解的过程就是把一个个抽象的问题分解为众多的小问题，直到分解出来的小问题可以被审计人员通过直接收集信息和证据的方式进行回答为止。这些小问题可以被理解为审计事项，不同的审计目标和审计事项需要的审计证据也不同。当项目以真实性、合法性目标为主时，对证据的证明力要求较高，需要的证据一般是结论性证据，这些证据可以通过盘点、函证、复算、文件查阅、文件审阅、专家咨询等方法获得；当审计目标是经济性、效率性、效果性时，对审计证据的证明力要求较弱，需要更多的说服性证据，这些证据通常采用观察、询问、座谈、访谈、统计分析、调查问卷、分析性测试等方法获得。当审计目标具有综合性时，上述两类审计方法都不能偏废。但应该注意的是，为达到真实性、合法性目标，必须严格使用前一类方法；为达到经济性、效率性、效果性目标，在正常使用前一类方法的基础上应大胆使用后一类方法。另外，同一个目标可能具体体现为不同审计事项，不同审计事项需要的审计证据类型不一样，获取数据资料的方法也不一样。例如，专项资金的收支结构情况作为真实性、合法性目标的一种审计事项，往往需要采用复算、访谈、调查表或统计表的方法获得资料和数据，这些数据的分析必然采用结构分析法和前后期比较分析法；某种管理程序的运作作为效率性目标的组成部分，必然通过文件查阅等方法了解流程，必要的话采用观察法、访谈法、流程测试（穿行测试）获得流程控制的信息，运用管理分析法、比较分析法发现流程控制的弱点；资源利用效率是效率性审计的审计事项，要了解资源利用效率，必然要采用审阅、观察、访谈等方法获取资料，必要时可以采用拍照等方法提高观察法的证明力，需要采用指标分析法、比较分析法以及因素分析法分析资源利用效率变化的原因。确定审计目标、审计事项后，审计人员可以确定审计证据的形式，再根据证据的形式确定基本的审计方法。

以专项资金项目审计为例，它一般包括三个分目标：资金筹集和拨付的合理性、合规性；支出项目管理的效率性；资金支出的效果性。假如我们将分目标分解为子目标，再进一步分解至审计事项，则构成审计目标—事项结构表（见表6-2）。

表6-2 **审计目标—事项结构表**

分目标	子目标	审计事项	审计证据
资金筹集和拨付的合理性、合规性	资金筹集的合理性	资金收支结构是否真实、合理	资金下拨计划、资金预算报告、资金支出、汇总表等
		配套资金是否足额到位	协议、合同、资金到位率（如自筹资金）和上级下拨资金到位率
		资金能否满足年度目标和长远目标	相关目标规划文件、受益客体变动趋势表、资金增长情况表
	资金拨付的合规性	资金拨付是否及时	资金下拨相关文件（计划、批复）
		资金拨付有无截留	资金滞留情况、收入支出情况
支出项目管理的效率性	资金管理制度的健全有效性	管理制度是否健全	书面管理制度
		管理制度是否有效	抽样测试情况表
	资金主管部门对支出项目的监管有效性	主管部门是否聘用有资质的单位进行项目设计、施工、监理，是否进行了招投标	招标文件、标书、中标的决策程序、可行性研究报告等
		主管部门对资金支出项目成本、质量、时间进度是否监管有效	合同书、协议书、质量认证报告、处罚奖励决定文件
	大额资金采购情况	对重大设备、材料等的采购是否进行了政府采购	招标文件、供应商的资质证明、标书、中标的决策程序
	资金使用的合规性、有效性	资金有无超范围支出	资金使用相关文件、资金支出用途
		购置材料设备是否充分利用	材料设备闲置情况、材料设备利用率
资金支出的效果性	绩效目标实现情况	年度绩效目标是否实现	年度绩效目标实现情况表
		是否有利于长远目标的实现	长远目标文件、关键指标变动
	资金受益对象满意度	资金受益对象需求及其变化	问卷调查与分析、访谈记录
		资金受益对象满意情况	问卷调查与分析、访谈记录
	支出项目效果	支出项目的服务效率	关键指标改善情况
		支出项目的环境绩效情况	环境监测报告、绩效评价标准

第三步，考虑审计方法的自身特点。在确定审计目标和审计事项后，选择绩效审计方法前，必须充分考虑每种审计方法的优缺点及适用范围。比如，当审计人员需要获得大量公允的信息时可以采用调查问卷法，可以通过匿名方式大范围地获得相关数据信息，这种方法成本较低，易于比较和进行统计分析，但获得的信息可能比较随意或者带有个人倾向，信息比较零散，必要时需要统计专家参与；当审计人员想从相关人员那里获得对某审计事项的认识或想获得调查问卷的补充信息时可以采用访谈法，通过这种方法可以挖掘更深入、更广泛的信息，并且可以建立与被访谈者的良好关系，但可能需要耗费较多的时间成本，对于获得的信息难以比较和分析，访谈者的态度可能会影响被访谈者的反应；当审计人员想了解某项程序如何运作时，可以采用审阅法，以获得完整的、历史的、公允的资料信息，且不影响程序的执行，但该方法可能需要较长的时间，要求审计人员对被审计事项有较深入的理解；如果审计人员要获得关于某项程序运作的更精确的信息，可以采用观察法，直接观察某项正在发生的程序，但若要对发现的现象进行解释、分类和分析，可能需要收集更多的信息；如果审计人员要对某一审计事项获得更进一步的信息，比如相关人员的抱怨、专家信息等，可以召开座谈会，这种方法可以在最短的时间内传达项目信息或获得可靠的信息，但这种方法对主持人的要求较高，且在短时间内凑齐7~ 8个人也有一定的难度；第三方信息是审计人员获取标准或依据的主要方法，第三方信息具有来源广、独立性较强的优点，但可靠程度不稳定，时效性和完整性也值得关注，因此，在利用第三方信息时必须对相关风险进行评估；绩效审计常常采用统计分析法收集和分析数据资料，统计分析法以定量分析的形式提供证据，具有客观、准确的特征，但是它毕竟是模拟现实社会生活的一种数理方法，受到许多不确定因素的影响和制约，加之抽样分析会产生抽样误差，数据录入和处理过程中也难免会出现差错，所以基于统计分析法所得出的结论也可能会偏离现实情况。

第四步，考虑资源能力和风险承受能力。在综合考虑各种绩效审计方法优缺点的基础上，审计人员应该合理配置资源，并充分考虑审计人员的能力、审计经费的限制。如果某一事项要求较高，评估的可接受风险较低，就应该选择更恰当的审计方法，有时可以从外部聘请相关人员；如果某一审计事项要求较低，选择保证程度较低的审计方法也未尝不可。审计人员应当在综合考虑项目的可接受风险的基础上评估使用各种审计方法的风险，力求通过恰当选择审计方法，将整个审计项目的风险控制在可接受的范围之内。

第五步，确定审计方法。在考虑前面几个影响因素后，就可以确定审计方法。一般情况下表6-3中1~4列包含在审计方案中，5~6列是审计实施阶段运用审计判断的结果。

表6-3 **审计取证方法确定表**

审计对象	审计分目标	审计子目标	审计事项	审计证据	审计取证方法	备注
对象一	分目标（一）	子目标1	事项（1） 事项（2）	证据①、②… 证据①、②…	方法a、b… 方法a、b…	
		子目标2	事项（3） 事项（4）	证据①、②… 证据①、②…	方法a、b… 方法a、b…	
	分目标（二）	子目标1	…	…	…	
		子目标2	…	…	…	
⋮						

复习思考题

1.绩效审计取证方法主要有哪些？

2.影响绩效审计取证方法选择的因素有哪些？

3.选择绩效审计取证方法的原则有哪些？

第七章

绩效审计分析和评价方法

主要知识点

绩效审计分析和评价所运用的技术方法，不是绩效审计所特有的方法，而是借助现代生产经营管理和经济活动分析方法，对被审计单位绩效进行审查、分析和评价。因此，绩效审计这门学科应重点研究技术方法在绩效审计中的应用，而对技术方法本身的研究，应由相关学科进行。本章主要内容包括：绩效审计分析方法；绩效审计评价方法。

关键概念

绩效审计分析；绩效审计评价

●第一节　绩效审计分析方法

大多数审计采取某种形式进行分析，以便理解或解释所观察到的问题①。在分析来自面谈的信息或数据时，审计人员面临的主要问题是对面谈内容进行整理分类。审计人员要寻找具有普遍意义的信息线索、能够相互匹配的事项、同一问题的不同范例，以及面谈所涉及的问题和概念②。在这种意义上，量（数字）的分析可以通过描述、计算、分解等方式来反映被审计项目的实际状况，质（非数字）的分析可以用于评价和解释被审计项目的业绩。通过阅读文件，审计人员能够收集描述性信息，并对有关文字进行系统化分析，同时寻找相关事项。对信息的分析是一个创造性的、应用大量智慧的重复性过程，包括理性因素和非理性因素，而且总是涉及意见反映和讨论过程，并且经常应用非量化技术。统计技术和计算机技术的发展，使得审计人员能够更便捷地充分利用各种量化分析技术。与对技术的理解一

① 邢俊芳，陈华，邹传华. 最新国外效益审计（下卷）[M]. 北京：中国时代经济出版社，2004：378.
② 审计署外事司. 国外效益审计简介 [M]. 北京：中国时代经济出版社，2003：164-165.

样，将技术手段融入审计方法同样重要①。汇总和分析已收集数据的方法多种多样，以下是常用的绩效审计数据分析方法。

一、矩阵数据分析法②

（一）概念及原理

矩阵数据分析法（matrix data analysis chart），是质量管理新工具之一，也是一种利用数据分析问题的方法。矩阵图上各元素间的关系如果能用数据定量化表示，就能更准确地整理和分析结果。这种可以用数据表示的矩阵图法，叫作矩阵数据分析法，它是一种定量分析问题的方法。目前，矩阵数据分析法尚未得到广泛应用，只是作为一种“储备工具”被提出来。应用这种方法，往往需要借助电子表格软件来求解。

矩阵数据分析法的主要方法为主成分分析法（principal component analysis），利用此法可从原始数据中获得许多有用的信息。主成分分析法是一种将多个变量化为少数综合变量的多元统计方法。矩阵数据分析法与矩阵图法类似，主要区别在于，矩阵数据分析法不是在矩阵图上填符号，而是填数据，从而形成一个分析数据的矩阵。矩阵数据分析法在矩阵图的基础上，把各个因素分别放在行和列，然后在行和列的交叉点上用数量来描述这些因素之间的对比，再进行数量计算，确定哪些因素相对比较重要。

（二）矩阵数据分析法的应用

当进行顾客调查、产品设计或者做出方案选择决策的时候，我们首先需要确定要对哪些因素加以考虑，然后针对这些因素权衡其重要性，加以排序，得出加权系数。譬如，我们在做产品设计之前，需要向顾客调查其对产品的要求，此时可以利用这个方法确定哪些因素是临界质量特性。

矩阵数据分析法还可以和其他工具结合使用，比如亲和图、过程决策图、质量功能展开（QFD）。例如，我们可以先利用亲和图（affinity diagram）把顾客要求归纳为几个主要方面，然后成对对比，再汇总统计，定量化地给每个方面进行重要性排序。再如，将过程决策图执行与矩阵数据分析法结合使用，以确定哪个决策更合适。又如，质量功能展开可以基于矩阵数据分析法的重要性排序结果，确定具体产品或者某个特性的重要程度。

（三）矩阵数据分析法应用举例

下面举例介绍如何应用矩阵数据分析法。

1.确定需要分析的各个方面

通过亲和图可知，需要确定以下几个方面的相对重要程度：易于控制、易于使用、网络性能、软件兼容、便于维护。

---

① 邢俊芳，陈华，邹传华．最新国外效益审计（上卷）[M]．北京：中国时代经济出版社，2004：363-369．

② https：//wiki.mbalib.com/wiki/矩阵数据分析法，有删改。

2.组成数据矩阵

通过Excel或者手工操作，把这些因素分别输入表格的行和列，见表7-1。

表7-1 矩阵数据分析法

	A	B	C	D	E	F	G	H
1		易于控制	易于使用	网络性能	软件兼容	便于维护	总分	权重（%）
2	易于控制	0	4	1	3	1	9	26.2
3	易于使用	0.25	0	0.20	0.33	0.25	1.03	3.0
4	网络性能	1	5	0	3	3	12	34.9
5	软件兼容	0.33	3	0.33	0	0.33	3.99	11.6
6	便于维护	1	4	0.33	3	0	8.33	24.3
7	总分之和	34.35						

3.确定对比分数

自己和自己对比的地方都打0分。

以“行”为基础，逐个与“列”对比，确定分数。如果“行”比“列”重要，给正分。分数范围从9分到1分。打1分表示两项重要性相同。譬如，第2行“易于控制”比C列“易于使用”重要，打4分；与D列“网络性能”相当，打1分。如果“行”没有“列”重要，则取倒数。譬如，第3行的“易于使用”和B列的“易于控制”前面已经对比过了，前面是4分，现在取倒数，为0.25分；与D列“网络性能”相比，没有“网络性能”重要，反过来，“网络性能”比“易于使用”重要，打5分，现在取倒数，就是0.20分。

实际上，确定对比分数的时候可以围绕以0组成的对角线对称填写对比的结果。

4.加总分

按照“行”把分数加起来，在G列内得到各行的“总分”。

5.算权重

把各行的“总分”加起来，得到“总分之和”；再用每行“总分”除以“总分之和”，得到H列每个“行”的权重。权重越大，说明这个方面越重要。从权重来看，“网络性能”最高，其次是“易于控制”。

二、时间序列分析法

（一）概念及原理

时间序列，也叫时间数列、历史复数或动态数列，是一种历史资料延伸预测，也称历史引申预测法。它是以时间数列所能反映的社会经济现象的发展过程和规律性，进行引申外推，预测其发展趋势的方法。时间序列是按时间顺序排列的一组数字序列。时间序列分析就是利用这组数列，应用数理统计方法加以处理，以预测未来事物的发展。时间序列分析是定量预测方法之一，它的基本原理如下：一是承认事物发展的延续性，应用过去数据，就能推测事物的发展趋势；二是考虑到事物发展的随机性，任何事物发展都可能受偶然因素的影响，为此要利用统计分析中加权平均法对历史数据进行处理。该方法简单易行，便于掌握，但准确性差，一般只适用于短期预测。

审计人员可以在专家的帮助下使用这些方法，可以用于研究和确定时间推移对财务状况可能产生的影响。Excel和SPSS经常被用来进行时间序列分析和建立更复杂的模型。

（二）时间序列分析法的分类

时间序列分析法可用于短期预测、中期预测和长期预测。根据对资料分析方法的不同，又可分为：简单序时平均数法、加权序时平均数法、简单移动平均法、加权移动平均法、指数平滑法、季节趋势预测法、市场寿命周期预测法等。

1.简单序时平均数法

简单序时平均数法也称为算术平均法，即把若干历史时期的统计数值作为观察值，求出算术平均数作为下期预测值。这种方法基于下列假设："过去这样，今后也将这样。"把近期和远期数据等同化和平均化，因此，只能适用于事物变化不大的趋势预测。如果事物呈现某种上升或下降的趋势，就不宜采用此法。

2.加权序时平均数法

该方法就是把各个时期的历史数据按近期和远期影响程度进行加权，求出平均值，作为下期预测值。

3.简单移动平均法

该方法就是移动计算若干时期的算术平均数作为下期预测值。

4.加权移动平均法

加权移动平均法即将简单移动平均数进行加权计算。在确定权数时，近期观察值的权数应该大些，远期观察值的权数应该小些。

上述几种方法虽然简便，能迅速求出预测值，但由于没有考虑整个社会经济发展的新动向和其他因素的影响，所以准确性较差。审计人员应根据新的情况，对预测结果做出必要的修正。

5.指数平滑法

指数平滑法即根据历史资料的上期实际数和预测值，用指数加权的办法进行预测。此法实际上是由加权移动平均法演变而来的一种方法，优点是只要有上期实际数和上期预测值，就可计算下期预测值，这样可以节省处理数据的时间，减少数据的存储量，方法简便，是国外广泛使用的一种短期预测方法。

6.季节趋势预测法

季节趋势预测法根据经济事物每年重复出现的周期性季节变动指数，预测其季节性变动趋势。推算季节性指数可采用不同的方法，常用的方法有季（月）别平均法和移动平均法两种。季（月）别平均法就是用各年同季（或月）的平均值，除以历年间所有季（月）的平均值，得出各季（月）指数。这种方法可以用来分析生产、销售、原材料储备、预计资金周转需要量等方面的经济事物的季节性变动。移动平均法即应用移动平均数计算比例求典型季节指数。

7.市场寿命周期预测法

市场寿命周期预测法就是对产品市场寿命周期的分析研究。例如，对处于成长期的产品预测销售量，可以根据统计资料，按时间序列画出曲线图，再将曲线外延，即得到未来销售发展趋势。最简单的外延方法是直线外延法，适用于对耐用消费品的预测。这种方法简单、直观，易于掌握。

（三）时间序列法的步骤和应注意的问题

时间序列法的步骤如下：（1）收集历史资料，加以整理，编成时间序列，并根据时间序列绘成统计图。时间序列法通常是把各种可能发生作用的因素进行分类，传统的分类方法是按各种因素的特点或影响效果分为四大类：长期趋势；季节变动；循环变动；不规则变动。（2）分析时间序列。时间序列中的每一时期的数值都是由许许多多不同的因素同时发生作用后的综合结果。（3）求时间序列的长期趋势（T）、季节变动（s）和不规则变动（I）的值，并选定近似的数学模式来代表它们。（4）利用时间序列资料求出长期趋势、季节变动和不规则变动的数学模型后，就可以利用它来预测未来的长期趋势值T和季节变动值s，在可能的情况下预测不规则变动值I。

运用时间序列法应注意以下事项：（1）必须保证不同时期的数据具有可比性，否则必须做出调整，才能进行比较；（2）如果时间序列在2年以上，货币数据必须根据通胀率调整为不变价格；（3）运用时间序列法分析数据有一个重要的假设，就是过去的数据所反映的趋势在将来仍是有效的。在多数情况下这是适当的，但是在一些数据变动较大的情况下，运用时间序列法很难预测将来。

三、趋势分析法

（一）概念及原理

趋势分析法（trend analysis approach），又叫比较分析法、水平分析法，它是通过对财务报表中各类相关数字资料，将两期或多期连续的相同指标或比率进行定基对比和环比对比，得出它们的增减变动方向、数额和幅度，以揭示企业财务状况、经营情况和现金流量变化趋势的一种分析方法。采用趋势分析法通常要编制比较会计报表。

应用趋势分析法的目的是：（1）确定引起公司财务状况和经营成果变动的主要原因；（2）确定公司财务状况和经营成果的发展趋势对投资者是否有利；（3）预测公司未来发展的趋势。这种分析方法属于一种动态分析法，它以差额分析法和比率分析法为基础，同时又能有效地弥补其不足。

趋势分析法总体上分为四大类：纵向分析法、横向分析法、标准分析法、综合分析法。此外，趋势分析法还包括一种趋势预测分析。趋势预测分析运用回归分析法、指数平滑法等来对财务报表的数据进行分析预测，分析其发展趋势，并预测出可能的发展结果。

（二）趋势分析法的一般步骤

第一，计算趋势比率或指数。趋势指数的计算通常有两种方法：一是定基指数，二是环比指数。定基指数就是各个时期的指数都是以某一固定时期为基期来计算，环比指数则是各个时期的指数以前一期为基期来计算。趋势分析法通常采用定基指数。两种指数的计算公式分别如下：

定基指数=某一分析期某指标数据÷固定基期某指标数据×100%

环比指数=某一分析期某指标数据÷前期某指标数据×100%

第二，根据指数计算结果，评价与判断企业该指标的变动趋势及其合理性。

第三，预测未来的发展趋势，根据企业分析期该项目的变动情况，研究其变动趋势或总结其变动规律，从而可预测出企业该项目的未来发展情况。

应用趋势分析法，需要注意以下几点：(1) 比较的指标，既可以直接针对财务报表的项目，也可以针对财务指标，如净资产收益率、流动比率、资产负债率等，还可以针对结构比重；(2) 比较的形式，除了计算定基指数或环比指数以外，财务报表使用者还可以不加处理，直接采用趋势分析图的形式进行比较分析，这样更加直观；(3) 比较的基础，财务报表使用者需要注意当某项目基期为零或负数时就不能计算得到趋势指数，因为这样比较会失去实际意义，此时可以采用趋势分析图的形式；(4) 对于计算趋势指数的财务报表数据，财务报表使用者同样要注意比较前后期的会计政策、会计估计的一致性，如果会计政策、会计估计不一致，那么趋势指数也会失去比较的实际意义；(5) 对于分析结果，财务报表使用者需要注意排除偶然性或意外性因素的影响。对于健康发展的企业，其发展规律通常应该是稳步上升或下降的趋势（视分析项目不同而定），但有可能由于一些偶然性或意外性的因素，在某一分析期出现背离整个发展趋势的情形，此时财务报表使用者应该深入分析其是否受一些偶然性或意外性因素的影响，从而对企业该项目的真实发展趋势做出合理判断。

四、因素分析法[①]

（一）概念及原理

因素分析法（factor analysis approach），又称指数因素分析法，是利用统计指数体系分析现象总变动中各个因素影响程度的一种统计分析方法，包括连环替代法、差额分析法、指标分解法、定基替代法。因素分析法是现代统计学中一种重要而实用的方法，它是多元统计分析的一个分支。使用这种方法能够使研究者把一组反映事物性质、状态、特点等的变量简化为少数几个能够反映出事物内在联系的、固有的、决定事物本质特征的因素。

（二）因素分析法的种类

1.连环替代法

它是将分析指标分解为各个可以计量的因素，并根据各个因素之间的依存关

① http://baike.baidu.com/view/436950.htm，有删改。

系，顺次用各因素的比较值（通常即实际值）替代基准值（通常为标准值或计划值），据以测定各因素对分析指标的影响。

例如，某一个财务指标及有关因素的关系由如下式子构成。

实际指标：

$P_o=A_o\times B_o\times C_o$

标准指标：

$P_s=A_s\times B_s\times C_s$

实际指标与标准指标的总差异为P_o-P_s，这一总差异同时受到A、B、C三个因素的影响，它们各自的影响程度可分别由以下式子计算求得。

A因素变动的影响：

$A_o\times B_s\times C_s-A_s\times B_s\times C_s$

B因素变动的影响：

$A_o\times B_o\times C_s-A_o\times B_s\times C_s$

C因素变动的影响：

$A_o\times B_o\times C_o-A_o\times B_o\times C_s$

最后，可以将以上三大因素各自的影响数相加就等于总差异P_o-P_s。

2.差额分析法

它是连环替代法的一种简化形式，是利用各个因素的比较值与基准值之间的差额，来计算各因素对分析指标的影响。

例如，企业利润总额受三个因素的影响，其表达式为：

利润总额=营业利润+营业外收入-营业外支出

在分析去年和今年的利润变化时可以分别算出今年利润总额的变化，以及三个影响因素与去年比较时的变化，这样就可以了解今年利润增加或减少主要是由其中哪个因素引起的。

3.指标分解法

例如，资产利润率，可分解为资产周转率和销售利润率的乘积。

4.定基替代法

定基替代法是指分别用分析值替代标准值，测定各因素对财务指标的影响，例如标准成本的差异分析。

（三）因素分析法的应用步骤及应注意的问题

运用因素分析法的一般程序如下：（1）确定需要分析的指标；（2）确定影响该指标的各因素；（3）计算确定各因素的影响程度数值。

运用因素分析法时应注意的问题如下：（1）注意因素分解的关联性；（2）因素替代的顺序性；（3）顺序替代的连环性，即计算每一个因素变动时，都是在前一次计算的基础上进行，并采用连环比较的方法确定因素变化影响结果；（4）计算结果的假定性，连环替代法计算的各因素变动的影响数，会因替代计算的顺序不同而有差别，即其计算结果只是在某种假定前提下的结果，为此，财务分析人员在具体运用此方法时，应注意力求使这种假定是合乎逻辑的假定，是具有实际经济意义的假定，这样，计算结果的假定性就不会妨碍分析的有效性。

五、比率分析法

（一）概念及原理

比率分析法是以同一期财务报表上若干重要项目的相关数据相互比较，求出比率，用以分析和评价公司的经营活动以及公司目前和历史状况的一种方法，是财务分析最基本的工具。由于进行财务分析的目的不同，因而各分析者（包括债权人、管理层、政府机构等）分析的侧重点也不同。

股票投资者通常需要掌握四类财务比率，即反映公司获利能力的比率、偿债能力的比率、成长能力的比率、周转能力的比率。

常用的反映公司获利能力的比率包括资产报酬率、资本报酬率、股本报酬率、股东权益报酬率、股利报酬率、每股账面价值、每股盈利、价格盈利比率、普通股利润率、价格收益率、股利分配率、销售利润率、营业比率。

公司偿债能力包括短期偿债能力和长期偿债能力。反映短期偿债能力的比率，即公司资产转变为现金用以偿还短期债务能力的比率，主要有流动比率、速动比率，以及流动资产构成比率等；反映长期偿债能力的比率，即公司偿还长期债务能力的比率，主要有股东权益对负债比率、负债比率、举债经营比率、产权比率、固定资产对长期负债比率等。

常用的反映公司成长能力的比率，即反映公司内部性的扩展经营能力的比率，主要有利润留存率、再投资率。

周转能力比率亦称活动能力比率，是分析公司经营效益的指标，其分子通常为销售收入或销售成本，分母则由某一资产项目构成。常用的反映周转能力的比率有应收账款周转率、存货周转率、固定资产周转率、资本周转率、资产周转率。

（二）比率分析法的局限性及应关注的问题

在财务分析中，比率分析法用途最广，但也有局限性，突出表现在该方法属于静态分析，对于预测未来并非绝对合理可靠。比率分析法所使用的数据为账面价值，难以反映物价水平的影响。

运用比率分析法应注意以下几点：（1）所分析的项目要具有可比性、相关性，将不相关的项目进行对比是没有意义的；（2）对比口径的一致性，即比率的分子项与分母项必须在时间、范围等方面保持口径一致；（3）选择比较的标准要具有科学性，要注意行业因素、公司的性质和生产经营情况差异性等因素；（4）要注意将各种比率有机联系起来进行全面分析，不可孤立地看某种比率或某类比率，同时要结合其他分析方法，否则很难准确地判断公司的整体情况；（5）要注意结合差额分析，这样才能详尽地了解企业的历史、现状和将来，达到财务分析的目的。

六、探索性因子分析法[①]

（一）概念及原理

探索性因子分析法（exploratory factor analysis，EFA）是一项用来找出多元观测变量的本质结构并进行降维的技术处理。因而，探索性因子分析法能够将具有错综复杂关系的变量综合为少数几个核心因子。

因子分析法是两种分析形式的统一体，即验证性分析和纯粹的探索性分析。英国的心理学家Charles Spearman在1904年提出单一智能因子理论（a single intellectual factor）。随着试验的深入，大量个体样本被分析研究，Spearman的单一智能因子理论被证明是不充分的。同时，人们认识到有必要考虑多元因子。20世纪30年代，瑞典心理学家Thurstone打破了流行的单因子理论假设，大胆提出了多元因子分析理论（multiple factor analysis）。Thurstone在《心智向量》（Vectors of Mind，1935）一书中阐述了多元因子分析理论的数学和逻辑基础。

探索性因子分析法主要运用于以下方面：（1）顾客满意度调查；（2）服务质量调查；（3）个性测试；（4）形象调查；（5）市场划分识别；（6）顾客、产品及行为分类。

在运用探索性因子分析法的时候，可以借助统计软件（如SPSS统计软件或SAS统计软件）来进行数据分析。就主因子分析法来说，其假定是不存在异常值、等距值、线性值、多变量常态分配以及正交性等情况。

（二）探索性因子分析法的优缺点

探索性因子分析法的优点如下：（1）便于操作；（2）当调查问卷含有很多问题时非常适用；（3）既是其他因子分析工具的基础（如计算因子得分的回归分析），也方便与其他工具结合使用（如验证性因子分析法）。

探索性因子分析法的缺点如下：（1）变量必须有区间尺度；（2）沉降数值至少是变量总量的3倍。

（三）探索性因子分析法的步骤

典型的探索性因子分析流程如下：（1）辨认、收集观测变量；（2）获得协方差矩阵（或Bravais-Pearson的相似系数矩阵）；（3）验证将用于探索性因子分析的协方差矩阵（显著性水平、反协方差矩阵、Bartlett球型测验、反图像协方差矩阵、KMO测度）；（4）选择提取因子法（主成分分析法、主因子分析法）；（5）因子旋转（所谓旋转就是一种坐标变换，因子旋转的目的是便于理解和解释因子的实际意义，在旋转后的新坐标系中，因子载荷将被重新分配，使得对公因子的命名和解释更加容易）；（6）确定提取因子的个数（以Kaiser准则和Scree测试作为提取因子数目的准则）；（7）解释提取的因子（例如，在上述例子中即解释为“潜在因子”和“流程因子”）。

---

① http：//www.chinabaike.com/z/jingji/hg/774842.html，有删改。

七、统计推断法

（一）概念及原理

在研究现象的总体数量关系时，审计人员需要了解的总体对象的范围往往很广，有时甚至是无限的，而由于经费、时间和精力等各种原因，有时在客观上只能从中观察部分单位或有限单位进行计算和分析，根据局部观察结果来推断总体。例如，要说明一批灯泡的平均使用寿命，只能从该批灯泡中抽取一小部分进行检验，推断这一批灯泡的平均使用寿命，并给出这种推断的置信程度。这种在一定置信程度下，根据样本资料的特征，对总体的特征做出估计和预测的方法称为统计推断法。统计推断法是现代统计学的基本方法，在统计研究中得到了极为广泛的应用，既可以用于对总体参数的估计，也可以用作对总体某些分布特征的假设检验。

统计推断是在概率论的基础上依据样本的有关数据和信息，对未知总体的质量特性参数，做出合理的判断和估计。统计推断有着广泛的用途，几乎遍及所有科学技术领域，在质量管理活动中的应用尤其普遍。在绩效审计中，审计目标所包含的数据常常是大量的甚至是无限的，由于审计资源的限制，一般不可能或不必要对每个观察单位逐一进行审查研究，但审计人员得出的审计结论必须具有普遍性。因此，从总体中抽出一部分样本加以实际观察和调查研究，根据对这部分样本的观察研究结果，再去推断和估计对象总体情况，是一种重要的数据分析方法。

（二）统计推断法的分类

统计推断法可分为两大类：参数统计方法和非参数统计方法。前面介绍的检验和方差分析属于参数统计方法，其共同特点是假定随机样本来自可用有限个参数描述的总体（如正态分布），并对总体分布的参数（如总体平均数）进行估计或检验。非参数统计方法对总体分布不作严格规定，不依赖于总体分布类型。实际工作中，非参数统计方法可以发挥作用的情况有：总体分布不易确定；分布呈非正态而又无适当的数据转换方法；不能精确测量或未加精确测量，如等级资料等。因此，非参数检验又称任意分布检验。非参数统计方法很多，本章主要介绍基于秩和的非参数检验，也称秩和检验，该类方法在非参数统计中占有重要的地位。秩和检验使用灵活，易于对各种设计类型的资料进行假设检验，在原假设下统计量与分布无关，有完备的大样本理论，秩和检验与参数检验方法（如t检验）相比，其检验效率相当甚至更好。

（三）提高统计推断准确性的途径

个体是总体的一部分，局部的特性能反映全局的特点，但是，由于总体的不均匀性和样本的随机性，样本不能精确地反映总体。因此，抽取部分个体，经分析得出有关总体的结论有可能存在差错且不可靠。

从理论上讲，有两种途径可以消除和减少这种差错：其一，使总体最大限度地均匀。总体是要研究的未知事物，往往不可能改变其均匀性，当能够使其达到理想的均匀时，就已经完全掌握了它，没有研究的必要了；其二，采取适当的抽样方法确保抽样具有“代表性”，可以有效地控制和提高统计推断的可靠性和正确性。随机抽样的方法很多，常用的有：（1）简单随机抽样，是指抽样过程应独立进行并且总体中每个个体被抽到的机会均等。随机抽样不是随便抽取，随便抽取容易受到个人好恶的影响。为实现随机化，可采取抽签、掷随机数骰子或查随机数值表等办法。这种抽样方法的优点是抽样误差小，缺点是程序繁杂。在实践中，真正做到每个个体被抽到的机会相等是不容易的。（2）周期系统抽样，又叫等距抽样或机械抽样，即将总体按顺序编号，用抽签或查随机数值表的方法确定首个样本，进而按等距原则依次抽取样本。这种方法特别适用于流水线上取样，操作简便，实施起来不易出现差错。但抽样起点一经确定，整个样本就完全固定。当总体质量特性含有某种周期性变化，而抽样间隔恰好与质量特性变化周期吻合时，就可能得到一个偏差很大的样本。（3）分层抽样法，即从一个可以分成不同子总体的总体中，按规定比例从不同层中随机抽取个体的方法。当不同设备、不同环境生产同一种产品时，由于条件差别，产品质量可能有较大差异。为了使所抽取的样本具有代表性，可以将不同条件下生产的产品组成组，使同一组内产品质量均匀，然后在各组内按比例随机抽取样品合成一个样本。这种抽样方法得到的样本代表性比较好，抽样误差较小，缺点是抽样手续较复杂，常用于产品质量检验。（4）整群抽样法，即先将总体按一定方式分成多个群，然后随机抽取若干群并由这些群中的所有个体组成样本。这种抽样方法实施方便，但样本来自个别群体而不能均匀分布在总体中，因而代表性差，抽样误差较大。

八、统计检验法

（一）概念及原理

统计检验法，亦称假设检验、显著性检验，是数理统计学中根据一定假设条件由样本推断总体的一种方法。先对总体的参数（均值、比例、方差等）或分布形式提出某种假设，然后利用样本信息判断假设是否成立，这种利用样本检验假设真伪的过程就是统计检验。统计检验法有参数检验方法和非参数检验方法两种。常用的统计检验方法有u检验、t检验、χ^2检验、F检验、秩和检验等。

（二）假设检验的步骤及应注意的问题

假设检验的步骤如下：（1）根据问题的需要对所研究的总体提出原假设（假设H_0）和备择假设；（2）从所研究的总体中抽出一个随机样本，确定一个适当的检验统计量，这个统计量的选取要使得在假设H_0成立时，其分布为已知，并利用样本数据算出其具体数值；（3）确定一个适当的显著性水平，计算出其临界值，指定拒绝域；（4）将统计量的值与临界值进行比较，做出决策，统计量的值落在拒绝域，拒绝假设H_0，否则不拒绝假设H_0，也可以直接利用P值做出决策。

假设检验的基本思想是小概率反证法思想。小概率思想是指小概率事件（$P<0.01$或$P<0.05$）在一次试验中基本不会发生；反证法思想是先提出假设（假设H_0），再用适当的统计方法确定假设成立的可能性大小，如可能性小，则认为假设不成立，若可能性大，则不能认为假设不成立。

审计人员应注意的问题如下：（1）进行假设检验之前，应注意资料本身是否有可比性。（2）当差别有统计学意义时应注意这样的差别在实际应用中有无意义。（3）根据资料类型和特点选用正确的假设检验方法。（4）根据专业及经验确定是选用单侧检验还是双侧检验。（5）当检验结果为拒绝无效假设时，应注意有发生I类错误的可能性，即错误地拒绝了本身成立的H_0，发生这种错误的可能性预先是知道的，即与检验水平相当；当检验结果为不拒绝无效假设时，应注意有发生II类错误的可能性，即仍有可能错误地接受了本身就不成立的H_0，发生这种错误的可能性预先是不知道的，但与样本含量和发生I类错误的可能性大小有关系。（6）判断结论时不能绝对化，应注意无论接受假设还是拒绝假设，都有判断错误的可能性。（7）报告结论时应注意说明所用的统计量，检验的单、双侧及P值的确切范围。

（三）统计检验应用举例

在绩效审计研究中，常用的假设检验方法有：（1）单组数据的假设检验，用于评价从样本数据中计算的统计量和给定的目标值是否存在显著的差别。例如，某一部门对某种类型投诉处理的计划目标是，在3天内70%的投诉必须得到答复。审计人员抽取了150个投诉，其中63%在3天内得到了答复。要评价这个样本的统计值是否与目标值70%存在显著的差异，就要采用单组数据的假设检验。t检验、χ^2检验常用于这类假设检验。（2）两组或多组数据的比较检验，用于比较从两组或多组不同属性的样本数据中计算的统计量之间是否存在显著的差别。例如，研究性别对监狱管理人员的出勤率的影响时，审计人员可以将这些员工按性别分为两组，分别抽取相应的样本资料，通过统计检验法比较检验。t检验、方差分析等常用于这类统计分析。（3）拟合度检验。在绩效审计中，可用该方法检验部门人员或资源的分配是否与计划目标一致。χ^2检验可用于这类分析。（4）关联检验，用于判断两组变量之间是否存在相关性。例如，针对某项政府服务的问卷调查，运用关联检验可以发现被调查人的年龄与这项服务的满意度之间是否存在关联关系。χ^2检验可用于此类检验。[①]

再如，卷烟生产企业经常会遇到如下问题：卷烟检验标准中要求烟支的某项缺陷的不合格品率P不能超过3%，现从一批产品中随机抽取50支卷烟进行检验，发现有2支不合格品，那么对于此批产品能否放行？按照习惯性思维，50支中有2支不合格品，不合格品率就是4%，超过了原来设置的3%的不合格品率，因此，不能放行。但如果根据假设检验的理论，在$\alpha=0.05$的显著性水平下，对该批产品应该放行。这是为什么呢？

关键在于这是在一批产品中进行抽样检验，用抽样样本的质量水平来判别整批产品的质量水平，这里就有抽样风险的问题。举例来说，这批产品共有10 000支卷烟，里面有4支不合格品，不合格品率是0.04%，远低于3%。但我们的检验要求是随机抽样50支，用这50支的质量水平来判别整批10 000支的质量水平。如果在50支中恰好抽到了2支甚至更多的不合格品，简单地用抽到的不合格品数除以50来作

① 罗美富，李季泽，章轲．英国绩效审计［M］．北京：中国时代经济出版社，2005：109．

为不合格品率来判断，那我们就会对这批质量水平合格的产品作了误判。

如何科学地进行判断呢？这就要用到假设检验的理论。

步骤1：建立假设。要检验的假设是不合格品率P是否不超过3%，因此，建立假设。H_0是原假设，其意义与检验标准一致。

H_0：$P\leqslant 0.03$

H_1：$P>0.03$

步骤2：选择检验统计量，给出拒绝域的形式。若把比例P看作n=1的二项分布b（1，p）中成功的概率，则可在大样本场合（一般n≥25）获得参数p的近似μ的检验，可得样本统计量$\mu=\dfrac{\bar{x}-p}{\sqrt{p(1-p)/n}}$近似服从N（0，1），其中$\bar{x}=2\div 50=0.04$，$p=0.03$，$n=50$。

步骤3：给出显著性水平α，常取α=0.05。

步骤4：确定临界值，写出拒绝域W。根据α=0.05及备择假设得到拒绝域W为$\{\mu>\mu_{1-\alpha}\}=\{\mu>\mu_{0.95}\}=\{\mu>1.645\}$。

步骤5：由样本观测值求得样本统计量，并做出判断。

$$\mu=\frac{0.04-0.03}{\sqrt{0.03\times(1-0.03)\div 50}}=0.415<1.645$$

结论：当α=0.05时，样本观测值未落在拒绝域，所以不能拒绝原假设，应允许这批产品出厂。①

九、灰色关联分析法

（一）概念及原理

灰色系统理论是1982年由邓聚龙创立的一门边缘性学科，灰色系统用颜色深浅反映信息量的多少。当某一系统的全部信息已知时，该系统为白色系统，当某一系统的全部信息未知时，该系统为黑色系统，而介于白色系统和黑色系统之间的过渡系统就是灰色系统（grey system），因灰色系统中部分信息已知，部分信息未知，所以也称信息不完全的系统。

现有因素分析的量化方法大多是数理统计法，如回归分析、方差分析、主成分分析等，其中以回归分析用得最多。然而，回归分析有下述缺点：（1）要求数据量大，数据量少则难以找到统计规律；（2）要求分布是典型的（线性、指数或对数的），即使分布是典型的也并非都能处理；（3）计算工作量大；（4）有时可能出现反常情况，如正相关判断为负相关，以至于正确现象被歪曲或颠倒。考虑到上述不足，人们依据灰色系统理论提出了灰色关联分析法。

灰色关联分析法是通过分析系统中各子系统（或因素）之间的关联度，对系统发展态势进行量化分析的方法。两个系统之间的因素随时间或对象不同而变化的趋势的相似程度，称为关联度。灰色关联分析法非常适合动态历程分析，系统发展态

---

① 孙厉．假设检验在卷烟质量判断中的应用［A］//中国烟草学会．中国烟草学会2005年论文集．北京，2005：93-95．

势越接近，即同步变化程度越高，那么，其关联度就越大。

灰色关联分析法要回答的问题主要包括：在某个包含多种因素的系统中，哪些因素是主要的，哪些因素是次要的；哪些因素影响大，哪些因素影响小；哪些因素是明显的，哪些因素是潜在的；哪些因素是需要发展的，哪些因素是需要抑制的。

（二）计算步骤[①]

灰色系统关联分析法的具体计算步骤如下：

（1）确定反映系统行为特征的参考数列和影响系统行为的比较数列。

（2）对参考数列和比较数列进行无量纲化处理。由于系统中各因素的物理意义不同，导致数据的量纲也不一定相同，不便于比较，或在比较时难以得到正确的结论，因此，在进行灰色关联分析时，一般要进行无量纲化的数据处理。

（3）求参考数列与比较数列的灰色关联系数ξ（X_i）。关联程度实质上是曲线间几何形状的相似程度，因此，曲线间差值大小可作为关联程度的衡量尺度。曲线间几何形态越相似，关联程度就越大。一个参考数列X_0有若干比较数列X_1，X_2，…，X_n，各比较数列与参考数列在各个时刻（即曲线中的各点）的关联系数ξ（X_i）可由下列公式算出：

$$\xi_i(k)=\frac{\min(\min|x_0(k)-x_i(k)|)+\rho\max(\max|x_0(k)-x_i(k)|)}{|x_0(k)-x_i(k)|+\rho\max(\max|x_0(k)-x_i(k)|)}$$

其中，k=1，…，m；ρ为分辨系数，0<ρ<1，ρ越小，关联系数间的差异越大，区分能力越强，通常取0.5。

（4）求关联度r_i。因为关联系数是比较数列与参考数列在各个时刻（即曲线中的各点）的关联程度值，所以它的数值不止一个，而信息过于分散不便于进行整体比较。因此，有必要将各个时刻的关联系数集中为一个值，即求其平均值，作为比较数列与参考数列间关联程度的数量表示，计算关联度r_i的公式如下：

$$r_i=\frac{1}{N}\sum_{k=1}^{N}\xi_i(k)$$

（5）排关联序。因素间的关联程度主要是用关联度的大小顺序描述，而不仅是关联度的大小。将m个子序列对同一母序列的关联度按大小顺序排列起来，便组成了关联序，记为{x}，它反映了对于母序列来说各子序列的“优劣”关系。若$r_{0i}>r_{0j}$，则称$\{x_i\}$对于同一母序列$\{x_0\}$优于$\{x_j\}$，记为$\{x_i\}>\{x_j\}$；r_{0i}表示第i个子序列对母序列特征值。

（三）应用举例

已知某地区国民生产总值、工业产值和农业产值，原始数据的形式及来源见表7-2。

（1）数据无量纲处理，将同一数列的所有数据均除以第一个数据，得到一个新的数列，见表7-3。

① http://baike.baidu.com/view/4039168.htm，有删改。

表 7-2 **原始数据表**

项目名称	年份				项目代号
	2015	2016	2017	2018	
国民生产总值	40	44	48	60	X_0（参考数列）
工业产值	24	38	40	50	X_1（比较数列）
农业产值	10	22	18	20	X_2（比较数列）

表 7-3 **数据无量纲表**

项目名称	2015	2016	2017	2018	项目代号
	1	2	3	4	
国民生产总值	1	1.1	1.2	1.5	X_0
工业产值	1	1.6	1.7	2.1	X_1
农业产值	1	2.2	1.8	2	X_2

（2）求关联系数，见表 7-4。

表 7-4 **关联系数表**

k	$X_0(k)$	$X_1(k)$	$X_2(k)$	$\|X_0(k)-X_1(k)\|$	$\|X_0(k)-X_2(k)\|$
1	1	1	1	0	0
2	1.1	1.6	2.2	0.5	1.1
3	1.2	1.7	1.8	0.5	0.6
4	1.5	2.1	2	0.6	0.5
$\min\|X_0(k)-X_i(k)\|$				0	0
$\max\|X_0(k)-X_i(k)\|$				0.6	1.1

$\min(\min|X_0(k)-X_i(k)|)=0$

$\max(\max|X_0(k)-X_i(k)|)=1.1$

$$\xi_i(k)=\frac{0+\rho\cdot 1.1}{|x_0(k)-x_i(k)|+\rho\cdot 1.1}$$

$\rho=0.5$，上式可简化为：

$$\xi_i(k)=\frac{0.55}{|x_0(k)-x_i(k)|+0.55}$$

计算得：

$\xi_1(k)=\{1,0.52,0.52,0.48\}$

$\xi_2(k)=\{1,0.33,0.48,0.52\}$

（3）计算关联度，见表 7-5。

表 7-5 **关联度表**

关联系数 \ 年份 k	2015	2016	2017	2018	$r_i=\frac{1}{N}\sum_{k=1}^{N}\xi_i(k)$
	1	2	3	4	
ξ_1（k）	1	0.52	0.52	0.48	0.63
ξ_2（k）	1	0.33	0.48	0.52	0.58

（4）排关联序。

当比较序列有i个时，相对的关联度值也有i个，按其值大小排列起来，即为关联序，关联序直接反映各个比较序列相对于参考序列的优劣关系。上述关联度 $r_1=0.63$，$r_2=0.58$，$r_1>r_2$。

十、碰头会法[①]

（一）概念及原理

英国审计署在《绩效审计手册》中对碰头会作了明确界定："碰头会是把审计证据整理成任何人都能理解的一系列提纲性观点的审计组会议。审计组也可以运用这种方法整理审计证据，形成审计报告草案的框架。如果这项工作做得好，撰写审计报告将是一件相对简单的事情。"一般情况下，在审计现场工作结束后召开碰头会，是为了能够以现场审计情况为基础，按照一定的逻辑结构形成审计结论。

（二）基本流程

审计组在协调人的主持下召开会议，包括被审计单位在内的其他相关利益主体有时也参加会议。审计人员需要用非专业人士也能理解的简单术语介绍审计后形成的基本观点。在这一阶段，审计组其他成员不得质疑正在发言的审计人员。通过碰头会形成的报告要点，可能会与最初的问题解析法形成的逻辑树形态有所不同。造成这种差异的原因，一方面是召开碰头会时对各方意见的整理倾向于精简，另一方面是一些了问题在现场工作中升级了，使得逻辑树更加充实，内容更加丰富。基本观点形成后，审计组成员可以进一步补充分项观点，同时提出支持这些观点的证据，以形成意见一致的审计结论和支持性证据。如果严格按照上述方式组织碰头会，最终形成的就是得到各方认可的审计报告框架，这是因为在必要时，有的子问题根据实际需要被设计成新的逻辑结构。

召开碰头会时，审计组已经对所有的问题（包括子问题）有了初步答案，且这个答案必须为"是"或者"否"，而不能为"可能是"或者"可能不是"。在这个阶段，审计组将运用背景介绍、背景分析、提出问题、回答问题的方法。具体步骤与问题解析法中的背景介绍、背景分析、提出问题基本一致，只不过前者形成的是碰头会的结果，后者则是明确解析问题的起点。在碰头会阶段，审计组要以碰头会上达成一致的逻辑结构树为基础，形成审计报告大纲，并且在进一步形成完整的报告之前与被审计单位进行沟通。报告大纲与报告草案相比，严格简洁，内容更少，但

① 罗美富，李季泽，章轲．英国绩效审计［M］．北京：中国时代经济出版社，2005：95-103．

是包含了支持结论的证据概要，实际上已经具备了报告草案中修饰性内容以外的其他所有内容。

（三）注意事项

审计组运用碰头会法应注意的事项如下：

（1）召开碰头会之前应做好必要的准备。在第一次碰头会之前，应该完成现场工作。一星期或两星期之后，需要召开与上次会议时间相当的第二次会议，把第一次会议结果整理成文件。在会议间隔期间，审计组需要完成有关问题及其答案的逻辑结构树，检查上次会议设计出来的逻辑结构树是否仍有意义。如果有必要，审计组还需要更新结果数据等。

（2）碰头会的参加者要有代表性。碰头会的参加者应该尽可能包括主要的利益相关者，选出从可管理性角度考虑可接受的代表。这些主要的利益相关者有审计组人员、客户、审计项目负责人、审计长及审计长助理等。如果被审计单位的代表级别高，能够代表被审计单位的观点，又了解审计工作细节，会议就将更有成效。同时，应该让各方代表明白，客观、合作和开放的态度是会议成功的基础。

（3）审计人员需要与被审计单位一起全面复核碰头会形成的所有文件。在碰头会阶段，审计人员若想修改审计结论和改变逻辑结构树，那么是比较容易的，但是修改后的审计报告大纲可能会出现现场证据缺乏的情况。如果出现这种情况，审计人员就需要在重视证据的基础上重新组织审计报告大纲。同时，碰头会只是一种方法，其他方法如认知图法、头脑风暴法都能在该方法的各个步骤中发挥应有的作用。此外，碰头会法只是为审计组提供了一种组织审计工作的方法，而不能代替具体的审计工作。

十一、描述性统计分析法①

（一）概念及原理

在数据分析的时候，一般首先要对数据进行描述性统计分析（descriptive analysis），以发现其内在的规律，再选择进一步分析的方法。描述性统计分析，就是在表示数量中心位置的同时，还能表示数量的变异程度（即离散程度）。

描述性统计分析要对调查总体所有变量的有关数据作统计性描述，主要包括数据的频数分析、集中趋势分析、离散程度分析、分布，并绘制一些基本的统计图。

1.数据的频数分析

在数据的预处理部分，我们曾经提到利用频数分析和交叉频数分析来检验异常值。此外，利用频数分析也可以发现一些统计规律。比如，收入低的被调查者的用户满意度比收入高的被调查者高，或者女性的用户满意度比男性低等。不过，这些规律只是表面特征，还有待检验。

2.数据的集中趋势分析

数据的集中趋势分析用来反映数据的一般水平，常用的指标有平均值、中位数

① https://wenku.baidu.com/view/3e27d4f4f90f76c661371afc.html，有删改。

和众数等。各指标的具体意义如下：(1) 平均值，是衡量数据中心位置的重要指标，反映了一些数据必然性的特点，包括算术平均值、加权算术平均值、调和平均值和几何平均值。(2) 中位数，是另外一种反映数据中心位置的指标，其确定方法是将所有数据按由小到大的顺序排列，位于中央的数据值就是中位数。(3) 众数，是指在数据中发生频率最高的数据值。

如果数据之间的差异程度较小，用平均值就有较好的代表性；如果数据之间的差异程度较大，特别是存在个别极端值的情况，用中位数或众数将有较好的代表性。

3.数据的离散程度分析

数据的离散程度分析主要是用来反映数据之间的差异程度，常用的指标有方差和标准差。方差是标准差的平方，根据不同的数据类型有不同的计算方法。

4.数据的分布

在统计分析中，通常要假设样本的分布属于正态分布，因此，需要用偏度和峰度两个指标来检查样本是否符合正态分布。偏度衡量的是样本分布的偏斜方向和程度，而峰度衡量的是样本分布曲线的尖峰程度。一般情况下，如果样本的偏度接近于0，而峰度接近于3，就可以判断总体的分布接近于正态分布。

5.绘制统计图

用图形表达数据，比用文字表达数据更清晰、更简明。在SPSS软件里，可以很容易地绘制各个变量的统计图形，包括条形图、饼图和折线图等。

（二）应用举例

以SIM手机用户满意度调查为例，为简化起见，我们只分析其中两个变量："总体感知质量"和"总体满意度"。

1.数据的频数分析

用SPSS的频数分析可以很容易地画出两个变量的频数图（如图7-1所示）。

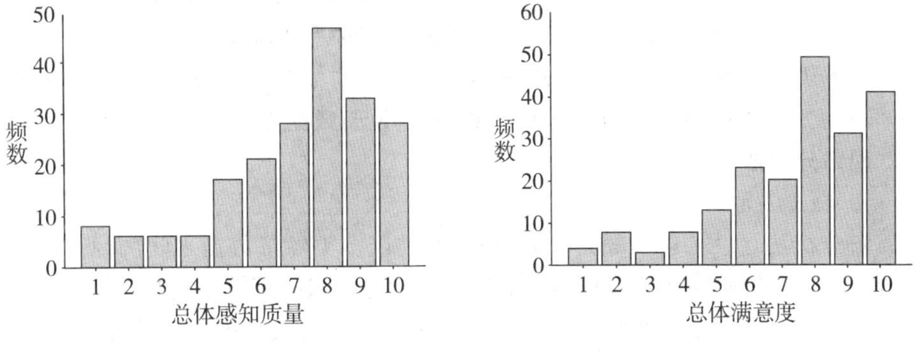

图7-1　总体感知质量和总体满意度频数图

两个变量的频数图表明：大部分被调查者对SIM手机的质量评价较高，总体感觉比较满意，打分为8~10分。

2.数据的集中趋势分析

利用SPSS的描述性统计分析，计算SIM手机"总体感知质量"和"总体满意度”的平均值、中位数和众数（见表7-6）。

共有200个被调查者参与了SIM手机调查，“总体感知质量”的均值为7.11分、中位数为8分、众数为8分，“总体满意度”的均值为7.43分、中位数为8分、众数为8分，与前面的频数分析结果一致。

表7-6 **描述性统计表**

指标	总体感知质量	总体满意度
数据量（n）	200	200
平均值（mean）	7.11	7.43
中位数（median）	8	8
众数（mode）	8	8

3.数据的离散程度和分布分析

同样利用SPSS的描述性统计分析，可以得出SIM手机的离散程度和分布指标，见表7-7。

表7-7 **离散程度表**

指标	总体感知质量	总体满意度
数据量（n）	200	200
标准差（Std.deviation）	2.36	2.29
方差（variance）	5.56	5.25
偏度（skewness）	-0.961	-0.988
峰度（kurtosis）	0.358	0.437

“总体感知质量”的标准差为2.36、方差为5.56，“总体满意度”的标准差为2.29、方差为5.25，说明不同样本对两个变量打分的差异程度不大，或者说不同样本对SIM手机评价的差异不大。“总体感知质量”的偏度为-0.961、峰度为0.358，“总体满意度”的偏度为-0.988、峰度为0.437，说明数据不符合正态分布。

十二、回归分析法

（一）概念及原理

回归分析法（regression analysis）是对两类或多类经济数据之间的因果关系进行分析，推导出相应的回归方程，然后以此回归方程来推算自变量与因变量的变化规律。它是确定两种或两种以上变量间相互依赖的定量关系的一种统计分析方法，其实质是从观察数据中找出自变量与因变量之间的相关关系。观察数据一般分为两种：一是时间序列数据；二是横截面数据。统计分析的方法有很多，但最主要的是回归分析法。

（二）分类

回归分析法运用得十分广泛。按照涉及的自变量多少，它可分为一元回归分析法和多元回归分析法；按照自变量和因变量之间的关系类型，它可分为线性回归分析法和非线性回归分析法。

如果在回归分析中只包括一个自变量和一个因变量，且二者的关系可用一条直线近似表示，这种回归分析称为一元线性回归分析；如果在回归分析中包括两个或两个以上的自变量，且因变量和自变量之间是线性关系，则称为多元线性回归分析。

（三）步骤

1.根据预测目标，确定自变量和因变量

明确了预测的具体目标，也就确定了因变量。比如，预测具体目标是下一年度的销售量，那么销售量就是因变量。通过市场调查和资料查阅，寻找与预测目标相关的影响因素，即自变量，并从中选出主要的影响因素。

2.建立回归预测模型

依据自变量和因变量的历史统计资料进行计算，在此基础上建立回归分析方程，即回归预测模型。

3.进行相关分析

回归分析是对具有因果关系的影响因素（自变量）和预测对象（因变量）所进行的数理统计分析处理。只有当自变量与因变量确实存在某种关系时，建立的回归方程才有意义。因此，作为自变量的影响因素与作为因变量的预测对象是否有关，相关程度如何，以及判断这种相关程度的把握性多大，就成为进行回归分析必须要解决的问题。进行相关分析，一般要求出相关系数，以相关系数的大小来判断自变量和因变量的相关程度。

4.检验回归预测模型，计算预测误差

回归预测模型是否可用于实际预测，取决于对回归预测模型的检验和对预测误差的计算。回归方程只有通过各种检验，且预测误差较小，才能将回归方程作为预测模型进行预测。

5.计算并确定预测值

利用回归预测模型计算预测值，并对预测值进行综合分析，确定最后的预测值。

（四）注意事项

应用回归预测法时应首先确定变量之间是否存在相关关系。如果变量之间不存在相关关系，对这些变量应用回归预测法就会得出错误的结论。正确应用回归分析预测时应注意：用定性分析判断现象之间的依存关系；避免回归预测的任意外推；应用合适的数据资料。

十三、目标实现情况分析法

（一）概念及原理[①]

对目标实现情况进行分析在绩效审计中是很常见的。目标实现情况分析法主要用于检查既定目标是否得到实现，并通过总体分析确定所做工作是否存在缺陷。通

---

① 审计署外事司．国外效益审计简介［M］．北京：中国时代经济出版社，2003：167-168．

过将成果或影响与确定目标和需求相联系可以发现任何形式的偏差。审计人员主要在以下情形下开展对目标实现情况的研究分析：目标明确并且作为管理工具得到应用，对目标影响的了解非常有限，可能需要一般性的评价。

针对一般目标对结果进行检查可以反映这些目标得到实现的方式。但是，这种类型的信息经常不能为更加详细地评价被审计单位的工作或者改善成果所需要开展的工作提供令人满意的指导。在有些情形下，对目标实现情况的分析可以提供评价需要何种变化的依据。比如，当目标屈指可数、比较直接地与控制的具体手段或活动有关而且相互兼容时，情况就是如此。

（二）局限性及应关注的问题[①]

要判断目标在多大程度上得到了实现，需要在制定目标时采用能够对目标实现进行评价的方式。所以，抽象的或模糊的目标是不可用的。为了判断所观察到的结果在多大程度上取决于政策，审计人员需要进行比较。较理想的做法是，在引进政策前后进行比较衡量，并且用没有受到政策影响的控制组进行衡量。实际上，这种比较很难进行，其中一个原因是缺乏比较材料。在这种情况下，可以评价作为政策依据的各种假设的可行性（即“政策理论”）。审计人员经常需要选择不太复杂的审计目标，比如评价在多大程度上实现政策目标、在多大程度上达到了目标小组的水平，以及业绩的实际水平等。

审计人员可能希望通过对比成果或影响与政策目标中的具体内容来对效果性进行评价和衡量。这种方法通常被称为目标实现情况分析法。但是，在审计效果性时，审计人员还应该努力确定所应用的政策执行工具在多大程度上为实现政策目标做出了贡献。这是真正意义上的效果性审计，它要求获取关于所观察到的成果确实应归于所采取的行动而非其他因素的证据。

比如，如果被审计单位的政策目标是减少失业，那么，审计人员所观察到的失业人员数量的减少究竟是被审计单位采取行动的结果，还是被审计单位根本无法影响的经济环境发生了总体好转的结果？在这种情形下，审计的设计必须包括原因问题，即审计人员在分析原因时应该有效排除外部的可变因素。

十四、目标-手段分析法

（一）概念及原理

目标-手段分析法，是指审计人员在思维中首先围绕其目标定位搜索实现目标的手段，然后以实施这些手段为目标，进一步寻找实现目标的手段。因此，目标-手段分析法实际上是对目标进行分解的方法。

由于人们解决问题的活动总是表现为由一系列措施、环节、步骤组成的过程，而目标-手段分析法就是帮助审计人员对这个过程加以分解，从而使之得以在现实中实施，因此，这种方法总是表现为把一个大目标分解为若干小目标，再对这些小目标进行分解，直到找出具体的可操作的手段。

---

① 审计署外事司. 国外效益审计简介［M］. 北京：中国时代经济出版社，2003：99-100.

目标-手段分析就是用来说明所应用的资源与所实现的目标之间存在的问题。当审计师有理由相信被审计单位没有高效率行事时，可以应用目标-手段分析法。[①]

（二）分类

目标-手段分析法根据不同的标准可以进行不同的分类。

首先，根据总目标与子目标之间的关系，目标-手段分析法可以分为横向分析法和纵向分析法。横向分析法，就是把总目标分为并列的若干子目标，每个子目标都代表总目标的一个侧面；纵向分析法，就是把总目标分为互相衔接的若干子目标，每个子目标都代表总目标实现过程的一个阶段或步骤。

其次，目标-手段分析法根据其主要在实施审计之前进行，还是在审计实施过程中进行，又可以分为静态分析法和动态分析法。静态分析法，指的是人们在实施审计之前就进行目标-手段分析，制订完整的审计计划、方案，以对整个审计过程进行规范、指导。静态分析法可以帮助人们在实施审计之前进行周密的分析，增强整个审计过程的计划性、系统性。但是，人们面临的问题并不是都可以预先进行静态的目标-手段分析的，有些问题是在不断实践探索过程中才得以解决的。因此，这时的目标-手段分析只能在探索的过程中进行，即每前进一步，就根据当前状态与理想状态之间的差异来确定下一步的目标，进而寻找实现目标的手段。这就是动态分析法。

（三）注意事项[②]

运用目标-手段分析法应注意以下两个问题：

首先，要始终考虑目标状态与当前状态之间的差异。任何问题都是因为当前状态与理想状态之间存在着差异而产生的。没有差异就无所谓问题，也无所谓问题的目标。因此，在进行目标-手段分析时，要时时考虑到目标状态与当前状态之间的差异，并围绕这个差异去寻找导致差异的手段、路径。否则，手段的选择、确定就失去了方向。只有时时考虑到差异，才能保证解决问题的思路始终紧紧围绕着目标而展开。

其次，要根据实现目标的要求和现有的条件制定相应的价值标准，并注意不断运用这个标准去进行手段的取舍。针对同一目标搜寻到的手段，对于实现目标并不是具有同样的价值。其中有的是恰当的，有的则因为无助于目标的实现、实施条件不具备或所需代价太大等而不恰当。因此，在运用目标-手段分析法时，每进行一次手段选择，都必须根据目标要求和现实条件的可能进行恰当性分析，区分哪些手段是可行的，哪些手段是不可行的，判断在可行的手段中，哪些是最优的，哪些是次优的。恰当性是求解思维逻辑的逻辑值，是解决问题过程中选择手段时必须遵循的基本原则。我们在运用目标手段分析时，必须时时注意自觉遵循这个原则。

再次，运用目标-手段分析法，要注意解决问题过程的计划性和动态调节性。静态分析法有助于增强解决问题过程的计划性，而动态分析法可以使人们在动态过

---

① 审计署外事司．国外效益审计简介［M］．北京：中国时代经济出版社，2003：167．
② https：//www.douban.com/note/161876547/？type=like，有删改。

程中获得解决问题的途径。在实际解决问题过程中，这两个方面往往是联系在一起的，即在解决问题时，我们既要注意整个解决问题过程的计划性，又要注意解决问题过程的动态调节性。解决问题的过程是一个复杂的过程，这种复杂性主要表现在：第一，由问题起点状态通往目标状态的路径往往不是直线型的，而是迂回曲折的，由起点状态到达目标状态往往不是只需要一种操作，而是多种操作的综合运用。第二，问题的起点状态与目标状态之间的差异往往不是一种差异，而是多种差异的综合，因此，在解决问题时不能只考虑某一个方面，而要统筹兼顾。第三，每一层次的目标往往都可以通过若干种途径实现，但其中有的途径对于本层次的目标是可行的，但无法解决下一层次的目标。因此，解决问题过程的复杂性就要求我们在运用目标-手段分析法时，要注意整个解决问题过程的计划性和动态调节性。不但在实施审计之前要围绕总目标拟订审计计划、方案，而且在实施过程中还要不断根据反馈信息修正、调整原定计划、方案，以保证整个解决问题过程有计划、有步骤地在动态调节过程中进行，直到总目标的最后实现。

最后，要注意目标-手段分析法与手段—目标分析法正好相反。前者的特点在于，首先确定目标，然后考虑要达到这一目标需要实现什么分目标，再考虑要达到该分目标又必须实现什么子目标，以此类推。当所有的子目标都达到时，问题也就解决了。

十五、过程分析法

（一）概念及原理

审计分析通常是从程序分析开始的。审计人员首先要检查被审计单位的管理系统以便进行计划、执行、检查和监督，这包括与管理人员会谈和检查相关文件，如预算报告、决算报告、计划指南、年度计划或其他计划、程序手册、代表人员情况和报告要求等。审计人员应该按照既定的标准和合理的控制模式对管理程序进行检测。也就是说，程序要和其他事项一起被检查，以确定其完整性、合规性、内部一致性和适用性。[①]

过程分析法，也称流程分析法。现实的企业或公共部门的流程是客观存在的。流程分析基于组织现实展开，是流程优化与流程管理的基础和前提。任何组织的流程都是组织战略和目标持续作用的结果，也就是说，组织战略与目标决定组织架构，组织架构引导岗位设置，每个岗位之间工作衔接的方式就产生了组织的现有流程。这种流程必然受到当时组织内外环境和岗位员工素质的影响，是否适应今天变化了的现实则是需要通过流程梳理和分析来加以判断。因此可以说，流程分析就是对组织做事方式的全景式扫描或慢镜头式审视。

要进行有效的扫描或审视，必须对流程十分清楚，否则就看不出门道。基于过程的分析方法优点是全面，虽然不太直接。基于过程是演绎，基于功能则是推理，演绎是顺着来，推理是逆着来；基于过程是从起点开始顺着走，基于功能则是从终

---

① 审计署外事司. 国外效益审计简介［M］. 北京：中国时代经济出版社，2003：246.

点开始倒着走，两者会遇上不同的困难；基于过程面向问题本身是相对全面的，基于功能面向问题本身是不太全面的，但是如果面向问题全局，两者则是一样的。

（二）应用举例

企业中常常运用生产流程分析法。生产流程又叫工艺流程或加工流程，是指在生产工艺中，从原料投入到成品产出，通过一定的设备按顺序连续地进行加工的过程。生产流程分析法强调根据不同的流程，对企业生产经营过程中各个环节逐项进行调查分析，找出风险存在的原因，从中发现潜在风险的威胁，分析风险发生后可能造成的损失和对整个生产经营过程造成的影响。如果与技术经济学的投入产出分析技术相结合，将在风险辨识与评估方面更为有效。

生产流程分析法可分为风险列举法和流程图法。风险列举法指风险管理部门根据本企业的生产流程，列举出各个生产环节的所有风险；流程图法指风险管理部门将整个生产经营过程的各个环节系统化、顺序化，制成流程图，以便发现企业面临的风险。

从企业的价值流角度来看，企业的流程可分为外部流程和内部流程。外部流程是指原辅材料的采购、产品的销售以及材料与产品的运输、仓储等；内部流程是指企业内部生产制造或服务提供的流程，例如某钢铁制造企业的铁矿粉造块与炼焦、高炉炼铁、转炉炼钢、钢水连铸、轧钢等。生产流程分析法对辨识运营风险极为有效，内部流程分析能够有效辨识营业中断风险，外部流程分析能够有效辨识连带营业中断风险。连带营业中断风险主要有供应商风险和客户风险。供应商风险是由于供应商的原因不能提供企业正常生产经营所需的原辅材料或机器设备及备品备件而导致企业无法正常生产，发生营业中断风险；客户风险是产品的主要消费市场终止购买本企业的产品或因为客户财务困难不能按时支付货款而产生的风险。例如，铁矿石的大幅涨价、海运费率的大幅上涨、铁路运力的紧张导致产品无法运出等都可能带来连带营业中断风险。审计人员可以通过分析企业的生产制造或管理流程的不同层次辨识关键风险点，对关键风险点进行历史资料分析，评估风险事件发生的频率，结合投入产出分析技术对风险兑现时的损失幅度进行有效评估。

生产流程分析法在实际操作中的具体目标可能有所不同，但不外乎以下几类：改进工艺，完善工艺细节，提高产品品质；减少不必要的动作和消耗；减少无意义的等待过程；缩减工序中和工序交接的搬运距离；尽量避免信息传递失真造成的损失；改善生产环境，保证生产品质；降低水电等能源消耗；合并相关工序，减少交接过程等。

运用生产流程分析法应注意的主要问题包括：（1）从业务订单下达到生产前，相关要求是否已经明确并准确描述；（2）在采购生产流程执行过程中，相关材料、零部件的采购是否已经完成或正在按照计划执行，时间安排是否合理；（3）采购的相关物品是否已准时安排运输；（4）车间设备是否运转正常，故障是否能确保得到及时修复；（5）技术工艺流程卡是否准确、清晰，设计是否合适；（6）装配工艺图是否已经绘制，装配流水线是否已经按计划准备；（7）人手是否充足，培训是否到位。

十六、影响分析法

影响分析法是通过将项目成果和假设没有实施该项目会发生什么结果的估计进行比较来评价项目的净影响。在确定影响项目产出的外部因素时，采用影响分析法有助于理解项目对目标实现的贡献。

十七、标杆法

标杆法（benchmarking），是麦肯锡等管理咨询公司采用的重要方法。具体做法有两类：一是对比领先公司，查找企业不足之处，参照做出改善；二是针对企业不足之处，列举业界先进做法，进行效仿学习。在审计分析中采用标杆法，是指将被审计单位的产品、服务、管理等方面与同类事项中一直领先或做得最好的同类单位或部门相对照，借鉴其实践经验。其核心是确定最佳的实践标准。

十八、再评价法[①]

再评价法，也称后评估法，目的是判断并改善评估质量，促进评估研究在管理过程中的实际应用。最高审计机关的作用是检查评估工作的实际质量以及评价的充分性和程序条件。

再评价法的标准涉及已完成评估研究工作的质量，以及评估职能与管理过程相结合的方式。效益审计/评估的质量标准有两种：

（1）评估研究的科学质量，这是一种与理论性、技术性、方法论有关的标准，它反映了评估研究的最新水平。理论性要求所关注的是问题的形成、概念的定义、有关假设和理论的整体连贯性；技术性要求所关注的是评估标准的可操作性，在此基础上审计人员可以确定政策领域的情况是否满足评估标准；方法论要求则涉及研究结果的可靠性和正确性。

（2）评估研究对政策、管理实务的有用性。该标准要求评估报告所提供的信息对于采取迅速、有效、合法的手段来解决政策问题具有重要意义。比如，报告应该清楚指出研究应该满足的信息需要、政策实务中存在的问题、与政策实务相关的研究目标等。报告应该清楚、易于理解（非专业人士也能看懂），报告还应该完整、准确。效益审计/评估的管理作用是将评估职能融入机构有关管理方面的标准。比如，在计划评估工作时，可以将其融入中央预算内投资项目的评估过程，以保证项目评估得到实际应用。

十九、成本效益法

（一）概念及原理

成本效益法是指对投资项目将付出的成本和可能获得的利益进行测定，并将成本和利益综合起来加以分析，以便在可供选择的支出项目之间进行抉择。

成本效益法是对项目成本和效益（或反效益）之间关系的研究，成本和效益（或反效益）都以货币形式表示。成本效益分析的目的是确定被审计单位或投资项

---

① 审计署外事司. 国外效益审计简介［M］. 北京：中国时代经济出版社，2003：170-171.

目所获得的效益是否超过成本。成本效益法可以用于以下情形：获得关于被审计单位所做分析达到了专业标准的保证；在成本和效益都已知或可以合理估计时，将成本和效益进行比较①，从而进行绩效评价。此外，成本效益分析还可以在针对道路建设项目的绩效审计中应用。

在正常情况下，成本效益分析不仅应该考虑有形成本和效益（比较容易衡量），而且应该考虑无形成本和效益（比较难以衡量）。

（二）应用举例②

【例7-1】20×7年，某省的人力资源和社会保障部门选定a、b、c三个试点城市开展了下岗失业人员再就业培训。

a市8 000名下岗失业人员全部参加了培训。本次培训聘请了相关高校教师授课，发生授课相关成本（包括教师课酬与教材费等）共计40万元。市人力资源和社会保障局所属的职业技术学校免费为本次培训提供了教学场所。市企业联合会所属的会员企业也为参加培训的所有学员免费提供了实习场所，并选派优秀技工进行现场指导。本次培训未发生其他相关成本。经过再就业培训，a市下岗失业人员最终实现再就业4 500人。

b市6 800名下岗失业人员全部参加了培训。本次培训以聘请相关高校教师授课与岗前技能训练相结合。培训中发生授课相关成本（包括教师课酬与教材费等）共计27.2万元，发生岗前技能训练成本10.2万元。市人力资源和社会保障局所属的职业技术学校免费为本次培训提供了教学场所。本次培训未发生其他相关成本。经过再就业培训，b市下岗失业人员最终实现再就业4 200人。

c市7 500名下岗失业人员全部参加了培训。本次培训以聘请相关高校教师授课与岗前技能训练相结合。培训中发生授课相关成本（包括教师课酬与教材费等）共计20万元，发生岗前技能训练成本7.5万元。市人力资源和社会保障局所属的劳动服务公司为本次培训提供了教学场所，并收取了17.5万元的场地使用费。本次培训未发生其他相关成本。经过再就业培训，c市下岗失业人员最终实现再就业4 000人。

计算人均培训成本与再就业率，并根据成本效益法做出评价。

（1）人均培训成本与再就业率计算。

a市人均培训成本=400 000÷8 000=50（元/人）

a市再就业率=4 500÷8 000×100%=56.25%

b市人均培训成本=374 000÷6 800=55（元/人）

b市再就业率=4 200÷6 800×100%=61.76%

c市人均培训成本=450 000÷7 500=60（元/人）

c市再就业率=4 000÷7 500×100%=53.33%

（2）成本效益分析。

成本是所花费的费用，效益是新就业人数。

---

① 审计署外事司．国外效益审计简介［M］．北京：中国时代经济出版社，2003：168-169．

② http：//blog.sina.com.cn/s/blog_5c2cfefb0100edlj.html，有删改。

a市单位效益人均成本=400 000÷4 500=88.89（元/人）

b市单位效益人均成本=374 000÷4 200=89.05（元/人）

c市单位效益人均成本=450 000÷4 000=112.5（元/人）

说明a市为最佳再就业培训城市。

【例7-2】20×8年X、Y、Z三省政府采购情况如下：X省采购中心全年发生经费支出40万元，全年政府采购预算1 000万元，年终政府采购决算900万元；Y省采购中心全年发生经费支出40万元，全年政府采购预算3 000万元，年终政府采购决算2 600万元；Z省采购中心全年发生经费支出60万元，全年政府采购预算6 000万元，年终政府采购决算5 500万元。

运用成本效益法，计算各省采购节约资金成本率，并分析效益好坏。

（1）各省资金节约率计算。

X省节约资金=1 000−900=100（万元）

X省资金节约率=100÷1 000×100%=10%

Y省节约资金=3 000−2 600=400（万元）

Y省资金节约率=400÷3 000×100%=13.33%

Z省节约资金=6 000−5 500=500（万元）

Z省资金节约率=500÷6 000×100%=8.33%

（2）各省采购节约资金成本率计算。

成本是采购中心费用，效益是节约资金。

X省采购节约资金成本率=100÷40=2.5

Y省采购节约资金成本率=400÷40=10

Z省采购节约资金成本率=500÷60=8.33

Y省节约资金成本率最高，效益最好。

二十、成本效果分析法[①]

成本效果分析是对项目成本和项目成果之间关系的研究，这种关系以每单位成果所消耗的成本来表示。

成本效益分析关注的是各个方案的经济效率，而成本效果分析关注的是实现既定目标的最为经济的手段，或者通过确定的开支所能实现的最大价值。比如，审计人员发现，在接受人均培训成本为1 000欧元的培训以后，20%的失业人员得到了永久性就业机会，而在接受人均培训成本为2 000欧元的培训以后，50%的失业人员得到了永久性就业机会，这是成本效益分析；审计人员发现，在欧盟成员国X，能够使30%的受训人员在接受培训以后得到永久性就业机会的培训项目人均培训成本为140欧元，而在欧盟成员国Y，要取得同样的效果，人均培训成本为1 730欧元，这是成本效果分析。

① 审计署外事司. 国外效益审计简介［M］. 北京：中国时代经济出版社，2003：168−169.

二十一、层次分析法

（一）概念及原理

层次分析法（analytic hierarchy process，AHP），是美国运筹学家、匹兹堡大学教授萨蒂（T. L. Saaty）于20世纪70年代初提出的，是对定性问题进行定量分析的一种简便、灵活而又实用的多目标属性决策方法。该方法的原理是首先把复杂问题中的各种因素划分为相互联系的有序层次，使之条理化，再把专家意见和分析者的判断结果直接而有效地结合起来，对每个层次元素两两比较的重要性进行定量描述，最后利用数学方法计算反映每一层次元素的相对重要性次序的权重，通过所有层次之间的总排序计算所有元素的相对权重并进行排序。

（二）适用范围及应用前提

层次分析法适用于多目标决策。当一个决策受到多个要素的影响，且各要素间存在层次关系，或者有明显的类别划分，同时各指标对最终评价的影响程度无法直接通过足够的数据进行量化计算的时候，就可以使用层次分析法来评价各方案的优劣。

在应用层次分析法时，必须满足以下几个前提：（1）各层次的要素必须是已知的，并且条理清晰，能够按层次区分排列；（2）同一层次中各要素的关系是平等的，且各要素间相互独立，不存在显著的相关性；（3）最底层的指标可以被量化，并能够通过一定的方法测量；（4）需要明确各层次间要素的影响关系。

（三）基本步骤

1.建立层次结构模型

在深入分析实际问题的基础上，将有关的各个因素按照不同属性自上而下地分解成若干层次，同一层次的诸因素从属于上一层次的因素或对上层因素有影响，同时又支配下一层次的因素或受到下层因素的作用。最上层为目标层，通常只有1个因素；最下层通常为方案或对象层；中间可以有一个或几个层次，通常为准则或指标层，当准则过多（譬如多于9个）时应进一步分解出子准则层。

2.构造成对比较阵

从层次结构模型的第2层开始，对于从属于（或影响）上一层次每个因素的同一层次诸因素，用成对比较法和1~9比较尺度构造成对比较阵，直到最下层。

3.计算权向量并做一致性检验

对于每一个成对比较阵计算最大特征根及对应特征向量，利用一致性指标、随机一致性指标和一致性比率做一致性检验。若检验通过，特征向量（归一化后）即为权向量；若不通过，需要重新构造成对比较阵。

4.计算组合权向量并做组合一致性检验

计算最下层对目标的组合权向量，并根据公式做组合一致性检验。若检验通过，则可按照组合权向量表示的结果进行决策，否则需要重新考虑模型或重新构造一致性比率较大的成对比较阵。

（四）应用举例

例如，某人准备选购一台电冰箱，他对市场上6种电冰箱进行了解后，在决定买哪一款时，因为存在许多不可比的因素，所以往往不是直接对电冰箱整体进行比较，而是首先选取一些中间指标进行考查，如电冰箱的容量、制冷级别、价格、型号、耗电量、外界信誉、售后服务等，然后考虑各种型号冰箱在上述各中间指标下的优劣排序，再借助这种排序，最终做出选购决策。在决策时，由于6种电冰箱依据每个中间指标的优劣排序通常是不一致的，因此，决策者首先要对这7个中间指标的重要程度做出估计，给出一种排序，然后把6种电冰箱分别依据每一个中间指标的排序权重找出来，最后把这些信息数据综合起来，得到针对总目标即购买电冰箱的排序权重。有了这个权重向量，决策就很容易了。

二十二、数据包络分析法

（一）概念及原理

如果存在着多项投入要素和多项产出要素，又不可能将它们转化成一个总计的投入值或产出值，这时候就得使用数据包络分析技术来测量效率了。

数据包络分析法（data envelopment analysis，DEA）由查恩斯（Charnes）、库伯（Coopor）和罗兹（Rhodes）于1978年提出，该方法的原理是通过保持决策单元（decision making units，DMU）的输入或者输出不变，借助于数学规划和统计数据确定相对有效的生产前沿面，将各个决策单元投影到DEA的生产前沿面上，并通过比较各个决策单元偏离DEA前沿面的程度来评价它们的相对有效性。

数据包络分析法是以相对效率概念为基础，以凸分析和线性规划为工具的一种评价方法，应用数学规划模型计算比较各个决策单元之间的相对效率，对评价对象做出评价，它能充分考虑对于决策单元本身最优的投入产出方案，因而能够更理想地反映评价对象自身的信息和特点，同时对于分析评价复杂系统的多投入、多产出具有独到之处。现在使用的数据包络分析模型主要有CCR模型、BCC模型、CCGSS模型、CCW模型、CCWH模型。上述模型都可以看作是处理具有多个输入（所关联的输出越小越好）和多个输出（所关联的输入越大越好）的多目标决策问题的方法。

（二）特点及应用领域

数据包络分析法的特点如下：（1）适用于多输出、多输入的有效性综合评价问题，在处理多输出、多输入的有效性评价方面具有绝对优势；（2）并不直接对数据进行综合，因此，决策单元的最优效率指标与投入指标值及产出指标值的量纲选取无关，应用数据包络分析法建立模型前无须对数据进行无量纲化处理；（3）无须任何权重假设，而以决策单元输入、输出的实际数据求得最优权重，排除了很多主观因素，具有很强的客观性；（4）假定每个输入都关联到一个或者多个输出，且输入、输出之间确实存在某种联系，但不必确定这种关系的显式表达式[①]。

---

① http：//wenku.baidu.com/view/ab53ff53f01dc281e53af088.html，有删改。

数据包络分析是运筹学的一个新的研究领域。查恩斯和库伯等人的第一个应用数据包络分析法十分成功的案例，是在评价为弱智儿童开设公立学校项目的同时，描绘出可以反映大规模社会实验结果的研究方法。在评估中，输出包括“自尊”等无形的指标，输入包括父母的照料和父母的文化程度等，无论哪种指标都无法与市场价格相比较，也难以轻易定出适当的权重（权重系数），这也是数据包络分析法的优点之一。

数据包络分析法的优点吸引了众多的应用者，应用范围已扩展到美国军用飞机的飞行、基地维修与保养，以及陆军征兵、城市、银行等方面。日前，这一方法应用的领域正在不断扩大，它也可以被用来研究多种方案之间的相对有效性（如投资项目评价），预测一旦做出决策后该方案的相对效果如何（如新厂建立后相对于已有的一些工厂是否有效）。数据包络分析模型甚至可以用来进行政策评价。

数据包络分析的结果所包含的信息在管理上有着重要的作用。数据包络分析技术所测量的效率是相对于集合分析中所有其他决策单位的效率。通过这样的方法，管理者可以找出效率不高的决策单位，而且能够得到如何提高其效率的数据资料。如果某个决策单位的效率不够理想，数据包络分析可以选取一个决策单位作为实践标准，提出一些战略性建议，帮助该决策单位提高效率。运用这些数据资料，管理者可以做出各类评价，包括一个效率不高的单位在何种程度上没有充分利用或者过度使用了某种投入要素，根据某项产出要素能判定某个单位的效率低下到了何种程度，以及改善现状需要做的工作等。在效率分析中，数据包络分析是一项重要的技术。最高审计机关对这一技术的理解和应用，会为绩效审计结果的客观性和确定性带来积极的影响。相应地，最高审计机关应努力推进这一分析技术的发展。正是出于这一目的，土耳其最高审计机关编制了一本数据包络分析技术手册，已于2001年出版。[①]

（三）应用举例

【例7-3】研究北京、天津、上海、重庆四个直辖市20×0年度的相对生产水平，评估模型的所有输入、输出指标体系如下[②]：

输入——X_1代表固定资产净值年平均余额（亿元）；X_2代表流动资金年平均余额（亿元）；X_3代表从业人员（万人）。

输出——Y_1代表总产值（亿元）；Y_2代表财政收入（亿元）。

样本数据的统计结果见表7-8。

建立模型（略），求得的解见表7-9。

对于非DEA有效的决策单元，可将其投影到DEA前沿面，即把非DEA有效的决策单元变成有效的决策单元，见表7-10。

① 邢俊芳，陈华，邹传华. 最新国外效益审计（上卷）[M]. 北京：中国时代经济出版社，2004：363-369.

② http://wenku.baidu.com/view/9911370e76c66137ee0619e6.html，有删改。

表 7-8 **统计结果**

直辖市	X_1	X_2	X_3	Y_1	Y_2
北京	1 280.46	0.66	622.10	2 478.76	345.00
天津	610.94	0.35	406.70	1 639.36	133.61
上海	1 869.38	15.00	673.10	4 551.15	485.38
重庆	572.59	0.32	1 636.50	1 589.34	87.24

表 7-9 **模型求解**

直辖市	最优值	评价结论
北京	$\theta=1$，$\lambda_1=1$	DEA 有效，规模收益不变
上海	$\theta=1$，$\lambda_2=1$	DEA 有效，规模收益不变
天津	$\theta=0.9134$，$\lambda_3=0.13$	非 DEA 有效，规模收益递增
重庆	$\theta=0.8059$，$\lambda_4=0.07$	非 DEA 有效，规模收益递增

表 7-10 **DMU 转换表**

决策单元	评价指标	原始数据	DEA 前沿面投影
天津	X_1	610.94	558.03
	X_2	0.35	0.32
	X_3	406.70	371.48
重庆	X_1	572.59	461.45
	X_2	0.32	0.26
	X_3	1 636.50	1 318.86

以天津为例，为得到同样的总产值和财政收入，输入可减少到以下程度：固定资产净值年平均余额可以减少到558.03亿元；流动资金年平均余额可以减少到0.32亿元；从业人员可以减少到371.48万人。

下面举例说明数据包络分析模型在审计中的应用①。

【例 7-4】甘雷和库宾在《公共部门的效率测量》一书中对英国的33所地方监狱在1984—1985财政年度的比较效率进行了审查。在效率分析中所考虑的因素包括：（1）人力成本（拘留项目）；（2）人力成本（非拘留项目）；（3）非人力成本（拘留项目）；（4）非人力成本（非拘留项目）；（5）人员超额（在编人数减去实际人数）；（6）犯人服刑期（拘留项目）；（7）犯人服刑期（非拘留项目）；（8）被同监牢的犯人虐待的次数。

① 邢俊芳，陈华，邹传华．最新国外效益审计（上卷）[M]．北京：中国时代经济出版社，2004：363-369．

在该案例中，计算出全部效率值和技术效率值之后，所得结果表明在样本中共有13所监狱的技术效率不够理想。低效率的监狱都有降低经营成本的空间，降幅约为12%。在所有项目中，可节省的部分达到总成本的13.1%。如果以绝对值来看，这意味着其成本超额达3 110万美元。只有11所监狱达到最佳实践标准（即全部效率值为1.0），其规模回归不变值占总效率值的37.4%（全部效率值为29.4，其中最佳实践标准值为11）。最佳实践的目标包括由于规模低效而导致的账户资金额减少。这表明规模低效占到全部成本的将近2/3（约64%）。有17所监狱的经营表现为规模回归上升，5所监狱的经营表现为规模回归下降。可变回归占据优势，表明调整规模经营的政策措施可以从整体上为监狱的日常运作带来实质上的成本削减。

●第二节　绩效审计评价方法

本节介绍绩效审计评价方法，主要包括专家意见法、综合评价法和模糊数学评价法。

一、专家意见法[①]

（一）概念与原理

专家意见法是一种常用的定性调查方法，最早于20世纪60年代由美国兰德公司应用。专家意见法（也称德尔菲法，Delphi method），是采用背对背的通信方式，分别将所需解决的问题单独发送到各个专家手中，征询专家小组成员的预测意见，然后汇总全部专家的意见，并整理出综合意见，随后将该综合意见和预测问题再分别反馈给专家，再次征询意见，各专家依据综合意见修改自己原有的意见，然后再汇总。这样经过几轮征询，专家小组的预测意见趋于集中，最后做出符合市场未来发展趋势的预测。

专家意见法的典型特征如下：吸收专家参与预测，充分利用专家的经验和学识；采用匿名方式，能使每一位专家独立地做出自己的判断；预测过程需要几轮反馈，使专家的意见逐渐趋同。德尔菲法的这些特点使它成为一种最为有效的判断预测法。专家意见法能避免专家会议法的缺点，比如权威人士的意见影响他人的意见；有些专家碍于情面，不愿意发表与他人不同的意见；出于自尊心而不愿意修改自己原来不全面的意见。专家意见法的主要缺点是过程比较复杂，花费时间较长。

（二）具体实施步骤

专家意见法的具体实施步骤如下：

（1）组成专家小组。按照课题所需要的知识范围，确定专家。专家人数的多少可根据预测课题的大小和涉及面的宽窄而定，一般不超过20人。

（2）向所有专家提出所要预测的问题及有关要求，并附上关于这个问题的所有背景材料，同时请专家提出还需要什么材料。然后，由专家做出书面答复。

---

① http://baike.baidu.com/view/41300.htm，有删改。

（3）各个专家根据他们所收到的材料，提出自己的预测意见，并说明自己是怎样利用这些材料做出预测的。

（4）将各位专家第一次判断的意见汇总，列成图表，进行对比，再分发给各位专家，让专家比较自己与他人存在差异的意见，决定是否修改自己的意见。也可以把各位专家的意见加以整理，或请更权威的专家加以评论，然后把这些意见再分送给各位专家，以便他们参考后修改自己的意见。

（5）将所有专家的修改意见收集汇总，再次分发给各位专家，以便作第二次修改。逐轮收集意见并向专家反馈信息是德尔菲法的主要环节。收集意见和信息反馈一般要经过3~4轮。在向专家进行反馈的时候，只给出各种意见，并不说明发表意见的专家的具体姓名。这一过程重复进行，直到每一个专家不再改变自己的意见为止。

（6）对专家的意见进行综合处理。

（三）应用举例

某书刊经销商采用德尔菲法对某一专著销售量进行预测。该经销商首先选择若干书店经理、书评家、读者、编审、销售代表和海外公司经理组成专家小组。将该专著和一些相应的背景材料发给各位专家，要求大家给出该专著最低销售量、最可能销售量和最高销售量三个数字，同时说明自己做出判断的主要理由。将专家们的意见收集起来，归纳整理后返回给各位专家，然后要求专家们参考他人的意见对自己的预测重新考虑。专家们完成第一次预测并得到第一次预测的汇总结果以后，除书店经理B外，其他专家在第二次预测中都作了不同程度的修正。重复进行，在第三次预测中，大多数专家又一次修改了自己的看法。第四次预测时，所有专家都不再修改自己的意见。因此，专家意见收集过程在第四次以后停止。最终预测结果为最低销售量26万册，最高销售量60万册，最可能销售量46万册。

德尔菲法作为一种主观、定性的方法，不仅可以应用于预测领域，而且可以广泛应用于各种评价指标体系的建立和具体指标的确定过程。

例如，我们在考虑一项投资项目时，需要对该项目的市场吸引力做出评价。我们可以列出与市场吸引力有关的若干因素，包括整体市场规模、年市场增长率、历史毛利率、竞争强度、技术要求、对能源的要求、对环境的影响等。市场吸引力这一综合指标就等于上述因素加权求和。每一个因素在构成市场吸引力时的重要性（即权重）和该因素的得分，需要根据管理人员的主观判断来确定。这时，我们同样可以采用德尔菲法。

二、综合评价法[①]

（一）概念与原理

运用多个指标对多个参评单位进行评价的方法称为多指标综合评价方法，简称综合评价法。其基本思想是通过一定的数学模型，将多个评价指标值转化为一个能够反映整体情况的综合评价指标值来进行评价。综合评价法包括主成分分析法、数

① http://baike.baidu.com/view/1587756.htm.

据包络分析法、模糊评价法等。如不同国家经济实力、不同地区社会发展水平、小康生活水平达标进程、企业经济效益评价等，都可以应用综合评价法。

（二）综合评价法的要素

综合评价法的要素主要有：

（1）评价者。评价者可以是某个人或某个团体。评价目的的给定、评价指标的建立、评价模型的选择、权重系数的确定都与评价者有关。因此，评价者在评价过程中的作用是不可轻视的。

（2）被评价对象。随着综合评价技术理论的深化与实践活动的开展，评价的领域也从最初的各行各业经济统计综合评价拓展到后来的技术水平、生活质量、小康水平、社会发展、环境质量、竞争能力、综合国力、绩效考评等方面。这些都能构成被评价对象。

（3）评价指标。评价指标体系是从多个视角和层次反映特定评价客体数量规模与数量水平的。它是一个“具体—抽象—具体”的辩证逻辑思维过程，是人们对现象总体数量特征的认识逐步深化、求精、完善、系统化的过程。

（4）权重系数。相对于某种评价目的来说，评价指标的相对重要性是不同的。权重系数确定得合理与否，关系到综合评价结果的可信程度。

（5）综合评价模型。

（三）步骤

综合评价法的步骤如下：（1）确定综合评价指标体系，这是综合评价的基础和依据；（2）收集数据，并对不同计量单位的指标数据进行同度量处理；（3）确定指标体系中各指标的权数，以保证评价的科学性；（4）对经过处理后的指标再进行汇总，计算出综合评价指数或综合评价分值；（5）根据评价指数或综合评价分值对参评单位进行排序，并由此得出结论。

（四）综合评价指标值的计算方法

综合评价指标值的计算方法主要有打分综合法、打分排队法、综合指数法、功效系数法等。

三、模糊数学评价法①

（一）概念和原理

模糊数学评价法就是先从定性的模糊选择入手，然后通过模糊变换原理进行运算，取得结果。考虑到一些因素的确定是模糊的，也就是在确定各因素指标体系之后对各因素指标不作定量处理，由评估专家对各因素指标进行模糊选择，统计出专家群体对各评估因素指标体系的选择结果，再按照所建立的数学模型进行计算。

（二）模糊数学评价法的内容与步骤

首先建立模糊数学综合评价的模式，然后将复杂的评价问题演变为一个较为简便的模糊变换。

---

① 陈娟，吴开徽．企业资信的模糊数学评价方法［J］．工科数学，2001，17（4）：21-24．

设X是评价因素集，即：

$X=\{x_1, x_2, \cdots, x_n\}$

Y是评价水平等级决策集，即：

$Y=\{y_1, y_2, \cdots, y_n\}$

对于任意的$x_i \in X$，$y_i \in Y$，表示x_i在y_i上的特征指标（可能程度）。对于每个x_i得到一组（r_{i1}，r_{i2}，…，r_{im}）（i=1，2，…，n），是x_i关于Y的特征指标。再以这几组特征指标作为行组成n×m的矩阵R=（r_{ij}）n×m（如下所示矩阵），就得到模糊关系矩阵，称为单因素评价矩阵。

$$R=\begin{vmatrix} r_{11} & r_{12} & \cdots & r_{1j} & \cdots & r_{1n} \\ r_{21} & r_{22} & \cdots & r_{2j} & \cdots & r_{2n} \\ \vdots & \vdots & \ddots & \vdots & \ddots & \vdots \\ r_{i1} & r_{i2} & \cdots & r_{ij} & \cdots & r_{in} \\ \vdots & \vdots & \ddots & \vdots & \ddots & \vdots \\ r_{m1} & r_{m2} & \cdots & r_{mj} & \cdots & r_{mn} \end{vmatrix}$$

其中，r_{ij}表示第i个评价因素隶属于第j个评价水平等级的可能程度。i=1，2，…，m；j=1，2，…，n。

先用X上的模糊集K=（k_1，k_2，…，k_n）表示权重分配，即k_i是因素x_i的数量指标，由A=K·R，经计算得A=（a_1，a_2，…，a_n），表示决策集上各种决策的可能性系数。再用最大隶属度原则选择最大的a_j对应y_i作为评价结果。

$$A=K\cdot R=(k_1, k_2, \cdots, k_n)\begin{vmatrix} r_{11} & r_{12} & \cdots & r_{1j} & \cdots & r_{1n} \\ r_{21} & r_{22} & \cdots & r_{2j} & \cdots & r_{2n} \\ \vdots & \vdots & \ddots & \vdots & \ddots & \vdots \\ r_{i1} & r_{i2} & \cdots & r_{ij} & \cdots & r_{in} \\ \vdots & \vdots & \ddots & \vdots & \ddots & \vdots \\ r_{m1} & r_{m2} & \cdots & r_{mj} & \cdots & r_{mn} \end{vmatrix}=(a_1, a_2, \cdots, a_n),\ \sum_{i=1}^{m} a = 1$$

模糊数学评价法包括一级评价模型和多级评价模型。

复习思考题

1.绩效审计分析方法有哪些？

2.绩效审计评价方法有哪些？

第八章

绩效审计后续跟踪审计方法

主要知识点

从事绩效审计的目的在于促进被审计单位改进管理，因此，绩效审计要发挥作用，就要确保针对绩效审计中发现的问题提出合理适当的对策建议，并确保这些对策建议得到贯彻落实，由此就产生了后续跟踪检查的需要，即要开展绩效审计后续跟踪审计。本章介绍了绩效审计后续跟踪审计的含义、内容与步骤，对绩效审计后续跟踪审计的各种审计技术作了详细说明。本章主要内容包括：绩效审计后续跟踪审计概述；绩效审计后续跟踪审计的工作内容与步骤；绩效审计后续跟踪审计技术。

关键概念

绩效审计影响；绩效审计后续跟踪审计；绩效审计后续跟踪审计技术

●第一节　绩效审计后续跟踪审计概述

一、绩效审计后续跟踪审计的含义

绩效审计后续跟踪审计是指审计人员下达审计意见和建议，要求被审计单位对有关问题进行整改，在报送审计报告后经过一段合理的时间，为检查被审计单位对审计处理决定和建议的落实情况而实施的跟踪检查监督。审计人员通过绩效审计后续跟踪审计，审查被审计单位是否执行了审计意见和建议，是否对审计过程中发现的问题采取了适当的纠正措施与积极行动，评价被审计单位所采取的纠正行动的结果以及针对有关问题的改进是否取得了理想的效果，并按照审计管理规定向有关单位报告审计结果。

绩效审计后续跟踪审计的目的是评价审计意见或建议的执行结果，了解被审计单位对审计报告中提出的问题是否采取了有效措施。其作用是促进被审计单位对审计发现的问题及时采取合理、有效的纠正措施，从而达到改善被审计单位运营管理、促进绩效提升的绩效审计目的。

绩效审计能否发挥作用取决于三个因素，即审计过程中发现了应当解决的问题、针对发现的问题提出了合理的对策建议、审计提出的对策建议能够由被审计单位落到实处。为确保绩效审计发挥作用，后续跟踪审计主要包括：检查审计结论中所提出的改进意见和建议是否可行并符合实际；审计结论及提出的改进措施是否被执行，实现的效果如何，审查被审计单位有无未解决或依然存在的问题，审计结论中有无不切合实际之处致使审计结论未能落实；修正与客观情况不相适应的审计意见和建议。

在理解绩效审计后续跟踪审计时要注意以下两点内容：

1.绩效审计后续跟踪审计是一种重要的后续检查方式

后续跟踪审计是在审计结束，提出审计意见和建议后进行的一种审查监督，主要是对审计效果的后续跟踪检查，是对审计处理决定和建议的落实、采纳情况进行检查。首先，审计人员应该针对每一项建议，检查其是否被采纳。如果审计人员发现被审计单位没有采纳审计建议，应该分析其中的原因，确认是建议本身不恰当，还是被审计单位的主观或客观原因使然。对于已经采纳的审计建议，审计人员应该对被审计单位根据审计建议采取措施进行整改所产生的效果进行分析，评价审计产生的影响或者效果。在评估和分析过程中，审计人员可以采用定性、定量或者定性和定量相结合的方法，不仅要考虑采纳审计建议所带来的成本节约等经济效果，也要考虑效率提高、管理改善等非经济方面的效果，还包括政治、社会等其他方面的效果。例如，某省审计厅在开展全省社会保障资金审计过程中发现，许多地方社保基金参保率较低，原因在于宣传力度不够，因此提出加大政策宣传力度的审计建议。在后续跟踪审计过程中，审计人员要审查的是加大政策宣传力度能否提高参保率，因为影响参保率的因素还有很多，如缴费金额高等。再如，某市审计局开展了公车改革的绩效审计，在审计报告中提出了公务用车分配货币化的对策建议。然而，在其建议对策中仅仅提出交通补贴的发放形式，诸如按月发放现金、一次性发放现金和包干使用等形式，有关该市公车的具体使用情况、如何设计发放形式及发放标准等没有涉及，因此，这种建议不具备可行性。

对审计效果的后续跟踪检查可以通过三种方式进行。第一种是通过与被审计单位保持联系，及时了解被审计单位有关情况，取得被审计单位对审计报告理解和采纳情况的反馈，以实现后续跟踪的目标。第二种是桌面复核，即审计人员对被审计单位不作广泛的现场检查，只进行一些简单的复核。当审计项目属于局部问题，审计工作刚完成不久时，常采用此种方式。第三种是进驻被审计单位进行后续跟踪审计，即针对被审计单位根据审计建议进行整改的情况进行的专门审计。一般来讲，当需要现场观察获取相关审计证据或审计项目重要性程度较高，或者对实施审计建议时间较长的项目进行审计时，应当采取第三种审计方式。

通过后续跟踪审计，审计人员可以检查审计建议是否恰当和有效，验证审计结论的正确性，它是评价绩效审计工作质量和效果的重要环节。因为绩效审计的目的就是要促使被审计单位提高管理效益，所以在绩效审计结束后的一定时期内，审计部门要对被审计单位落实审计建议的情况进行检查和评价，检查其对审计建议的落实是否到位，必要时还需考虑是否有必要对其开展后续跟踪审计，以追踪检查审计建议的落实情况，确保绩效审计真正发挥作用。

2.绩效审计更加突出强调后续跟踪审计

绩效审计与传统财务收支审计最重要的区别之一就是非常重视后续跟踪审计。传统财务审计或合规性审计，主要目的是对被审计单位财务资料记录的真实性、所反映的经济活动的合法性、经济活动记录符合会计准则制度的合规性所进行的审查评价，以发现财务资料不实、经济活动违法、违反会计准则制度的现象，并提出整改意见和建议。可见，传统财务审计或合规性审计所强调的是一种面向已发生经济活动或事项的监督纠正，较少涉及被审计单位管理体制等深层次问题，也较少涉及被审计单位经济决策科学性、经济活动规律性等问题。因此，传统财务审计的后续跟踪审计只需要针对已经发生的违法、违规、违纪问题的处理决定是否得到落实，对有关责任人的责任追究是否到位等，更强调监督。

比较而言，绩效审计的主要目的是提高被审计单位的经营管理水平，侧重于发现被审计单位经营管理中存在的制度缺陷、执行不力、决策不科学等问题。审计人员提出的审计意见和建议也大多针对被审计单位管理体制等深层次问题，而这些深层次问题可能由于没有导致严重的经济活动后果而不为被审计单位管理层所重视，由此可见，绩效审计更加强调面向未来的服务功能，因此必须更加重视被审计单位对于审计意见和建议的落实整改情况。

从国外政府绩效审计开展实践来看，绩效审计发挥职能作用，主要体现在审计作业过程和后续跟踪审计两个方面。审计人员在从事绩效审计过程中，就有关审计发现、审计标准等与被审计单位进行充分的交流，利用专业知识、能力优势，传递最佳经营管理实务经验和知识，从而促进被审计单位改进经营管理。例如，在美国，审计机关每年要与被审计单位的主管人员至少沟通一次，以便确认被审计单位是否已根据审计建议采取了具体行动，同时，对被审计单位解决问题的进展情况进行非正式跟踪，以确保被审计单位实施审计建议时不会虎头蛇尾。在加拿大，自1955年以来，审计长公署便有了一套实施后续跟踪审计的制度体系，审计长向议会报告某项审计发现，一般在2年后要开展对这些事项的后续跟踪审计，并将结果公布在当年提交议会的年度报告中。

二、开展绩效审计后续跟踪审计的意义

为了确定被审计项目的改进情况，审计机关有必要在被审计单位就绩效审计报告做出答复之后的一段时间内，对审计项目进行后续的跟踪检查，确定整改计划的

落实情况。后续跟踪审计对于帮助被审计单位加强整改，维护审计的权威和提高审计工作质量等，都具有重要意义。

首先，通过后续跟踪审计，可以督促被审计单位采取积极措施，有效执行审计报告，落实审计意见和建议，从而促进被审计单位改进经营管理，切实发挥绩效审计的作用。国家审计机关应查明被审计的国有企业和政府机构在纠正缺陷与改进制度方面采取的行动。如果没有取得满意的进展，应当再度提出报告。实践中，一些被审计单位可能对落实审计决定、纠正违纪、违规问题采取阳奉阴违的态度。一方面，在落实审计决定时，不按照审计决定的要求对违纪、违规问题进行纠正；另一方面，在纠正后仍照犯不误，呈现出我行我素的态势。因此，后续跟踪检查在绩效审计中占有特殊的地位。如果被审计单位或其主管部门对审计建议不予重视，或将审计报告束之高阁，绩效审计也就无法发挥作用。只有强化对审计建议落实情况的跟踪检查，才能促进有关单位和部门认真执行绩效审计结论，确保绩效审计成效得以充分发挥。

被审计单位针对审计结果不予整改和落实的主要原因有[①]：（1）被审计单位带有明显的故意性，导致违纪、违规问题的复发。一方面，被审计单位负责人和财会人员是熟悉财经法规和有关财务制度的，而违纪、违规问题是违反财经法规和有关财务制度的，是不应该发生的。另一方面，在审计机关发现并查处时，已经指明了错误的性质并明确要求其予以纠正。但是，由于遵纪守法的意识不强或处罚力度不够，为追求本单位或小团体的利益，一些被审计单位不惜违反财经法规和财务制度，弄虚作假、损公肥私，在违纪、违规问题被查处后，甘愿冒受进一步处罚的风险，新任领导继续照犯不误或采取变通的方法致使原有问题依然存在。（2）执法力度弱化，助长了违纪、违规问题的复发。受主客观因素的影响，一些审计部门执法力度不强，对违纪、违规问题重处理、轻处罚，有的甚至只处理、不处罚。比如，对漏缴的收入只给予补缴的处理或象征性给予处罚，该纠正的问题只要求纠正而不给予处罚等，甚至为照顾被审计单位领导的情绪或应其要求，对查出的问题避重就轻，对严重违纪、违规问题未做出准确的定性和正确的处理。

其次，通过后续跟踪审计，可以检查和评定绩效审计项目的质量和效果，为加强审计项目管理和质量控制提供了依据。审计人员通常依据审计发现和专业知识对被审计单位提出审计意见和建议，但审计发现和专业知识有可能与被审计单位的客观情况和最佳管理实践不相符，因此，除了审计人员应当与被审计单位充分沟通外，审计人员提出的审计意见和建议的最终可行性、科学性等还取决于实践应用效果。通过后续跟踪审计获得审计意见和建议的实施情况，可以为审计项目管理和审计质量控制提供依据。在后续跟踪审计中，审计人员需要做好两方面的工作：一是对审计质量进行检查和评价，及时总结审计项目执行过程中的经验和教训，不断提高绩效审计质量控制水平；二是对审计效果进行检查和评价，促进被审计单位改进

① 张懋．高校领导干部经济责任审计研究［D］．重庆：西南农业大学，2004．

管理，提高使用公共资源的效率、效益和效果。

最后，通过后续跟踪审计，可以全面客观地总结审计经验，为审计人员汲取知识、积累经验和改进审计实务提供有效途径，为学习和发展提供机会。绩效审计在审计标准、审计目标等方面都与传统合规审计有所不同，是在传统合规审计基础上的延伸，更多地依赖于审计人员的专业判断。而审计人员的专业判断要求审计人员具备良好的知识结构和思维能力，由此对审计人员提出了较高要求。对于审计人员来说，了解审计建议和意见的落实整改情况，可以进一步促使审计人员了解管理实践，掌握管理技能，改善专业知识结构，有助于审计人员进一步学习和积累经验。

●第二节　绩效审计后续跟踪审计的工作内容与步骤

一、确认绩效审计影响

绩效审计后续跟踪审计的目标主要是审查被审计单位按照审计报告所提出的意见和建议而采取的措施的及时性与有效性，并对实施效果进行评价。在后续跟踪审计阶段，审计人员主要完成两方面的工作：一是分析和确认绩效审计影响，并对被审计单位执行审计建议的情况做出评价和反映；二是采取事后监督等措施，检查和评价审计质量，全面总结经验和教训。

绩效审计影响，是指被审计单位通过实施绩效审计而发生的变化或改进，以及产生的社会效应。绩效审计影响包括三个方面：（1）量化的经济影响。这类影响主要表现为绩效审计在促进管理改善、绩效改进方面能够量化的影响。例如，被审计单位采纳绩效审计建议后，以较低的成本采购到符合质量规定的材料所能够节约的金额。再如，被审计单位根据审计意见加强存货管理所能减少的存货缺失等。（2）量化的非经济影响。这类影响主要表现为被审计单位通过实施绩效审计所体现的不能以货币定量表述的绩效改进，如服务满意度的提升、公共服务提供的次数增加等。这些影响虽然不能以货币来计量，但可以采用统计等方法，用数字来衡量部分整改情况。（3）质的影响。这类影响主要表现为被审计单位通过实施绩效审计改进资源运用的效果性。也就是说，根据绩效审计建议，被审计单位在制订和实施计划、设定和实现目标、管理和分配资源、提供和完善服务等方面采取的改进措施。①

分析和确认绩效审计影响是绩效审计的标准程序之一。实践中，尽管审计涉及绩效的诸多方面，但作为衡量绩效审计工作成果的一个关键且容易识别的指标，就是通过绩效审计所能确认的资金节约水平。同时，为了保证正确确认审计影响，审计人员应当运用专业知识，确定已存在的影响，并控制潜在的影响。

在后续跟踪审计阶段，审计机关确认审计影响的步骤如下：（1）评价被审计单位根据审计机关所出具的审计报告提出的审计建议和意见而采取的措施。（2）检查

① 罗美富，李季泽，章轲．英国绩效审计［M］．北京：中国时代经济出版社，2005．

审计报告或审计意见决定书，将被审计单位采取的改进措施与审计报告或审计意见书的建议相对比，或与被审计单位所作的承诺相对比。只有当被审计单位已经按照所做的承诺采取措施，并发生有益变化时，绩效审计的影响才得以实现。(3) 持续关注被审计单位的整改措施落实情况和绩效改善状况。(4) 记录并确认影响。审计机关应当汇总有关审计影响的反馈信息，并把控制和收集潜在影响信息的工作贯穿于整个年度。

二、事后监督①

实施建设性的事后监督和质量保证工作，是后续跟踪审计阶段第一项重要工作内容。在此过程中，审计人员不仅要检查和评价审计工作质量，总结经验教训，而且要采取适当的方式，将事后监督活动的证明材料提交给主管领导或上级主管部门。事后监督的方式主要有新闻媒体报道、外部监督、征求被审计单位反馈意见和审计组复核。

1.新闻媒体报道

审计机关在实施绩效审计后应当及时完成审计报告，并视情况向社会公布。审计报告公布后，审计机关应当汇总媒体对审计报告的报道情况，列示报道数量、对审计报告感兴趣的媒体类别及报道的语气等，以不断总结经验，提出改进方案，加大媒体对同类审计报告报道的力度。

2.外部监督

外部监督机构通常是由某个技术领域有声望的专家组成的学术团队，或从多个领域组织专家成立专家组，然后由这些专家对绩效审计报告的质量做出评价。外部专家对绩效审计报告质量的评价主要侧重于政策和管理背景、结构安排及语言表述、图表和统计资料、审计范围、审计方法、审计结论、审计建议及审计报告的总体水平等。

3.征求被审计单位反馈意见

审计人员在审计报告发出之后，可以采取多种方式征求被审计单位的反馈意见。例如，通过与被审计单位管理人员、财务主管等进行沟通，就审计工作的组织管理是否科学合理、审计人员专业水平、绩效审计实现的影响和效果问题，从被审计单位获取审计过程和审计结果的第一手反馈资料，并就绩效审计的做法和成果进行深入的探讨。

4.审计组复核

审计报告发布后，根据上述三种事后监督结果，审计组应当展开以总结经验教训为主要目的的审计复核工作。在复核过程中，审计组要完成两项工作内容。一是确定哪些工作完成得好，哪些工作完成得不好，原因分别是什么，今后这些类别的项目审计乃至所有绩效审计应吸取哪些教训。二是确认与审计项目有关的主要文件，并纳入审计档案管理。审计文件不仅记录审计过程中有价值的信息，而且对未

① 罗美富，李季泽，章轲. 英国绩效审计［M］. 北京：中国时代经济出版社，2005.

来的审计工作产生重要影响，应妥善保存和检查。当所有的事后监督工作完成后，审计组应当编制检查工作底稿，并提交给主管部门或人员。

三、后续跟踪审计

开展绩效审计的最终目的是促进被审计单位健全各项制度，改善运营管理，从而获得价值增值，产生良好的社会影响，因此，审计人员有必要查明其在审计报告中根据审计发现所提出的意见或建议的落实情况及效果。

审计人员应当取得审计整改说明书，获取被审计单位整改措施的书面资料以及被审计单位对措施效果的评价和分析报告，以查明被审计单位是否针对审计意见和建议采取了相应的措施。

审计人员在评价被审计单位采取的改进措施的基础上，根据采取的措施判断被审计单位对审计意见和建议是否存在误解或异议，对存在误解和异议的审计意见和建议应重点审查（在审计报告阶段就存在异议的审计建议也应作为审计重点）。

在后续跟踪审计阶段，审计人员应当评价被审计单位即将采取的措施的可行性。对已经采取的措施和与重大审计发现有关的事项要进行现场审计，审查是否存在未解决或依然存在的问题，查明这些问题的存在是被审计单位的原因导致还是审计结论有不切实际之处。审计人员对被审计单位采取措施的效果的评价方法与前述审计测试相同。审计人员完成绩效审计后续跟踪审计后，应当撰写后续跟踪审计报告，报告后续跟踪审计结果。

四、绩效审计后续跟踪审计步骤

绩效审计的一般过程包括审计计划、审计实施、审计意见或决定下达、审计报告报出。后续跟踪审计下达的审计决定或审计意见要求被审计单位进行整改，并向审计机关或人员报送审计整改情况说明书。审计整改情况说明书是被审计单位对审计报告提出的审计发现和建议做出答复的一种书面文件，是执行审计决定或审计意见的一种强制性要求。后续跟踪审计业务始于被审计单位报送审计整改情况说明书。在开展后续跟踪审计前，审计部门要做好准备，认真收集审计期间的各类审计决定或审计意见，充分掌握资料，列出后续跟踪审计清单，将后续跟踪审计任务分解落实到审计人员，为现场审计打下基础。当审计部门收到被审计单位书面回复后，即可着手执行以下步骤：

（一）审查阅读审计整改情况说明书

在规定的整改期限内向审计部门报告存在问题的整改情况，是落实审计决定的具体体现。按照绩效审计程序，审计部门或审计小组在出具审计决定或审计意见后，应当要求被审计单位就落实审计决定或审计意见情况撰写书面说明，并提交审计部门或审计小组。

审计部门或审计小组在接到被审计单位提交的审计整改情况说明书时，应当仔细审查阅读，并特别注意存在下述情况的审计发现：（1）回复不具体、不完整。被审计单位没有就审计决定或审计意见要求进行全面说明。对整改报告中已经整改的问题，要分析被审计单位整改的方法是否正确、措施是否有效、整改是否彻底。

（2）被审计单位有异议或误解。被审计单位对审计决定或审计意见理解有差异，将直接导致审计决定或审计意见无法得到落实。（3）被审计单位明确说明将不会采取任何整改措施。对于下达的审计意见或审计建议所提出的措施，被审计单位可能以充足的理由明确说明不予整改。当出现这种情况时，审计人员应当以审计报告为依据，审阅被审计单位书面说明，在此基础上决定针对哪些事项需要与被审计单位探讨或澄清，针对哪些事项需要进行现场审查。

（二）交换意见

审计人员应当通过面谈或电话询问的方式与被审计单位探讨审计整改情况说明书中不清楚或未作回复的部分，并澄清有异议或被误解的审计发现或建议。在面谈或电话询问中，审计人员应当注意使用恰当的技巧解决问题，澄清误会。

审计人员在进行后续跟踪审计时，对被审计单位审计整改情况说明书中明确说明已经整改的问题，要关注其真实性和有效性，主要分为以下三种情况：一是检查被审计单位已实际采取的纠正措施是否正确，有无不按审计意见整改，或整改了一个问题却又产生新的问题的情况；二是将被审计单位实际采取的纠正措施（纠正措施的运行情况）与审计回复中所述的已经采取的措施（纠正措施的书面记录）相比较，检查二者是否一致；三是检查是否存在弄虚作假行为，即是否存在实际并未整改而审计回复称已经整改的情况。

审计人员应当将审计决定规定的整改期限内未整改到位的问题作为后续跟踪审计的重点，并在后续跟踪审计过程中做好审计工作记录，形成审计工作底稿。对未整改的，要实事求是地进行分析，查明未整改的原因：对主观故意不进行整改的，在交换审计意见时要督促其落实整改责任；对由于历史遗留问题等客观原因导致未整改到位的，要说明情况并制订翔实的整改方案；对因政策变化使问题不必要整改的，不应作为未整改问题；对审计机构在对被审计单位实施审计过程中由于某种原因出现漏审等造成审计意见错误的，应在后续跟踪审计时及时修正。

（三）现场审计

审计人员应对整改措施和与重大审计发现有关的事项进行现场审计。执行现场审计的时间取决于事项的严重程度和后续跟踪审计的工作环境。现场审计的方法包括审阅、检查与纠正措施有关的文件，以及询问、直接观察、核对等审计取证方法。在后续现场审计过程中，审计人员应当按照审计准则要求执行审计任务，收集审计证据，填制审计工作底稿，并将审计工作底稿及报告等资料归档保管。

为有效规避审计风险，在后续跟踪审计过程中，审计人员要认真填制审计工作底稿。后续跟踪审计证据资料主要来源于四个方面：（1）审计人员自身执行审计工作所产生的记录，包括工作信件以及描述后续跟踪审计性质及结果的记录，如审计工作底稿、取得的被审计单位的资料、调阅资料清单等。其中，审计工作底稿的记载与常规的审计有所不同。在后续跟踪审计中，审计人员主要对绩效审计结论中的审计建议或审计发现进行审计，在审计工作底稿中要明确记载检查的问题出自哪个审计结论等。（2）对被审计单位的审计意见等结论性资料。（3）被审计单位以审计整改情况说明书的形式产生的书面记录，包括对计划采取纠正措施的描述及实际中已对审计报告中确认的审计发现采取整改措施的文字资料等。（4）各种审计检查取证资料。对于已经整改的重要问题所进行的复印、记录等调查取证资料，也要作为后续跟踪审计证据资料进行收集归档保存。

（四）报告后续跟踪审计结果

后续跟踪审计报告是对后续跟踪审计的工作总结，也是对绩效审计工作效果的反映。后续跟踪审计报告要说明后续跟踪审计的目的，重申以前的审计发现和审计建议，概括被审计单位所采取的纠正措施、后续跟踪审计的审查结果以及审计人员对纠正措施的评价。

审计人员完成后续跟踪审计后，应当认真收集整理好各类后续跟踪审计证据资料，连同审计报告、领导批示等资料归档管理，以便索引查阅。审计人员应将后续跟踪审计报告提交被审计单位，以便被审计单位管理部门做出进一步的管理决策。

后续跟踪审计顺利实施的关键前提在于审计部门、被审计单位与其主管部门三方之间的通力合作。其中，被审计单位有责任保证所采取的措施是针对报告中提到的缺陷，有关行动已完成并及时、全面地纠正了存在的问题，补救措施将持续地发挥作用。上级主管部门应检查并鼓励被审计单位对审计报告做出恰当的回复。上级主管部门应当依照管理职责权限，监督检查被审计单位依照审计决定或审计意见所进行的整改活动，并监控后续跟踪审计的过程，同时避免干涉审计人员的后续跟踪审计工作，以确保审计执行及审计结论的客观性和独立性。当三个实体都能各自发挥作用时，后续跟踪审计的质量就能得到保障，并形成有效的沟通和合作氛围，后续跟踪审计就能顺利进行并实现工作目标。

绩效审计后续跟踪审计程序如图8-1所示。

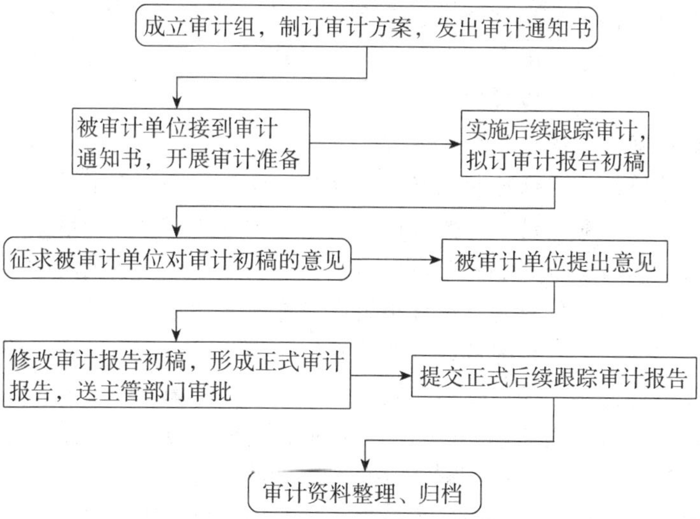

图8-1　绩效审计后续跟踪审计程序图

第三节　绩效审计后续跟踪审计技术

通过后续跟踪审计，审计人员能够确保审计发现和审计意见得到落实，从而发挥审计的服务、建设性作用，进而有助于实现审计目标。后续跟踪审计所采用的审计方法包括常规审计中运用的各种审计方法，同时，绩效审计后续跟踪审计根据自身的特点和具体的需要还要采用一些特殊的方法。

一、确定后续跟踪审计项目的方法

后续跟踪审计具有从属性。从属性的含义是，后续跟踪审计是在审计报告报送的审计意见和审计决定发出之后，针对审计意见和审计决定是否得到落实而进行的审查评价。并不是对于所有的审计项目都要进行后续跟踪审计，也不是对于所有的审计意见和审计决定都要进行后续跟踪审计。

后续跟踪审计项目的确定应当遵循以下方法：（1）后续跟踪审计项目的对象应当是重要项目。根据成本效益原则和重要性原则，对次要的、无重大影响的项目可以不进行后续跟踪审计。重要性原则是相对的，审计人员应当根据实际情况确定后续跟踪审计项目的重要程度。一般来说，有全局性影响、损失浪费较为严重、有关键控制缺陷、会导致潜在重大风险的项目等应当被视为重要项目。（2）审计人员应当考虑后续跟踪审计项目审查所要花费的成本。审计人员应当综合考虑专业技术能力、跟踪审计项目业务性质等，确定后续跟踪审计的取证成本。对于需要外部专家知识、特殊审计项目等，审计取证和评价需要的成本相对较高。审计人员应当权衡后续跟踪审计成本与后续跟踪审计收益，确定后续跟踪审计项目。（3）审计人员应当考虑后续跟踪审计持续的时间。在选择后续跟踪审计项目时，审计人员要考虑到后续跟踪审计的时间不宜间隔太长。如间隔太长，一方面会使管理者缺乏紧迫感，消极对待审计意见和审计决定，另一方面会使审计意见和审计决定可能因生产经营活动发生重大变化而失去应有的作用。

审计人员在确定后续跟踪审计范围时，应分析原有审计决定和建议是否仍然可行，如果被审计单位的内部控制或其他因素发生变化，使原有审计决定和建议不再适用时，审计人员应对其进行必要的修订。对已采取纠正措施的事项，审计人员应当判断是否需要深入检查，必要时可提出应在下次审计中予以关注的事项。

确定后续跟踪审计任务后，审计小组应当撰写后续跟踪审计方案，以作为后续跟踪审计工作依据。后续跟踪审计方案没有统一格式要求，但通常应当包括以下内容：后续跟踪审计方案的编制依据；被审计单位的名称和基本情况；上次审计意见及整改落实情况；后续跟踪审计的目标、范围、内容、重点和实施步骤；审计组人员组成、分工和审计时间安排；审计方案编制人员和编制日期。相对于常规的审计来说，后续跟踪审计的方案应当体现较强的针对性。后续跟踪审计方案的编制应主要考虑审计决定和建议的重要性、纠正措施的复杂性、落实纠正措施所需要的期限和成本、纠正措施失败可能产生的影响以及被审计单位的业务安排、时间要求等因素。

二、现场审计的方法

后续跟踪审计程序主要是审计结束后的后续监督，对审计决定和审计建议的执行与整改情况进行监督检查。它是绩效审计成果的体现，可以减少屡审屡犯现象的发生。严格地说，后续跟踪审计不是一项独立的审计，仅仅是审计过程的一个组成部分。[①]常规的绩效审计方法（如审阅法、面询法、观察法、调查法、函询法、复算法、分析性复核、统计抽样等）仍然适用于后续跟踪审计，但后续跟踪审计还有其独特的方法。

（一）调查法[②][③]

调查法是一种用于在某个审计领域中收集信息的方法，可用于收集题材广泛的数据资料。调查法所收集的信息既可从统计的角度反映某个审计领域的情况，也可从总体上揭示不符合规范的情况。调查法适用于需要从大量人员中获取关于某一具体问题的量化信息，特别是通过其他方式不容易获得并且对于证实观点具有重要参考价值的信息。在绩效审计后续跟踪审计中大量使用调查法，可以从比较分散的群体中获取对某一事项的评价意见。

由于调查对象不同，调查总体、抽样规模、管理方法等都有很大的差别，从而决定了所采用的调查方法的类型也有所差别。具体来讲，调查法按照调查实施的范围对象可分为全面调查和抽样调查。

调查程序一般包括下列八个步骤：（1）明确调查的具体目标；（2）研究调查主题；（3）制订调查计划；（4）设计调查问卷；（5）测试调查问卷；（6）调查实施的管理；（7）分析调查发现的情况；（8）报告调查情况。

调查时要根据被审计事项，采用适当的抽样方法，确定要调查的对象，然后向这些调查对象邮寄问卷、进行电话调查或者当面询问。如英国审计署在对苏格兰博物馆和艺术馆的服务与收藏品的安全性进行审计时就使用这一方法进行调查，以获取公众的评价意见。当使用这种方法时，审计人员需要对调查内容和问卷进行精心设计，并对反馈资料进行科学的归类分析。

实践中可以采用的对个体进行调查最常见的方法包括调查问卷法、结构化或半结构化面对面访谈法以及结构化电话访谈法，每种方法都有其优缺点。

1.调查问卷法

调查问卷法是审计人员根据绩效审计后续跟踪审计目标，将审计取证内容设计成调查问卷，向利益相关者发放，通过回收问卷并整理统计结果获得审计证据的一种方法。调查问卷法的主要优势在于调查对象广，使用成本较低，因此，可以减少审计人员配置以及可能发生的差旅费用。调查问卷法的另一个优势是，调查问卷的格式化设计可以消除因被调查人员差异可能导致的信息偏差，使得所获取的信息具

---

① 田占江．政府投资项目绩效审计研究［D］．西安：西安建筑科技大学，2009．
② 罗美富，李季泽，章轲．英国绩效审计［M］．北京：中国时代经济出版社，2005．
③ 审计署审计科研所课题组．绩效审计指南（草案）［C］．北京，2009．

有较高的一致性，从而增加信息的可靠性。

调查问卷法与访谈法不同。访谈法是审计人员通过访谈被调查对象获取审计证据的方法。调查问卷法无法给审计人员提供澄清问题、验证答案是否被理解、确保受访者回答问卷中全部问题的机会。如果支持结论所需的信息未按要求提供或者问题不够清楚时，审计人员也没有机会回访受访者。在多数情况下，审计人员不可能对答案进行进一步证实。总之，与访谈法相比，调查问卷法不能获得相同深度的信息。由于在进一步澄清问题和获取更多的信息方面存在一定的困难，因此，认真编制问卷对于保证所提的问题能够引出所需的所有信息以及所有问题都清晰具有至关重要的意义，特别是审计人员需要仔细审查审计目标以确定哪些具体信息可以合理地通过调查问卷方式获得。编制高质量的调查问卷还要求审计人员具有所涉及领域的知识，能够充分理解受访者对问题措辞的理解能力。此外，审计人员应对调查问卷进行事先测试并根据数据采集过滤情况加以修改，以确保调查问卷既可以从统计的角度反映某个审计领域的情况，也可以从总体上揭示不符合规范的情况。

调查问卷的题型设计可以是封闭式的，也可以是开放式的。封闭式问题是只需要被调查者根据所给答案做出选择，限制了回答内容的题型，如是非题、选择题或等级量表。要有效使用封闭式问题，审计人员应当正确预测答案的范围。例如，关于实验教学的问卷调查包括的封闭式题项之一是“学校的专业课程教学能让您具备实习岗位所需要的专业技能”，答案包括非常同意、同意、不确定、不同意和非常不同意。封闭式问题与开放式问题相比更容易计算和分析。开放式问题是列有空格并在空格处填写简短答案或整段答案的题型。开放式问题要求受访者提前了解的知识量更大一些。在开放式问题中，受访者可能使用大量术语或可能笔迹不清晰，在这样的答案中进行分选既是技术难题又消耗时间。例如，前述实验教学调查包括的开放式题项之一是“实习中，您认为学校方面存在哪些不足”，答案包括实习准备工作不充分、实习管理方式落后、对学生的关心不足、其他（请补充）。

由于匿名与保密等措施的支撑，调查问卷法能最大限度地保证审计人员所获得的信息是真实有效的。

调查问卷法存在一些缺点。例如，调查对象可能不积极配合，从而使审计人员得不到准确的反馈；调查问卷的题项设置不当，影响调查目标的实现。如果调查总体规模太大，审计人员无法进行全面调查，就需要采用抽样调查法，而样本规模过大，也会导致审计成本增加。

2.访谈法

访谈法，也称询问法，是指审计人员可以根据需要，事先准备好一系列的问题或访谈大纲，然后通过直接谈话或讨论来发现事实真相、收集审计证据。它可以被运用于审计过程中的各个阶段。

访谈法按照使用目的不同，可以分为准备性或了解情况式访谈、收集资料和学习式访谈、了解观点式访谈，以及建议和评价式访谈等。从访谈方式看，审计人员可以同时与多人访谈，也可以与一人单独访谈；可以通过电话访谈，也可以面对面访谈；可以采用结构化访谈，也可以采用半结构化访谈。结构化访谈是指利用数据采集工具通过电话或面对面访谈的方式收集数据。在进行结构化访谈时，评估人员以准确的方式向受访者提出相同的问题，同时提供相同的答案选项，这些受访者可以仅代表自己，也可以代表各自的组织。相比之下，非结构化访谈则包括很多开放式问题，这些问题也并不以精确的结构化方式提出。

当今时代，无线电和互联网在人们的生活中扮演着重要角色。相对于书面资料而言，部分群体觉得口语更易于理解。对于阅读能力较弱的群体，面对面访谈和电话访谈比复杂的问卷调查更有效。面对面访谈和电话访谈能使访谈员与受访者建立友好的关系。在邮寄问卷调查中，一些调查对象会完全忽略调查问卷或拒绝回答部分与自己相关的问题；但是，在面对面访谈和电话访谈中，访谈员通常能说服他们做出真实的答复。此外，当受访者在理解或回答某个问题过程中遇到困难时，经过正规培训的访谈员会及时发现，并通过适当的方式帮助受访者克服困难，做出合理答复，不影响访谈的有效性。相互信任的氛围是访谈能够顺利进行的前提，因此，有效的访谈要求审计人员具有丰富的经验和心理学知识，在访谈之前做好充分的准备，对访谈内容、提问方式和问题要点等都要进行周密的设计，并对被访谈者的背景、知识与经验等也有一定程度的了解。访谈之后，审计人员应对访谈的情况进行整理和分析，并记录于审计工作底稿中。

结构化面谈法节省了邮寄和受访者返回答卷的时间，比问卷调查方式的速度要快。面谈法可以使审计人员有机会评估受访者对问题的理解程度，澄清与问题本身的含义或回答有关的困惑，向受访者出示材料并获得他们的反应。例如，运用面谈方式可以评估象征符号中无文字对象的含义，因此，可以采用面谈方式对即将发出的问卷进行预测试，以判断被调查者在问卷理解上可能出现的问题。对那些读写能力不足以回答问题的受访者来说，面谈比邮寄纸质问卷或电子问卷方式更加适合。在收集敏感性资料时，面谈也会很有帮助。访谈者可以与受访者建立信任关系，并更好地获得受访者通过其他方式不愿意回答或不愿意真实回答的问题的答案。当不太了解受访者对问题的考虑及其可能给出的答案时，访谈人员可能不得不向其询问更多的问题。因此，对访谈人员提供足够的培训是十分必要的，培训可以确保访谈人员知道自己的提问不会影响答案的真实性，了解用于协助受访人员或者在不影响访谈完整性的基础上获得所需信息的相关技术。在结构化面谈中，受访者也有可能对访问人员的口头行为或非口头行为给出的线索发问，并且存在着访谈人员故意或无意影响结果以及破坏测量一致性的潜在可能。尽管面谈比邮寄问卷调查方式快速，但是考虑到为开展调查所需的调查双方的时间以及成本，面谈也是一种成本较高的方式。

结构化电话访谈法的优势在于，电话访谈法与面谈法的部分优势和限制条件相同，但可以降低差旅成本。与面谈法相同，它也有可能为访谈人员提供澄清问题、刺探额外信息、获取更完整的答案、鼓励受访者提供敏感性问题答案的机会。电话访谈比问卷调查和面对面调查所花的时间少。结构化电话访谈法的缺点在于，与面谈法一样，也需要对访谈人员进行认真培训。在电话访谈中，访谈人员无法出示材料，不能获得受访者的反应，也没有机会寻找困惑或担心的非口头迹象。计算机辅助电话访谈（CATI）是电话访谈的形式之一。计算机辅助电话访谈的调查问卷或数据采集工具储存在计算机中。在进行访谈时，各个问题会显示在计算机屏幕上，受访者直接将答复输入计算机。电话访谈的成本通常介于低成本的邮件调查（成本最低）和高成本的面对面访谈之间。此外，在采样规模、访谈人员数量、问题的数量及复杂性适当的情况下，电话访谈可以很快完成。

相对于电话访谈而言，面对面访谈使访谈员有机会在听取受访者意见时观察受访者。例如，如果需要记录受访者的生活安排，那么选择面对面访谈会更合适。此外，与电话访谈相比，比较复杂的问题也更适合在面对面访谈中提出。访谈人员可以向受访者出示包含各答复选项的卡片，便于受访者考虑并记住这些选项。此外，面对面访谈可提的问题也更多。一般情况下，电话访谈必须简短，不超过30分钟，较长且比较复杂的访谈不具有实践可行性，而面对面访谈的时间则可长达1小时。

与邮寄问卷调查相比，面对面访谈和电话访谈收集数据的速度更快。但是面对面访谈和电话访谈都需要培训访谈人员，而且访谈人员需要花时间与受访者沟通，这些都使面对面访谈和电话访谈的成本远远高于邮寄问卷调查或团体问卷调查。与面对面访谈和电话访谈相比，问卷调查的时间可以更长，当被调查者的阅读理解能力较强时也可以包括比较复杂的问题。

团体问卷调查的前提是能够将调查对象召集在一起，所以，团体问卷调查通常用于调查对象是一个团体或其大部分成员的情况，比如军队的一个连或营，或者某机构在同一地点的全体员工或大部分员工。团体问卷调查比邮寄问卷调查快，可以在一定程度上对相关问题进行解释（但不如访谈解释得透彻）。但是，与邮寄问卷调查一样，团体问卷调查所用语言的复杂性必须与调查对象的阅读理解水平相匹配。

尽管与邮寄调查问卷相比，访谈提供了更多澄清问题的机会，但是在保证从受访者手中获得一致性信息的标准方式时，仍需对数据采集工具进行认真设计。在选择方法时，审计人员必须考虑所要接触人群的显著特征。尽管访谈人员可能会使某些受访者产生信任，但是其他受访者可能因匿名性而对邮寄调查问卷更为信赖。一些受访者可能会对纸质调查问卷不耐烦并喜欢较便捷的电子方式，而另一些受访者可能受技术的限制无法答复电子调查问卷。事前测试可以保证审计人员所选择的方法最为合适。

结构化访谈法的应用范围更广，可以自由选择调查实物，也能问一些比较复杂的问题，并可选择性地对某些特定问题作深入调查。结构化访谈法能使访谈人员在回答问题之外对被访谈者的态度、行为进行观察，因此，可以获得自填问卷无法获得的有关调查实物的许多非语言信息。结构化访谈法的缺点有：①与自填问卷相比，结构化访谈费用高，时间长，常常使调查的规模受到限制；②对于敏感性、尖锐性或有关个人隐私的问题，其效果有时不及自填问卷。

结构化访谈是由访谈人员进行的，因此，访谈人员的态度、素质、经验等对访谈结果有绝对性的影响，访谈人员往往不自觉地将自己的主观意见甚至偏见带到访谈过程中，使得调查结果发生偏差。因此，在进行结果访谈时，应该严格挑选访谈人员。

结构化访谈法往往用于大规模的调查，需要的访谈人员数量众多，这使得访谈人员的素质往往难以保证，而且，众多的访谈人员对问题的理解与处理方式难以保持一致，也影响到访谈的可信度。因此，在进行结构化访谈时必须对访谈人员加以训练，通过训练使访谈人员在访谈前做好心理、技术、物质以及相应知识的准备。

（二）案例研究法①

案例研究法是指运用历史数据、档案材料、访谈、观察等方法收集数据，运用可靠技术对研究对象进行分析从而得出带有普遍性的结论。它是一种分析性归纳方法，即从个别到一般，通过对现实中某一问题的深入剖析，得出具有普遍意义的结论。

案例研究要求对复杂实例及其环境在全面理解的基础上进行详细的描述和分析。首先，案例研究内容是复杂性问题；其次，应该尽可能全面地认识案例的进展并解释其原因；再次，应对运用不同方法获得的不同资料进行广泛深入的描述和分析；最后，案例研究对象可以是某人、某地、某一活动、某一事件、某一地区、某一组织或部门。

掌握案例研究法可以有效地解决问题导向型绩效审计中关于“怎么样”“什么事”“为什么”之类的问题。通过多案例研究，审计人员还可以发现一些体制方面的问题，从宏观方面提出审计建议。

一个完整的案例研究过程包括界定研究问题、设计研究方案、收集证据、分析证据、撰写研究报告五个步骤。

将案例研究作为一种评价方法，必须首先考虑是哪一种评价问题，然后考虑每一种案例研究在回答这类问题时的优势和劣势。关键就是观察每种案例研究的特点，并决定它是否可以满足特定环境下的方法要求。

1.示例型（illustrative）案例研究

示例型案例研究主要描述发生了什么以及为什么发生，通过一两个案例来展示具体情况。当有理由相信大多数读者对一个项目或情况知之甚少，以至于不能完全理解通过调查或其他方法得到的信息时，示例型案例研究可以帮助他们理解这些信息。如美国审计署曾运用这种方法辅助调查住房补贴情况，他们选择了三个代表性城市，描述了这些城市的住房情况、住房相关活动、资金使用状况、居民移居前后对邻居及住房的影响等问题，增强了对该项目运行的共识。这种案例研究的样本数量少，证据资料可能包含较多的可视资料。

---

① 审计署审计科研所课题组．绩效审计指南（草案）［C］．北京，2009．

2.探索型（exploratory）案例研究

探索型案例研究可以理解为一种缩小了的案例研究，往往在开展大规模调查之前进行。当项目运行结果存在很大的不确定性时，通过探索型案例研究可以帮助后续研究明确问题，制定评价标准，提供案例研究设计和分析策略。因此，这种案例研究的成果一般包括详细的问题描述、数据来源渠道、重要变量、数据库和样本选择标准等内容。探索型案例研究的结果有时可以泛化（generalizability）。美国审计署曾经在对巴西市场的研究中运用探索型案例研究考查出口竞争中出现的问题。通过会见官员和私人机构代表、查阅官方文件、向相关公司发放调查问卷等方式，审计人员发现了影响巴西市场出口竞争的四个关键因素。

3.关键案例（critical instance）研究

关键案例研究用于特定情况下复杂问题的考查，如三里岛事件（1979年美国发生的核电站泄漏事件）、“挑战者”号事件等，这些关键案例研究的结果往往不需要泛化，但可能需要对其进行全面深入的分析，以了解事件的前因后果，提出针对性建议，防范此类问题再次发生。

关键案例研究的另一种情况是通过考查一个关键案例来研究整体情况，进而提出带有普遍意义的问题的解决方案，这种情况下可以将单个案例的建议推广至总体。如美国审计署曾经检查与货物进出口有关的国家政策和相关程序是否会在港口运作中引发问题，就选择了进出口业务具有多样性的、有一定业务规模的纽约港进行测试。如果发现该港口存在问题，那么其他港口可能也存在类似的问题；如果没有发现该港口存在问题，那么其他港口也不太可能存在问题。

4.项目实施（program implementation）案例研究

这种案例研究常常用于回答项目是否已经实施，是否按照委托者的意愿实施等类似问题。这种案例研究有助于理解项目实施过程中制定了哪些决策、涉及哪些人、是否满足了对方需求，也可以深入挖掘项目实施过程中发生了什么、为什么会发生，为项目实施结果的变化提供解释。这种案例研究需要对多样本进行分析，需要投入较多的时间和人力，研究建议可以泛化。这种案例研究多是针对项目实施的流程和内部控制提出改进建议。

美国审计署常常紧密地跟踪项目实施和项目活动。例如，为了跟踪人口普查项目的开展情况，审计人员在主要地点协助普查人员进行现场调查，深入考查地区办公室的相关工作程序，并提出改进建议。

5.项目效果（program effects）案例研究

项目效果案例研究的重点是测定项目的效果，分析项目成功或失败的原因。这种案例研究方法往往与其他研究方法相结合，对于高度差异化的项目应该选择最佳案例、最差案例、代表性案例进行分类研究，并对相关差异进行解释。这种案例研究的结果可以泛化。

美国审计署于1982年考查了自20世纪70年代开始的空气、水质和土地的净化工作进程，发现工作成果显著（空气更洁净，废水处置合理，水源更适宜饮用），但是截止日期推迟了，这是因为一些没有解决的问题加大了净化工作在截止日期前完成的难度。

6.累积（cumulative）案例研究

累积案例研究较新颖并且还未普及，它将不同时间的案例研究发现综合到一起。前面讨论过的案例研究（包括多案例研究）都是跨空间的，也就是说，是在同一时间从不同样本获取信息；相比之下，累积案例研究是将不同时间甚至是很长的时间内来自不同地点的信息汇总起来，从这个意义上来看类似于研究综合法，但又具有案例研究法的特征。审计人员可以基于审计机构或其他机构不同时期发布的针对同一问题的研究报告进行累积案例研究。

在绩效审计的后续跟踪审计中，选择若干客体进行案例研究，可以证实已存在的问题，并对问题进行深入细致的因果分析，同时可以佐证通过其他方法得出的结论。案例研究的不足之处是难以将发现的问题和得出的结论推而广之，但将案例研究与获取综合性信息的方法（如问卷调查法）结合使用，可以在一定程度上弥补案例研究的不足。

（三）研讨会法

研讨会法是绩效审计后续跟踪审计中审计人员就审计取证、审计评价等问题，与外聘专家、被审计单位以研讨会方式进行沟通取证的一种审计方法。利用研讨会法能够发挥头脑风暴的作用，审计人员可以获取专家的经验，对问题、观点和可能的措施进行讨论，了解各个方面的观点，听取不同的意见和建议，公布审计检查的结果等。

研讨会不仅可在审计终结阶段举办，也可在审计的其他阶段举办。在后续跟踪审计终结阶段，审计人员主要就重大审计发现确认审计取证评价技术要求、审计发现定性等召开研讨会。根据目的不同，参加研讨会的人员可以是政府部门从事相关工作的人员、研究机构的专家和其他富有经验的人员。

通过研讨会的深入沟通和讨论，审计人员不仅可以受到启发，而且可以得到一些有价值的建议，因而有利于科学地安排下一步的审计工作，得出正确的审计结论，形成适当的审计建议。研讨会法的缺陷在于，举办研讨会可能需要花费大量的时间、精力和物质资源，工作量较大。[①]同时，由于参加研讨会的人数较多，不利于审计信息的保密。[②]

（四）信息分析评价方法

1.对比分析法

对比分析法（comparative analysis approach），也称比较分析法，是将客观事物与一定的参照物或基准进行比较推理，以认识事物的本质和规律并做出正确的评价。对比分析的基准可以是计划、预算、标准、设计、历史、同行业等。[③]审计人

① 李艳．我国政府绩效审计应用研究［D］．大连：东北财经大学，2006．
② 田占江．政府投资项目绩效审计研究［D］．西安：西安建筑科技大学，2009．
③ 李艳．我国政府绩效审计应用研究［D］．大连：东北财经大学，2006．

员对相关事物的发展变动的预期也可以作为对比分析的基准。

对比分析法通常是对两个相互联系的指标数据进行比较，从数量上展示和说明研究对象规模的大小、水平的高低、速度的快慢以及各种关系是否协调。比较对象通常包括财务数据、非财务数据或财务数据与非财务数据之间的关系。在对比分析中，选择合适的对比标准是十分关键的步骤。只有标准选择得合适，才能做出客观的评价，否则可能得出错误的结论。

在后续跟踪审计中，审计人员可以将常规审计中获得的被审计单位经营管理数据资料与落实审计建议后的被审计单位经营管理数据资料进行比对，找出存在的差异，并分析其影响因素，查明审计建议的有效性和被审计单位绩效改进情况。

2.因素分析法

因素分析法，又称指数因素分析法，是分析现象总体变动中各个因素影响程度的统计分析方法。比如，某单位的办公费用明显超支，那么，是因为人员增加还是因为工作量增加？是因为浪费还是因为预算不合理？因素分析法正是通过建立办公费用实际支出与预算支出的统计指数体系来分析成因。

常用的因素分析法包括连环替代法、差额分析法、指标分解法、定基替代法。因素分析法的最大作用是运用数学方法对可观测的事物在发展中所表现出的外部特征和联系进行由表及里、由此及彼、去粗取精、去伪存真的处理，从而得出客观事物普遍本质的概括。使用因素分析法可以使复杂的研究课题大为简化，并保持其基本的信息量。

3.审计模块分析法①

审计模块是一段能够完成一定审计功能的程序。在审计过程中，审计人员可以借助被审计单位的计算机信息系统和自己研发的程序分析电子数据，建立审计模型，编制审计模块。

审计模块分析法的具体操作为：审计人员根据需求，从被审计单位计算机信息系统众多的数据表中挑选出审计需要的数据表进行数据转换、清理，并集中力量对转换的数据进行分析，建立审计模型，由计算机专业人员按照审计模型编制审计模块。通过对审计模块的分析，审计人员能够鉴证被审计单位活动的经济性、效率性、效果性。

三、实施后续跟踪审计应把握的要点

（一）提高对后续跟踪审计的重视程度

从绩效审计实践来看，有些审计机构或审计人员并没有正确认识后续跟踪审计的意义，对该工作不够重视，未能在后续跟踪审计中配备足够的审计资源，以致后续跟踪审计流于形式，甚至在收到被审计单位的反馈信息后就结束了审计项目的全部工作，根本不实施后续跟踪审计。

绩效审计作用的发挥依赖于审计人员与被审计单位之间充分的沟通，这种沟通

---

① 孙平. 我国政府绩效审计问题研究［D］. 哈尔滨：东北林业大学，2006.

可能存在于审计执行过程或后续过程中。绩效审计不能发挥作用，可能是由于被审计单位工作人员的主客观原因。如果不实施后续跟踪审计，审计意见和建议的最终正确性就无法得以验证，同时，绩效审计的效果也无法得以保证。因此，在审计项目质量管理中，要将审计的后续阶段作为审计质量管理的重要环节之一，审计组织应建立后续跟踪审计制度，跟踪掌握审计意见和建议的落实、采纳情况。

（二）检查到位

在后续跟踪审计中，审计人员的责任是评价被审计单位管理层采取的纠正措施是否及时、合理、有效，应在初步了解被审计单位整改情况的基础上，结合被审计单位的反馈信息，按照审计准则的要求，确定后续跟踪审计的人员和时间安排，编制后续跟踪审计方案，避免遗漏审计事项。实施后续跟踪审计时，审计人员要保持与正式审计项目相同的严谨性。

后续跟踪审计不能停留在被审计单位的反馈信息上。被审计单位的反馈信息一般是书面的，而书面的信息是有限的、易操控的。被审计单位反馈意见的操作空间很大，相关人员的认知水平、道德水准对纠正措施的实施都会产生影响。如果没有通过后续跟踪审计严谨细致地检查监督，就不能确定审计意见和建议的真正落实情况。

（三）关注审计处理意见和建议

审计项目的主要工作成果是审计发现的问题及提出的审计处理意见和建议，这是审计成果价值转化的直接载体。审计发现的问题是客观存在的事实，审计处理意见和建议是审计成果价值的主要成分。切实可行的审计处理意见和建议对于被审计单位来说才是有价值的。后续跟踪审计应把审计处理意见和建议的合理性、可行性作为重点关注对象。

（四）考虑成本效益原则

审计机构的人力、财力和时间都是有限的，开展后续跟踪审计要按照成本效益原则的要求，合理配置审计资源，注意提高工作效率。实施后续跟踪审计，在形式上可以适当简化，采用便利的、成本节约的方式进行。比如，审计人员可以省略常规审计项目的一些程序，直接进行有关事项的检查；在时间上可以灵活掌握，必要时可与其他审计项目穿插进行。

（五）整改措施失败的处理

后续跟踪审计中有可能出现整改措施失败的情况，审计人员应根据导致整改措施失败的原因及时进行处理。如果是因为审计意见不切合被审计单位的实际情况，应立即分析审计评价所依据的审计证据的合规性、审计评价的准确性，及时修正审计处理意见，尽量避免或减少可能产生的不利影响。如果是被审计单位执行的问题，可以与被审计单位管理层协商解决、对相关工作人员进行指导，消除执行过程中的影响因素。

复习思考题

1.开展绩效审计后续跟踪审计有什么意义？

2.绩效审计后续跟踪审计主要关注什么内容？其步骤如何？

3.绩效审计后续跟踪审计有哪些技术方法？

第九章

绩效审计质量控制方法

主要知识点

本章介绍绩效审计质量控制方法，主要内容包括：绩效审计质量控制方法概述；审计项目计划阶段的质量控制；审计实施阶段的质量控制；审计终结阶段的质量控制；审计档案归档与后续跟踪质量控制。

关键概念

绩效审计质量；绩效审计质量控制

●第一节　绩效审计质量控制方法概述

一、政府绩效审计质量控制的含义

关于审计质量的含义，可以归纳为两种观点。一种观点认为，审计质量最终反映在审计报告的质量上，因而审计质量就是审计报告的质量。另一种观点认为，审计是包括审计计划、取证、判断和报告的系统过程，因而审计质量是整个审计活动过程的优劣程度。前者是从审计产品的角度来定义审计质量的，后者是从审计过程的角度来定义审计质量的。可见，理论界对审计质量并不存在统一的定义。一般而言，审计质量控制是指审计组织和审计人员为确保审计质量、降低审计风险而建立的控制程序和措施的总称。加强审计质量控制，对于防范审计风险、保障审计工作效果、规范审计人员的职业行为都具有十分重要的意义。

审计质量控制是全面质量控制过程。全面质量控制是指审计机关为保证各个审计项目按照国家审计准则的要求进行而制定的控制程序和政策。全面质量控制包括项目质量控制和审计人员素质控制。[①]其中，项目质量控制是指审计机关按照审计

① 陈静．基层审计机关审计质量控制［D］．上海：复旦大学，2009．

计划对某一具体项目开展审计时制定的对整个审计实施过程的相关控制程序和控制政策。

政府绩效审计质量是政府审计人员发现被审计单位在绩效方面存在的问题，将发现的问题向有关部门或社会公众报告，并对所发现的问题提出恰当的改进建议或行政处理的联合概率。与政府绩效审计质量密切相关的概念是政府绩效审计失败。政府绩效审计失败不仅包括审计人员在审计中未严格遵守审计准则而导致本应发现的问题未被发现、已经发现的问题未予报告的情况，而且包括对发现的问题未能准确引用法律、法规而导致问题定性或处理失当遭到行政复议，以及对违法、违规问题处理后被审计单位不予纠正而导致违法、违规问题屡禁不止的情况。[①]

政府绩效审计质量具体体现为政府绩效审计工作的质量和政府绩效审计产品的质量。在不同的审计环境下和不同的审计项目中，审计工作的质量和审计产品的质量是不同的。需求方的制约机制和明确的质量评价标准，对于保证审计产品质量是至关重要的。

政府绩效审计质量控制是政府绩效审计质量控制主体为确保高质量的审计工作而对政府绩效审计质量控制客体采取的规划、纠正等控制措施。这一定义包含以下几个含义：

（一）政府绩效审计质量控制的主客体

政府绩效审计质量控制的主体一般是指审计机构，是完成审计质量控制目标的运行基础。

政府绩效审计质量控制的客体是审计流程，而审计流程是由一系列审计人员行为构成的，因此，政府绩效审计质量控制的最终对象是审计人员的审计行为。但是，由于审计行为不可物化，并且审计行为随着审计业务的结束而消逝，所以政府绩效审计质量控制的最具操作性的对象应该是各种反映审计行为的载体，如审计工作底稿等书面资料以及以电子形式存储的信息资料。

与传统的财务审计相比，绩效审计的实施对象更加广泛。同时，审计标准还具有开放性，实施审计过程、发表审计意见中的不确定因素更多，因此，实施绩效审计的风险要比财务审计大得多。保持灵活性和创造性是绩效审计的基本原则和要求之一。为了防范审计风险，更好地发挥绩效审计的作用，必须切实提高审计质量，建立审计质量控制制度。

绩效审计对象的广泛性决定了影响审计工作质量的因素有很多，包括对审计项目执行的各个环节的控制情况、审计人员的素质、审计所处的环境等。为了全面控制审计工作质量，必须建立全方位、多层次的绩效审计质量控制体系，尽可能将各种影响审计质量的因素纳入控制范围，在此基础上把握重点的质量控制环节，对其给予更多关注。

---

① 陈静．基层审计机关审计质量控制［D］．上海：复旦大学，2009．

（二）政府绩效审计质量控制目标

政府绩效审计质量控制目标是保证政府绩效审计质量满足审计规范和准则的要求。开展政府绩效审计的目的在于评价公共资源运用过程中的效率性、效果性，以促进被审计单位改善运营管理。审计目标能否达到，在很大程度上取决于政府绩效审计质量，因此，国外政府审计机关在开展政府绩效审计时往往将政府绩效审计质量控制作为一项重要的工作内容来开展。

英国审计署于1997年出版了《绩效审计手册》，并于2003年予以修订。《绩效审计手册》对政府绩效审计质量控制做出了较为具体的指导。其绩效审计质量控制的最大特点，就是提出了“质量环节”的概念。质量环节有关口、门槛、起点、开端、门口、环节等多层意思，其核心都是指质量控制中环环相扣、层层递进的关系，也就是说，只有满足上一个环节的质量要求，才能开展下一阶段的工作。在《绩效审计手册》中，英国审计署没有就绩效审计工作的标准、规范做过多硬性的规定，只是要求审计人员在绩效审计中必须确保在每个环节所做的决定都是建立在充分研究分析的基础上，以保证提供高质量的审计成果。质量环节是一个贯穿于绩效审计全过程的质量控制系统，在每个质量环节都列出了相关的问题，以及回答该问题应取得的证据类型和应完成的工作内容。每个质量环节都根据该环节质量控制的要求，规定了诸如审计复核、利用专家工作、征求被审计单位和有关第三方的意见、外部质量检查等多种质量控制方式。①

美国审计署在1972年制定了作为绩效审计依据的《政府机构、计划项目活动和功能审计准则》，此后又经历了四次修改，最终将政府绩效审计作为一种崭新的审计形式独立出来，成为现今的《美国政府审计准则（2003）》。这部准则也成为其他国家政府绩效审计准则以及国际绩效审计准则建立的重要依据，是进行绩效审计质量控制研究的重要参考。该准则针对审计质量控制特别强调了审计机关的相关内部控制制度和同业复核。

二、政府绩效审计质量的特征

绩效审计质量控制是对确定和达到绩效审计目标要求所必需的全部职能活动的控制，包括绩效审计执行质量标准和绩效审计质量计划的制订，以及对包括保证和控制绩效审计质量的组织设计在内的所有审计过程和审计成果方面的质量形成过程的监督和控制。绩效审计质量控制涉及绩效审计的诸多方面，受审计组织、人员素质、经费和时间保证多方面影响。政府绩效审计质量也要求审计机关具有技术性和独立性。

我国政府审计机关具有行政职能，因此，我国政府绩效审计质量控制在控制内容、控制程序和方法等诸多方面与国外不尽相同。我国实行行政型国家审计体制，审计机关是国家行政机关，法律赋予审计机关一定的行政权限，这使政府审计在性质、目的、手段等方面与社会审计具有重大差异。政府审计根据行政服从原则建立

① 张广平．国家审计机关审计质量控制评价问题研究［D］．广州：暨南大学，2006．

行政隶属关系，带有强制性，审计机关在审计中享有许多行政权，可以对违反法律、法规的行为采取强制措施或给予处罚。政府绩效审计质量具有与社会财务报表审计和政府合规审计不同的质量特征。

（一）审计质量具有模糊性

政府绩效审计相对于传统政府合规审计，在审计标准和评价内容两个方面都进行了延伸。政府绩效审计评价标准、评价内容自身所具有的特征，使得政府绩效审计质量具有模糊性。

首先，绩效审计的审计质量标准不明确。政府绩效审计是伴随国家民主进程、政府部门费用攀高、政府信任需要重塑等多种原因而发展起来的。我国没有专门的政府绩效审计方面的准则，不利于绩效审计质量的控制。

其次，由于绩效审计在更大意义上是一种面向未来的具有建设性的审计，其审计质量在很大程度上需要在未来的政府绩效提高中得到体现，审计质量不能及时得到衡量，不利于绩效审计质量的控制。

最后，根据前面所述的审计质量定义，审计质量是反映审计活动满足社会需要的能力的特性总和，我国高质量的绩效审计需求不足，绩效审计没有形成良性的产品质量市场约束机制，审计产品还属于政府主导的卖方市场，审计机关类似于带有计划经济模式特点的市场中的供给方，审计的好坏与审计人员的直接经济利益关系不大，政府审计人员基本上不存在较大的绩效审计失败的风险，审计风险约束机制较差，审计产品的社会监督力度不够。因此，审计质量的模糊性特征比较明显。这就需要从审计产品质量和审计工作质量两个方面加强对审计质量的控制。

（二）审计质量内涵具有动态性

审计质量的内涵不是一成不变的。随着经济的发展，社会对审计不断产生新的期望，人们对审计质量的认识也必然随着环境的变迁而经历一个发展的过程。

质量螺旋曲线原理表明，审计产品质量从市场调查研究开始，到形成，再到交付使用，在使用中又产生新的想法，积累动力开始新的质量过程，审计产品质量呈螺旋式上升。

审计质量内涵的动态性特征说明，审计人员和质量管理人员必须具有高度的质量意识，善于发现审计质量与社会公众或相关的审计产品使用者需求之间的差异，善于发现审计工作、审计报告、审计建议与总体目标的差异，不断追求审计质量的提高。

（三）审计质量影响因素具有系统性

审计质量的影响因素，除了审计产品质量、审计工作质量外，还有其他一些影响因素。无论是审计质量定义的产品观还是系统观，都指出了影响政府绩效审计质量的因素涵盖整个审计过程，也来自审计过程中的多个方面。对于政府绩效审计质量的影响因素，综合起来看，大致有审计的独立性、审计人员的素质、审计时间的充裕度、社会各方面对审计的重视程度、审计法律法规及准则体系的完善程度、审计体制的合理有效性、审计经费投入、有关审计的社会组织或机构的决策管理水平、审计技术方法等。

从审计过程的角度来考查，每一项具体审计工作，从筛选审计项目、制订审计方案到出具审计报告、提出改进建议、做出审计处理行为，以至后续跟踪审计，都会影响绩效审计质量的优劣。

审计质量影响因素的系统性要求以系统论的思想构建审计质量控制体系，以对绩效审计质量进行多层次、全方位的控制。

三、政府绩效审计质量控制的特点

审计质量受多方面因素的影响，这些因素大致可分为两方面：一是外部质量监管因素，其中最重要的是国家的政治法律制度，即政策因素；二是内部管理因素，其中审计机构的质量管理和审计人员的素质相对比较重要。为提高审计质量，需要对这两方面因素进行系统控制。要对审计质量进行控制，需要审计机构或组织制定相应的政策和程序。政策是指审计机构或组织为确保审计质量符合一定的要求而制定的基本方针及策略；程序是指审计机构或组织为贯彻执行质量控制政策而采取的具体措施及手段。

政府绩效审计质量控制具有以下特点：

（一）审计质量控制是全面质量控制的过程

审计质量包括审计工作质量和审计产品质量，因此，审计质量控制是全面质量控制的过程。全面质量管理是一种管理哲学，受到不断响应顾客需求与期望的驱动。全面质量管理中，顾客的含义被扩展了，超出了组织外部购买者这个最初的定义范围，还包括与组织的产品服务发生相互作用的内部和外部的各种人，即包括雇员、供应商以及购买组织的商品和服务的所有个人、群体和机构。全面质量管理要求高度关注顾客、坚持持续改进、关注过程、改进组织各项工作的质量、精确测量以及向雇员授权。

审计质量控制应该树立审前指导、审中监督、审后复核的控制思想，延伸审前、审后的控制范围，同时加大审中监督的检查力度，从而针对具体审计项目形成全面、有效的控制循环。具体来说，审计人员应当在制订审计计划时，就项目组成员工作的指导、监督和复核制订计划；在具体实施审计业务过程中，除了项目组内部实施指导、监督和复核外，还应对经济责任界定难、审计风险大、涉及公众利益范围大的业务实施项目质量控制复核；在审计结束后，须对归档的审计工作底稿实行管理，并由审计机构组织周期性的检查。

（二）审计质量控制是一项系统工程

审计质量控制作为一个系统，由许多部分组成，包括审计项目的投入、管理和审计产品的提供。其行为主体是包括审计人员、审计组、业务部门、审计复核部门和决策机构在内的相关机构和人员。在审计质量管理中，对各项指标、各个过程、各项工作、各类人员的协调都必须从整个系统和全局出发，运用系统管理思想进行综合性的考查和研究。系统的目的或特定功能是由许多目标（指标）形成的。因此，系统管理思想要求人们在研究、解决质量问题时，不仅要重视影响产品质量的各种因素和各个方面的作用，而且要把重点放在整体效应上，即需要对与质量有关的一切方面进行全面研究和系统分析。

（三）审计质量控制的基础是责任区分

审计质量控制的最终目的是提高审计质量，而审计质量提高的路径是改善影响审计质量的可控部分因素。其中，主体的行为是影响审计质量的首要因素。只有对其进行恰当控制，激励或改变审计人员的行为，才能最终提升审计质量。因此，审计质量控制的核心是分清责任，责任明确才能更好地对审计全过程和各个层次人员的工作质量进行控制，也便于进行责任追究。

为保证审计质量控制政策的顺利贯彻，首先要建立项目负责人制，明确审计项目质量控制的最终责任人，在此基础上实行分层次的质量控制责任追究制度。项目负责人对其承担的各项业务的总体质量负责，审计机构负责人对审计机构整体的质量控制制度承担最终责任。通过责任的划分，将审计质量控制落实到审计取证、审计评价的具体环节，由此方能有效地落实各项审计质量控制措施，提高审计质量。

（四）审计质量控制是一个闭环控制系统

所谓控制，就是要在行为过程中，将实际发生的行为与既定的标准或预期等进行差异分析，纠正偏离的行为或因素，从而使得行为沿着既定路线前进。绩效审计质量控制，是将测定或评定的实际审计质量水平与审计质量控制标准进行对比，针对二者的差异进行分析，找出原因，促使审计机关或审计人员改进审计工作，提高审计质量。

绩效审计质量控制需要控制的内容有：绩效审计准则或标准、绩效审计质量控制准则或标准、审计组织、制度、体制、过程、手段诸方面的保证或控制。

根据控制理论，闭环控制具有反馈控制功能，施控主体能够根据受控客体的状态不断发出或修正指令。审计控制机制以事前控制为出发点，经过事后控制、责任处罚，重新回到审计主体，构成一个闭合回路。从一个相当长的时间段来看，监管者根据审计后的反映或发生的审计诉讼案件判定审计责任，发现审计系统的不良因素并把它们剔除。如果审计后反映良好，则说明审计人员尽到了自己的职责，审计组织运行良好，审计准则合理，通过适当的激励措施（如奖励审计人员、有关组织管理部门、准则制定机构）对正确的行为进行强化。

四、政府绩效审计质量控制的机制框架

在绩效审计质量控制中，可以根据审计机关的级别安排相应的质量控制系统，这种质量控制系统应当能够涵盖政府绩效审计质量影响因素，并能够形成闭环以形成完整的控制链条。由于现代审计广泛采用抽样技术，因此难以科学地确定审计质量的标准并对审计质量进行科学衡量，实践中更多的是运用经验。最高审计机关国际组织提出的绩效审计质量控制程序的目标内容包括：专业能力；职业独立性；为审计人员分配人力资源；对审计人员进行监督、指导和协助；客户评价；行政和技术分工。

依据政府绩效审计质量控制内容及特点，政府绩效审计质量控制的机制框架包

括组织保障机制、人员保障机制、制度和措施保障机制。

（一）组织保障机制

政府绩效审计质量控制组织机构是实施政府绩效审计质量保障的主体。在政府绩效审计组织保障机制方面，应当在审计机关内部设立绩效审计部门或绩效审计岗位，保证绩效审计资源及其优化配置。绩效审计是政府审计发展的趋势和主流方向，搞好绩效审计需要一定的人力、财力等审计资源保证。我国绩效审计刚刚起步，还没有形成一套较为完整的制度体系，尤其是组织保障机制，应当考虑在审计机关内部设立单独的绩效审计部门，优化绩效审计资源配置，强化绩效审计质量控制，在绩效审计部门中还应当设置审计质量的交叉复核岗位或明确交叉复核机制，这对推动绩效审计工作的开展具有十分重要的意义。此外，要建立绩效审计结果处理机制，如绩效审计和财经法纪审计的移交制度。在绩效审计中，如果发现重大的违法、违纪现象，可以由绩效审计项目组将被审计单位的相关审计事项移交给财经法纪审计项目组，由绩效审计转入财经法纪审计。在财经法纪审计结束后，再对审计项目进行评估，确定是否继续进行绩效审计。

（二）人员保障机制

政府绩效审计涉及多学科知识和多种技术方法的应用，人员保障机制是开展高质量绩效审计的首要条件。绩效审计在审计业务的复杂性、审计所需专业知识的综合性、审计判断要求等诸多方面区别于传统的合规审计，对审计人员的知识面、专业能力要求很高。搞好绩效审计需要高素质的审计人员。

在人员保障机制方面，要实行职业资格管理制度，加强对审计人员准入的管理；要加强对审计人员的继续教育，在绩效审计经验不足的情况下，加强审计人员绩效审计技能的培训尤为重要；在审计项目的人员配备中要实行业务委派制，根据审计项目的需要挑选审计人员，并聘请必要的外部专业人员；审计部门内部可以成立不同层次的专家咨询机构，广泛听取各界专家意见，保证绩效审计的成效。

（三）制度和措施保障机制

制度和措施保障机制包括以下几个方面：一是审计制度约束，要保证较高的绩效审计质量，必须加强绩效审计制度建设，建立健全相关法律、法规，完善审计准则，形成一套完整的绩效审计制度和准则体系，使政府绩效审计有法可依、有章可循；二是督导复核控制，要强化对绩效审计项目的监督和指导工作，强化一线审计人员的质量控制意识，建立绩效审计项目全面质量控制和监督检查制度，提高自我复核、自我矫正的积极性和主动性，使质量控制贯穿于绩效审计的全过程；三是建立绩效审计奖惩机制和责任追究制度；四是推行绩效审计同业核查制度。

第二节 审计项目计划阶段的质量控制

前一节指出，影响政府绩效审计的因素涵盖整个政府绩效审计过程，因此，政府绩效审计质量控制也应当对整个绩效审计过程加以控制。政府绩效审计阶段可以分为审计项目计划阶段、审计实施阶段、审计终结阶段、审计档案归档与后续跟踪阶段，以下分别从政府绩效审计过程的各个阶段对审计质量控制加以说明。

绩效审计项目计划阶段的关键工作是合理确定绩效审计目标和绩效评价标准。确定审计任务后，应当指定绩效审计小组科学制订绩效审计方案。

一、审计项目选择控制

（一）概述

审计项目计划阶段质量控制的主要目标是审计立项的重要性、针对性和可行性。重要性的衡量有质和量两个标准：一是性质重要，立项的项目必须是重点领域、重点部门、重点资金，以及事关改革、发展、稳定大局的重大事项；二是涉及价值或货币金额较大。针对性，是指立项内容要紧紧围绕党和政府的中心工作，紧紧围绕社会公众普遍关心的问题，而且要目的明确。可行性，是指立项的项目符合审计机关的审计能力，为审计机关的人力、物力、技术水平所允许，符合法律规定的职责范围。选择审计项目的标准主要有以下几项：

1.影响较大

绩效审计比较重视所产生的社会效益，而对社会影响较大的项目，一般具有较大的社会价值。人们普遍关注的项目是与生活息息相关的，或对人们的生存或社会环境有重大影响。

审计人员在对选择的项目是否恰当做出判断时应当考虑的内容包括：审计项目是否属于审计署重点关注的问题；是否属于党和国家政府关注的问题；是否属于社会公众关注的问题；是否弥补了当前其他审计工作以及其他审计人员或检查人员工作成果的不足；所涉及的绩效审计风险是否可以合理确定等。在当前中国经济社会发展的背景下，贯彻新发展理念、保障和改善民生的项目是符合这些要求的典型项目，诸如治理环境污染、减少资源浪费、提高医疗服务水平等。

2.预期能产生明显的社会效益

审计人员应当牢记，绩效审计作为一种具有社会价值的作业活动，必须有其活动结果。预期社会效益越好的项目，越能够体现绩效审计活动本身的价值。审计机关和审计人员应当将有限的资源优先放到价值较大的项目上去。审计人员在审计项目计划阶段要对预期审计成果形式、价值等做出估计，评估依据可以是以往的绩效审计报告、专题报告、相关问题报告、标准实务操作手册和审计调查报告等。

3.符合成本效益原则

审计人员将绩效审计成本预算与预期的审计成果进行比较，判断选择该项审计是否符合成本效益原则。审计难度明显较大以致不能完成的项目，或审计资源明显不能保证如期完成的项目，往往会使审计徒劳无功，造成浪费。

值得指出的是，审计人员在考虑成本效益时，既要考虑可以量化的成本效益，也要考虑不能量化的成本效益；既要考虑经济效益，也要考虑社会效益。总之，审计人员要对成本效益进行全面衡量、综合测算。

（二）审计项目选择的决策树法

审计人员应当根据成本效益原则在不同的审计项目之间做出决策。决策过程中可以利用决策树法（decision tree）。决策树法，就是运用树状图表示各种方案的期望值，通过计算最终优选出效益最大、成本最小的方案。决策树法是随机决策模型中最常见的决策模式和方法，作为一种风险型决策技术方法，已被广泛地应用于企业的投资决策之中，能够有效地控制决策带来的风险。

决策树法基于概率论，并将树状图作为分析工具。其基本原理是，决策点代表决策问题，方案分枝代表可供选择的方案，概率分枝代表方案可能出现的各种结果，经过对各种方案在各种结果条件下损益值的计算比较，可以为决策者提供决策依据。决策树一般是自上而下生成的。每个决策或事件（即自然状态）都可能引出两个或多个事件，导致不同的结果，把这种决策分支画成像一棵树的枝干一样的图形，故称决策树（如图 9-1 所示）[①]。如果一项决策只在树的根部有一个决策点，则称为单级决策；如果一项决策不仅在树的根部有决策点，而且在树的中间也有决策点，则称为多级决策。

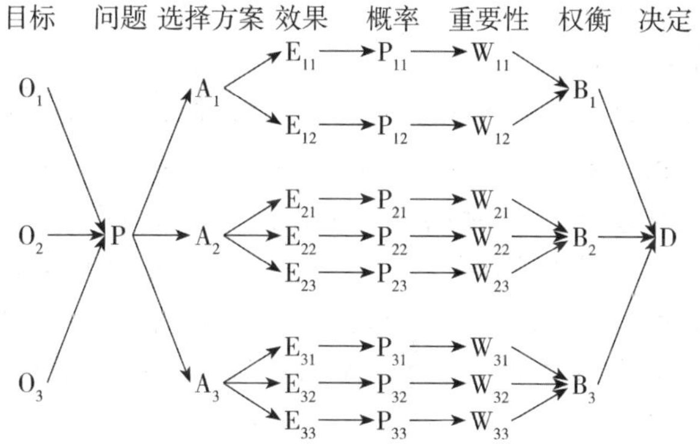

图 9-1　决策树

决策树法用树状图来描述各种方案未来收益的计算。其决策是以期望值为标准的。未来事件的发展可能会存在不同的趋势或结果，虽然无法确定未来事件的准确趋势或结果，但是可以根据以前的资料来推断各种自然状态出现的概率。在这样的条件下，人们计算的各种方案在未来的经济效果只能是考虑到各种自然状态出现的概率的期望值，与未来的实际收益不完全相等。

应用决策树法必须具备以下条件：①具有决策者期望达到的明确目标；②存在决策者可以选择的两个以上的可行备选方案；③存在决策者无法控制的两种以上的

① http：//wiki.mbalib.com/wiki/决策树法，有删改。

自然状态（如气候变化、市场行情、经济发展动向等）；④不同行动方案在不同自然状态下的收益值或损失值（简称损益值）可以计算出来；⑤决策者能估计出不同自然状态的发生概率。

决策权重可以根据各标准的重要性程度分配，满分10分，取值范围为0~10分，越不重要，分数越低。其中，成本及难度值为反向指标，成本及难度越大，数值越小，绝对值越大。决策标准和权重分配根据每年的绩效审计的宏观导向，由绩效审计局或审计署领导集体确定，按照当年的审计能力选择并确定审计项目。

此外，为加强对审计项目选择的质量保证，应该明确规定审计备选方案的形成程序，相关领导人员、项目负责人参与。

二、审计项目的初步分析控制

绩效审计项目计划阶段的关键工作是确定具体的审计目标和明确的绩效标准。审计目标和绩效标准是关于设计方案希望取得的短期或长期效果和影响的说明。审计目标是从审计目的引申出来的工作指标，表明方案应取得什么成果以及何时取得这些成果。为此，必须充分了解和掌握被审计单位或项目的基本情况，比如相关法规、协议、工作目标或项目目标、内部管理和控制制度，单位或项目的产出情况，包括产品或服务、社会影响等。

（一）审计项目的可行性分析控制

审计项目的可行性分析控制，要求审计人员对审计项目的选择要建立在充分分析项目和审计资源的基础上。

1.详细分析审计事项

这要求审计人员对审计事项进行全面、深入的分析，并列出审计中需要回答的问题。审计人员可选择采用以下方式：第一，向财务审计人员咨询有关审计信息和对被审计单位风险管理所作的评估结果，从而深入分析被审计单位的情况，确定绩效审计风险；第二，聘请专家组复核审计发现的问题和评价审计报告初稿；第三，利用绩效审计信息库，掌握诸如学术机构、议会、新闻媒体和其他审计机构等的背景资料，确定该领域的相关利益主体及专家；第四，运用问题解析法列示有关问题，并绘制结构关系图。

2.绩效审计方法选择控制

高质量政府绩效审计要求审计人员设计制定一套针对性强且有助于获取充分、相关、可靠的审计证据的审计方法体系。该体系应确定以下几点：第一，每一审计事项都有明确的审计方法；第二，拥有的审计资源与拟采用审计方法所需的成本相匹配；第三，新方法经过了充分、可靠的测试。

3.审计人力资源配置控制

审计人员对在规定时间内完成绩效审计工作所需要的人力资源和财务资源以及应具备的专业技能等做出合理的预计。审计小组应当对全体成员的工作经验和技能进行评价。当审计人员不具备必要的审计技能时，可以通过培训审计人员、短期聘请其他审计人员、利用绩效审计研究组的力量等加以解决。必要时，审计小组应该借助外部审计力量，以获得来自外部咨询机构和学术机构的专业帮助。

4.审计风险评估与防范控制

审计人员需要分析绩效审计任务的完成期限，诸如要求何时提交绩效审计报告。审计人员应当设计能够描述预计审计起止时间与重大审计事项完成时间的甘特图，并对影响审计时间的主要风险进行评估。影响审计时间的主要风险因素包括考虑被审计单位是否支持绩效审计工作，这要求审计人员收集被审计单位的意见或正式表态，并就审计项目涉及的一般事项特别是拟采用的审计方法与被审计单位磋商。

审计人员对完成绩效审计任务可能面临的风险做出评估和确认，并提出有效的防范措施。审计人员通常要分析被审计单位内部管理的优缺点尤其是薄弱环节，在此基础上评估完成审计任务的各种风险及防范措施，并确认延迟公布审计结果的特定风险水平。

5.信息沟通控制

信息沟通在绩效审计中占有重要地位。从国外的政府绩效审计实践来看，要使政府绩效审计真正发挥作用，重要的步骤之一就是在绩效审计过程中进行充分的信息沟通。审计小组不仅要就审计发现、审计建议等与被审计单位充分沟通，而且要与其他审计小组、社会公众充分沟通。例如，审计小组通过与社会公众沟通获取审计线索，可以对被审计事项进行科学的评价。为规范审计过程中的信息沟通，审计人员应当根据相关规定制订信息沟通计划，并在计划中确定以下内容：审计报告中所有重要信息的类型；接收审计信息的主要群体；传达审计信息的渠道和方法；审计信息对审计声誉可能造成的影响及风险防范。

（二）确定审计目标和绩效标准

绩效审计是一种开放性审计，在某些情况下可能没有直接的绩效标准，而只能使用间接的绩效指标。审计人员可以使用预算或计划指标、历史指标、同行业先进指标等进行绩效评价，评价时应当对有关评价标准的选择依据和具体内容做出说明。评价标准有两大类：一类是规范性标准，如有关的法规、制度、相关程序要求等强制性标准；另一类是用来衡量绩效的计量标准和其他良好实务与规范化控制模式等非强制性标准。值得指出的是，审计人员只能根据相关管理规定、绩效预算等选择绩效标准，不能主观地选择绩效标准或指定评价内容。

就规范性标准而言，绩效考评指标有时并不是一组数字或一些比率，而是操作程序、行为规范。在制定评价标准的过程中，审计人员要考虑政府针对同一项目可能采用的不同方案所产生的社会效益。比如，在政府拨款审计中，除了拨款以外，政府是否还会运用法律或其他手段来解决相关问题，如颁发许可证、发布禁令、征税或处以罚款。在这种情况下，政府可以不通过拨款就取得同样的社会效益，此时要注意广泛征求相关意见，或者借鉴其他公共部门的经验。在上述拨款审计的例子中，审计人员也应考虑可能得到的其他资金来源及其对拨款需求的影响。其他资金对拨款资金的高比率的“杠杆作用”可能意味着执行该项目不需要拨款。例如，对大型建设项目或具有商业前景的项目的小额拨款可能对投资决策无关紧要。

（三）审计项目计划控制方法——甘特图法

甘特图（gantt chart），也叫横道图或条形图，主要应用于项目计划和项目进度的安排，可以分为传统甘特图、带有时差的甘特图和具有逻辑关系的甘特图。利用甘特图能够有效地对审计项目进行计划和控制。

甘特图把计划和进度安排两种职能结合在一起，纵向列出项目活动，横向列出时间跨度。项目活动在左侧列出，时间在图表顶部列出，图中的横线显示了每项活动的开始时间和结束时间，横线的长度等于活动的周期，甘特图顶部的时间段决定了项目计划的详略程度。

在使用甘特图的时候，审计人员要充分关注其优缺点。甘特图直观、简单、容易制作，便于理解，能够从时间上把握整体进度，很清晰地标识出每一项任务的起始时间与结束时间，一般适用于比较简单的小型项目，可用于工作分解结构的任何层次，以及进度控制、资源优化、资源和费用计划编制，但是不能系统地表达一个项目所包含的各项工作之间的复杂关系，难以进行定量的计算和分析以及计划的优化等。因此，在绘制甘特图时，审计人员必须清楚各项活动之间的关系，即哪些活动必须在其他活动开始之前完成，哪些活动可以同时进行。要按照绩效审计项目完成的各个组成部分的内容，特别是关键活动，逐项分解责任到人，再按照总体计划进行组合。

三、审计方案制订控制

审计方案是审计小组成员的行动计划和指南，是完成绩效审计任务、达成绩效审计目标的指导性文件。审计方案一般包括两个层次：综合审计方案和具体审计方案。综合审计方案是对一个审计项目从审计准备到审计完成全过程的综合安排；具体审计方案是针对每一个审计目标或具体审计程序及时间、人员的详细安排。

审计方案的编制要充分考虑绩效审计目标，同时应该繁简得当，视报送单位或审计委托人的需要而定。审计机构应及时与被审计单位沟通，就审计方案的制订征求意见。在特定情况下，审计机关可以委托社会权威专业机构代为进行审计方案的设计，或就审计方案进行评估。

审计小组在审计项目确定后应建立系统的审计档案管理制度。审计人员在综合分析的基础上，对是否可以实施全面审计做出客观判断，并将结果以审计项目合同的形式按照审计管理权限的规定，上报审批。

以上过程是审计计划阶段的质量控制，在这个过程中，审计项目负责人的职责是：在比较预期审计成果和预计成本的基础上判断是否开展此项审计，通过方案制订、资源配置、审计方法确定等，保证能在预定的成本和时间范围内完成该项审计，提交审计报告。

第三节 审计实施阶段的质量控制

审计实施阶段的工作主要是收集、整理和评价审计证据。在审计实施阶段，审计质量控制的核心主要是保证审计报告中的所有审计发现都建立在充分、可靠和相关的审计证据的基础上。为了保证审计证据环节的审计质量，审计人员必须对审计证据的收集、整理进行记录，编制审计工作底稿，以便为提出审计建议和审计结论奠定基础，为对该环节进行质量评价提供依据。审计工作底稿有利于检查审计方案的执行情况，可以更有效地控制审计质量。审计人员应当对审计工作底稿的真实性、完整性负责。

一、审计证据的收集和整理分析

（一）审计证据的收集

政府绩效审计证据是指审计机关和审计人员为证明公共资源使用的效益性、效率性和效果性而收集的证明材料。绩效审计证据包括实物证据、书面证据、口头证据、分析证据等。在绩效审计中，所发表的审计意见更多的是侧重现实或潜在问题的分析和发现。因此，分析证据是绩效审计中的重要证据。分析证据主要来源于对数据的计算与核对、比率分析、趋势分析和方案分析等，还可以根据规定的标准或者行业考核标准进行比较。

在收集绩效审计证据时，审计人员应当注意以下几点：

第一，绩效审计证据来源比较广泛，包括被审计单位、与被审计单位类似的其他单位、公共文献、社会公众等。收集审计证据可以采用审阅、访谈、抽样调查、观察、分析等方法。因为在绩效审计中，确定审计目标和审计评价标准都取决于审计人员的判断，都与审计结论的质量直接相关，所以，为确定审计目标和审计评价标准而收集的证明材料也属于审计证据。这与传统财务审计中的做法有所不同。财务审计证据主要是指审计人员在现场审计阶段所取得的证明经济活动或者经济事项发生的材料。

第二，绩效审计证据必须具有充分性和适当性，这是审计证据的质量要求。充分性，又称足够性，是从数量方面对审计证据的要求，是形成审计意见的最低数量要求。在考虑审计证据的充分性时，审计人员应当运用专业判断，决定采用统计抽样或非统计抽样方法，以获取充分的审计证据。适当性是指审计证据的相关性和可靠性。相关性是指审计证据应与审计目标相关联；可靠性是指审计证据应能如实地反映客观事实。在绩效审计实施阶段，要确保每个审计事项都有充分、相关和可靠的证据，审计组可采取以下措施：（1）审计项目负责人复核已取得的证据，并与计划要求相比较；（2）所有审计人员集体商议，以保证所有审计事项都有确凿的证据支持，并决定是否需要采取进一步的措施；（3）审计人员应对每个审计事项都列出与之相匹配的证据来源和类型，如果证据不足，应获得其他类型的证据来加以印证；（4）请专家组对现有证据的可信性进行判断，并帮助提供新的证据来源；

(5) 在审计取证过程中可以运用适当的软件，绘制审计证据与审计需要回答的问题之间的结构关系图。

第三，绩效审计证据必须具有合法性。证据获取的合法性是指，由合法的审计人员，采用合法的程序和方法，获得所需的审计证据。不合法的审计证据可能导致绩效审计项目的失败。为此，审计机关在获取和处理审计证据时应依照相关审计准则的规定。对于有损审计证据证明力的行为，应追究有关当事人的审计责任。

(二) 审计证据的整理分析

审计人员必须围绕审计的具体目标，针对收集的证据进行分析，按照与审计结果的关系进行整理、归纳，以便形成具有证明力和说服力的证据链，得出逻辑严密、客观完整、有说服力的结论，从而提出审计建议，完成审计报告。

审计人员首先要对审计证据逐一进行分析，形成最初的判断，评价检查结果与标准的偏离程度。审计人员在利用审计证据时，要将不同来源、不同性质的数据证据及其他证据联系起来，找到内在的逻辑关系，并注意对不同的分析进行比较，找到最符合逻辑、最有说服力的审计发现，分析原因，估计影响的大小，并对审计证据的收集、整理、归纳进行记录，以便为提出审计建议、得出审计结论奠定基础，为今后对该环节进行质量评价、及时总结经验教训提供帮助，提高审计证据收集、整理的质量水平。

在绩效审计实施阶段，审计人员要全面分析和理解审计证据，应当采取以下措施对审计证据进行分析：首先，审计项目负责人及项目经理应留出专门时间，全面评价定量和定性分析的结果；其次，就一些较为复杂的统计数据及其他技术性数据，请求绩效审计研究组的统计专家及审计组其他专家给予指导；最后，在对关键信息进行系统筛选的基础上，认真分析定性数据。

审计人员在绩效审计实施阶段，还要特别关注关键信息，对其进行鉴别并得到证据支持。支撑重要审计结论或意见的审计证据，是影响审计项目成败和效果的关键信息。审计人员要根据系统筛选的结果，采取以下措施对关键信息进行认真讨论、分析和复核，以保证其准确性和完整性：首先，召开碰头会或者其他形式的座谈会讨论关键信息；其次，就审计结论和所需的证据制作逻辑关系图，以发现需要进一步深入分析的领域；最后，分工负责具体的项目内容，复核发现的问题。

二、审计工作底稿的编制

审计工作底稿作为审计人员在执行审计业务过程中形成的工作记录和取得的资料，不仅是形成审计结论、发表审计意见的直接依据，而且是证明审计人员按照相关审计准则要求完成审计工作、履行应尽职责的依据。审计人员在审计过程中的重要任务就是收集审计证据，编制审计工作底稿，得出审计结论。通过编制审计工作底稿，把业已收集到的数量众多但又不系统、没有重点的各种审计证据资料系统地加以归类整理，从而使审计结论建立在充分、适当的审计证据基础之上。

审计人员应当对审计工作底稿的真实性、完整性负责。对于因未执行审计实施方案导致重大问题未发现的，审计过程中发现问题隐瞒不报或者不如实反映的，以及审计查出的问题严重失实的，审计人员应承担责任。审计组组长对复核意见负责，对未能发现审计工作底稿中严重失实的行为承担责任。

复核一直是审计项目质量控制的重要环节，应借鉴项目质量控制复核方法，加强审计复核的力度。项目质量控制复核是指在审计报告发布之前，对项目组做出的重大判断和准备报告时形成的结论进行客观评价。复核由不参与业务的人员进行，既增强了复核的独立性和客观性，又有利于保证审计质量。另外，复核产生的威慑作用，有利于督促项目组勤勉尽责。实施这一机制要求审计组在审计证据收集、审计证据整理和审计意见提出过程中落实审计事项和项目的及时复核、总体复核等监督机制。

审计人员在整理审计发现时，要将所有的审计发现与相关利益主体及专家的意见相互印证。为了与有关方面就审计应关注的领域和优先考虑的领域达成共识，审计人员具体可采取以下措施：首先，将审计发现同内部审计、其他检查机构及学术界的研究调查结果进行比较；其次，征求由相关利益主体和相关领域专家代表组成的专家组的意见；最后，通过举行相关利益主体参加的研讨会，征求其对审计发现的意见。

审计人员在审计过程中发现的问题，除非涉及违法、违纪或其他涉密情形，否则应当直接告知被审计单位，并与被审计单位就审计报告中将要提到的内容进行充分沟通并取得一致意见，评估由于意见分歧导致审计报告不能及时提交的风险，并确定相应的解决方案。审计组在起草审计报告前可采取碰头会、与上级主管领导及内部咨询人员沟通等方式，预先确定审计报告的内容和结构。在审计实施阶段，审计项目负责人应该保证所有纳入审计报告草案的关键发现都非常清晰，并有大量证据支持。

●第四节 审计终结阶段的质量控制

在审计终结阶段，要搞好绩效审计质量控制，关键是要做好审计建议和审计报告的编制及报送工作。在审计报告环节，质量控制的重点在于保证审计报告的质量。审计报告的质量包括四层含义：一是审计报告自身的质量，审计报告应当简明扼要且包含主要信息；二是审计报告反映问题的质量；三是审计建议的质量，审计人员应当根据审计结论和审计发现的主要问题提出审计建议，使得审计建议具有针对性和可操作性；四是审计报告报送与信息发布环节的质量。

一、审计报告编制控制

（一）编制依据

《中华人民共和国国家审计准则》对审计报告的编审程序、内容和格式做出了明确规定。

（二）内容框架与形式

绩效审计报告应该既全面又重点突出，既完整又具有可读性。纵观各国审计，并没有统一的绩效审计报告标准。原因在于绩效审计内容很灵活，报告内容在很大程度取决于具体的被审计项目。绩效审计报告要归纳审计发现，包括发现的问题、依据的标准、潜在或现实的影响以及在此基础上提出的对策建议。具体来说，绩效审计报告的框架应包括如下内容：

（1）绩效审计报告的名称。绩效审计报告的名称可以是审计报告或绩效审计报告，但一般来说，能够简要概括被审计项目或体现其特色的名称可能会引起阅读者对绩效审计报告的重视，从而有助于发挥绩效审计的作用。

（2）绩效审计项目的背景和绩效审计部门的宗旨。在绩效审计报告中清晰列出被审计单位或事项的基本情况、资金来源及使用情况、目前的状况等，可以使阅读者对被审计事项有清晰的理解。关于绩效审计部门的宗旨，在绩效审计报告中可作如下表述：向同级人民代表大会及政府机构提供独立、专业及优质的审计服务，确保公共资源得以经济、有效率、有效果的使用，以改进政府公共受托责任的履行质量，对造成严重后果的行为承担责任。

（3）审计项目实施情况。审计项目实施情况主要包括：审计的依据，即审计意见的判断标准；审计的目标、范围、方式、方法以及审计起止时间等；审计准则的遵循情况，如果没有遵循准则，应该说明理由，目的是让阅读者相信审计报告的质量；审计方和被审计方的责任，便于阅读者了解审计的性质和局限性，同时避免审计风险。

（4）审计评价意见或结论。这部分内容要报告审计发现的事实、所依据的标准、对于审计发现事实的潜在或现实影响的分析，还要充分说明审计是怎样得出上述结论的。

（5）绩效审计发现的违法违规问题及处理处罚意见。

（6）审计对策及建议。

（7）被审计单位的反馈意见。当完成绩效审计并对外公布或向上级机关进行汇报时，应当附上被审计单位的反馈意见，以充分说明审计发现的合理性，同时作为后续跟踪审计的依据。

英国审计署规定，审计报告草案在长度和形式上要符合国家要求。具体来说，审计报告中的文字与图表应符合有关规定；报告的长度、文体、框架、习惯性语言、文字、图片等应符合英国审计署公文手册的要求；报告应当文字简练，有效利用信息量丰富的图片和附录，清楚地表明观点。除上述几个方面的内容以外，审计报告还应单独对审计过程中发现的好的管理方法或实践进行评论和肯定，通过公开的审计报告将好的做法或经验进行推广。由于绩效审计的最终目的是促进管理改善，提高绩效，因此，推广好的做法或经验可以达到事半功倍的效果。

（三）责任追究

为保证审计报告的质量，需要对有损审计报告质量的行为进行约束与惩戒。审计机关实行审计组成员、审计组主审、审计组组长、审计机关业务部门、审理机构、总审计师和审计机关负责人对审计业务的分级质量控制。对审计人员违反法律法规和《中华人民共和国国家审计准则》的行为，审计机关应当按照相关规定追究其责任。

审计组成员应当对下列事项承担责任：未按审计实施方案实施审计导致重大问题未被发现的；未按照准则的要求获取审计证据导致审计证据不适当、不充分的；审计记录不真实、不完整的；对发现的重要问题隐瞒不报或者不如实报告的。

审计组组长应当对审计项目的总体质量负责，并对下列事项承担责任：审计实施方案编制或者组织实施不当，造成审计目标未实现或者重要问题未被发现的；审核未发现或者未纠正审计证据不适当、不充分问题的；审核未发现或者未纠正审计工作底稿不真实、不完整问题的；得出的审计结论不正确的；审计组起草的审计文书和审计信息反映的问题严重失实的；提出的审计处理处罚意见或者移送处理意见不正确的；对审计组发现的重要问题隐瞒不报或者不如实报告的；违反法定审计程序的。审计组组长将其工作职责委托给主审或者审计组其他成员的，仍应当对委托事项承担责任。受委托的成员在受托范围内承担相应责任。

审计机关业务部门应当及时发现和纠正审计组工作中存在的重要问题，并对下列事项承担责任：对审计组请示的问题未及时采取适当措施导致严重后果的；复核未发现审计报告、审计决定书等审计项目材料中存在的重要问题的；复核意见不正确的；要求审计组不在审计文书和审计信息中反映重要问题的。业务部门对统一组织审计项目的汇总审计结果出现重大错误、造成严重不良影响的事项承担责任。

审计机关审理机构对下列事项承担责任：审理意见不正确的；对审计报告、审计决定书作出的修改不正确的；审理时应当发现而未发现重要问题的。

审计机关负责人对审计项目实施结果承担最终责任。

（四）语言组织

审计组在审计报告草案的起草过程中应该多方征求意见，并在完成报告草案及摘要后组织全面的复核工作，以确保审计报告简明扼要、通俗易懂且包含主要信息。主要复核措施有：就报告反映信息的清晰性、一致性和平衡性进行审计组内部复核；就报告中是否存在普通读者难以理解的概念和专业术语、论据不足、常识性错误以及文风不一致等问题，征求内部咨询人员和有关阅读者的意见，也可以聘请文字审定人或者其他专业文字工作者审阅，由其对审计报告叙述语气的一致性提出独立看法；征求专家组的意见，以确保审计报告中反映的内容不存在明显错误，如定性不准确，适用法律、法规、规章不正确，处理处罚不当等问题，不存在与其他机构所获得信息不一致的风险。

（五）审计发现与审计建议控制

为确保审计建议以证据为基础、清晰可靠、有价值，审计组组长应当采取以下措施：召集审计组全体成员重点讨论报告中所提的建议；与被审计单位充分沟通，力求审计建议建立在被审计单位与审计组意见一致的基础上；必要时，还应征求专家或内部咨询人员的意见。

审计组必须就审计报告草案中所述事实的准确性及表述恰当性等问题与被审计单位进行充分沟通。涉及有关第三方行为或观点的内容，审计组应征求相关方的意见。在完成对审计报告草案的修改后，审计组组长和审计组成员应从宏观角度专门针对审计报告草案的结构、各部分之间的平衡性和一致性是否符合专业标准进行审阅，以使审计报告草案维持原有结构并且清晰、一致、简洁。

二、审计报告报送控制

（一）报告对象

为了强化绩效审计报告责任，绩效审计报告首先应向委托人提出，除涉及国家秘密外，政府绩效审计报告应逐步推行向社会公众公开的制度，以便社会公众对绩效审计进行监督。这是保证绩效审计质量的重要举措。从本质上说，绩效审计是对政府利用或管理公共资源的管理责任的检查和评价，最终委托人应该是全国人民，所以，除专门规定的不应公布的事项外，都应对全社会公开。

审计报告除了向社会公布外，还应向政府和立法机关分别报告。向政府报告是为了便于政府了解所审计项目的情况，督促相关单位落实审计建议。向立法机关报告是为了让立法机关了解政府工作，并开展相应的监督。向立法机关提交的报告，应区别不同情况，对重要项目可提交单项审计报告，对数量众多的一般项目可合并提出专题报告。对于绩效审计中发现的违规行为，应按财务审计中的有关处理措施实施处理处罚。审计机关应及时与被审计单位进行沟通，请被审计单位阅读审计报告的初稿并同审计机关交换意见。

（二）审计报告报送与信息发布

从发达国家的国家审计实践来看，应当逐步完善绩效审计报告的报送与信息发布机制。审计机关和审计人员应根据年度审计计划，完成审计公告和审计报告信息披露。其中，审计公告应生动地反映审计报告的主题和风格。

审计报告的公布和审计信息的发布，实际上是为了满足社会公众的知情权，调动社会主体参与对被审计单位管理的监督。能否达到这一目的，主要依赖于报告或信息的传播速度和程度，这在很大程度上又依赖于媒体的参与。因此，在信息发布环节，应当按照管理职责权限，确定批准审计报告印发的负责人以及采取后续行动的负责人。前者负责与新闻办公室联系，编制审计报告信息披露计划并安排信息发布，处理与媒体的关系，以便落实报告公布和信息发布的政策措施，及时有效地传递绩效审计相关信息。审计报告信息披露计划中应该清楚地列示希望媒体采用的新闻要点、向审计报告的主要使用者传递信息的策略以及信息误解情况下的应对方案。

在此过程中，审计人员不仅应当对报告公布或信息发布进行适当的组织，而且要制订后续检查的行动方案。对于审计人员的具体要求如下：首先，对审计报告的印制进行适当的组织，制订具体的审计结果发布和跟踪检查方案；其次，与主管发布工作的部门负责人交换意见，确定预计发布审计报告的日期；最后，确保审计报告按照既定的时间表校对、签发和公布。对于急需审计报告的使用者，审计组应确保审计报告一经发布，就立即向这些使用者发送报告副本，以保证直接传达有关信息。在审计报告发布后，审计组可以围绕审计项目的各个方面展开深入讨论，例如举行会议或类似活动、在公开刊物上撰写文章等，正式地向相关利益主体公布审计结果，并且在适当的时候进行跟踪检查。

第五节　审计档案归档与后续跟踪阶段的质量控制

一、归集审计档案

审计档案包括审计工作的过程记录、审计意见的支撑材料。及时归集审计档案对于及时总结审计成果，总结审计经验教训，明确审计质量责任，应对审计诉讼，免除审计责任，都具有重要的意义。

（一）归档依据

审计组应当按照审计档案管理要求收集与审计项目有关的材料，建立审计档案。审计组在归集审计档案时要注意重要审计过程记录、重要审计证据以及与被审计单位的书面沟通文件记录等有关资料的完整性。

（二）责任归属

审计档案实行审计组负责制，审计组应当确定立卷责任人，及时收集与审计项目有关的文件材料。审计项目终结后，立卷责任人应及时办理立卷工作。立卷责任人将文件材料归类整理、排列后，交由审计组组长审查验收。审计组组长按照有关规定对文件材料进行审查验收并签署审查意见，对不符合规定的，应当责成有关人员改正或者向有关机构提出改进意见。审计组组长对审计档案反映的业务质量进行审查验收。审计组成员对文件材料内容的真实性、完整性负责。立卷责任人对卷内文件材料的完整性、归档的规范性负责。审计组组长对审查验收意见负责。审计组所在部门负责人对归档的及时性负责。

（三）归档内容

审计组应对以下材料进行归集：

（1）结论类文件材料，主要包括审计报告及审计业务会议记录、复核意见书、审计组的书面说明、被审计单位对审计报告的书面意见等审计报告形成过程中形成的文件材料、审计决定书及相关文件材料、审计移送处理书及相关文件材料等。

（2）证明类文件材料，主要包括被审计单位承诺书、审计日记、审计工作底稿、审计证据等。

（3）立项类文件材料，主要包括上级审计机关或者本级政府的指令性文件、与审计事项有关的举报材料及领导批示、审计实施方案及审前调查记录等相关材料、审计通知书和授权审计通知书等。

（4）备查类文件材料，主要包括不能归入前三项的其他文件材料。

二、后续跟踪检查质量控制

国家审计机关应对国有企业和政府机构在纠正缺陷与改进制度方面采取的行动

进行后续跟踪审计，如果没有取得满意的进展，应当再度提出报告。

（一）审计质量控制经验总结

审计组在对审计质量进行检查和评价时，首先应进行审计组内部分析和检查，并对重要内容进行复核。审计组要对外界对审计项目的质量评价予以高度重视，包括新闻媒体、被审计单位等，这是绩效审计的本质（即对公共资源受托责任进行审计）决定的。而且，审计组应该经常性地聘请外部专家对绩效审计项目的审计质量进行评估，以便对审计报告、审计目标的实现、审计评价标准、审计结论、审计建议等方面进行客观的评价，保证审计质量水平。

经验总结是对审计工作进行事后总结。在经验总结环节，审计组应回答如下问题：

（1）是否实施了内部和外部质量保证措施？首先，审计组可以采取发放质量调查问卷、与相关单位的财务主管人员沟通等方式，征求被审计单位的意见，包括他们对绩效审计所实现的审计影响和增值、审计组织是否科学、审计人员是否称职等方面的评价和看法。其次，审计组内部应当对审计工作进行全面复核，包括审计方法、审计工作成效和影响等，以确定哪些方面做得好，哪些方面做得差。

（2）是否适当地总结了经验教训？审计组可以实施以下措施：第一，编制审计质量检查工作底稿；第二，发表文章阐述重要的审计经验；第三，在审计组、其他部门或审计署等各个层面，通过举办培训活动或进行演示，在一定范围内反映取得的经验教训。

（3）是否确定了存在的影响，并能控制潜在的影响？审计组要对有关审计影响的反馈信息进行汇总和反映。审计组应采取以下措施：第一，保持与被审计单位的联系，评价整改情况，确定其已经建立并付诸实践的改善措施和步骤；第二，将审计机关提出的建议与被审计单位反馈的内容相比较；第三，在年度报告和工作计划中列示审计机关对有关审计影响的反馈信息。

（4）是否对与审计项目有关的主要文件加以确认并纳入审计机关的工作记录？这个问题要求审计组复核所有与绩效审计相关的文件的整理和保存情况，确保将重要文件作为审计机关的文件妥善保存和管理。

在经验总结环节，审计项目负责人应组织实施质量保证工作，深入总结经验教训，并整理出审计质量专题文件。

作为“质量环节”的控制补充，审计机关还可以聘请外部机构复核已公布的审计报告。外部机构通常是享有盛誉、拥有多个领域知识的学术团体或专家团队。在评价审计工作质量时，外部机构往往先根据绩效审计项目的特点及特殊的专业要求，选择最合适的专家，对项目质量尤其是审计报告做出评价，主要侧重以下方面：行政管理背景、结构安排及语言表述、图表和统计资料、审计范围、审计方法、审计结论和审计建议，以及审计报告总体上是否完善等。针对每一方面，专家们都会提出意见，帮助审计人员总结经验教训，改进审计方法。为了增加评价的权威性和有效性，审计机关可以将外部机构对每份审计报告的评价意见发给被审计单位。

审计机关还可以通过制定一些绩效审计执行质量和效果的考核评价指标来对绩效审计项目进行评价，比如：

绩效审计计划完成率=全年实际完成审计项目个数÷审计计划项目个数×100%

绩效审计决定落实率=绩效审计实际收缴金额÷绩效审计决定下达金额

或　　　　　　　　　=绩效审计决定完全落实单位数÷下达绩效审计决定单位数

绩效审计建议采纳率=绩效审计建议被采纳条款÷绩效审计提出建议条款

需要说明的是，原则上，凡纳入计划的审计项目都必须完成。审计项目未完成又不通过一定程序调整审计项日计划的，可评价为未完成审计计划。

（二）后续跟踪审计

绩效审计与财务真实合法性审计的重要区别在于，前者以评价、建议职能为主，后者以监督、鉴证职能为主。绩效审计工作的价值并不在于所报告的成果或提出的建议，而在于有效地解决问题，即通过在审计过程中就可能引起效率损失的行为、制度等进行沟通，在审计报告中对审计过程中发现的尚未解决的问题提出整改建议和对策，使被审计单位对运营管理做出改善。在我国政府绩效审计实践中，一般情况下是通过对被审计单位提出改进意见的形式发挥政府绩效审计作用的。因此，审计人员应对以前审计中提及的、有可能影响审计目标的重大发现和建议进行后续检查，以确定被审计单位是否已采取及时的、适当的措施。在对存在尚未解决的问题的被审计单位再次进行审计时，后续的审计报告应该揭示以前审计后被审计单位尚未纠正的重大问题和建议的现状。这既是对以前审计提出的整改建议的监督，又揭示了后续审计的审计风险。

在绩效审计执行过程中，审计机关和审计人员对绩效审计质量的控制贯穿于绩效审计工作的全过程。无论是对绩效审计执行的控制，还是对绩效审计计划的调整，都要达到绩效审计目标，满足绩效审计质量的要求。在绩效审计项目计划、绩效审计实施、绩效审计终结等阶段也应以质量控制为重点，建立绩效审计复核和绩效审计责任追究制度，对绩效审计执行过程的质量做必要的保证。

绩效审计项目在一定时期内的战略性计划是一个连续的、继承的过程，这一过程需要按照优化原则不断地进行调整，同时为后续和同类绩效审计项目提供可比性数据和参考。现在，我国审计机关对绩效审计成果的考核比较重视，但是在绩效审计工作成果的评价方面显得比较薄弱，比如在人、财、物和时间的运用上有待达到集约和高效的目标。在绩效审计执行中应当建立绩效审计项目的后续评价制度，通过后续评价系统对绩效审计结果和绩效审计工作成果按设定标准进行评价，以达到优化绩效审计执行和控制的措施与方法的目的。

复习思考题

1.政府绩效审计质量控制框架包括哪些要素？

2.在绩效审计项目计划阶段如何进行质量控制?
3.在绩效审计实施阶段如何进行质量控制?
4.在绩效审计终结阶段如何进行质量控制?

第十章

信息技术在绩效审计中的应用

主要知识点

本章介绍信息技术在绩效审计中的应用，主要内容包括：信息技术在绩效审计中应用的方式；绩效审计中的数据采集、分析和结果显示。

关键概念

审计数据采集；审计数据分析

●第一节　信息技术在绩效审计中应用的可行性分析和方式

一、应用信息技术的可行性分析

从技术角度看，计算机审计是指当被审计对象运用信息技术进行财务工作和经营管理时，审计人员为了实现审计目的，收集审计证据，采取必要的审计程序，对企业信息系统的合规性以及利用信息系统生成的数据进行审计的工作。

在将信息技术应用于审计之前，审计人员必须把被审计单位的数据打印成纸质凭证再进行审计。信息系统中的原始数据是未经过加工和整理的，审计人员用传统的方法很难达到审计目的。在审计软件发展初期，由于其与会计信息系统或管理信息系统没有标准接口，审计所需数据无法从被审计单位系统转移到审计业务系统。审计软件往往要求审计人员将一些基础数据手工录入审计软件，这样才能完成一些简单的计算、查询处理。

随着信息技术的发展与广泛运用，信息技术对于审计技术的发展起到了决定性作用，使得计算机审计逐渐为实务界所广泛采用。一类计算机审计是指信息技术环境下，审计人员对被审计单位的会计报表和其他资料及其所反映的经济活动进行审查并对其真实性、合法性和效益性发表审计意见，也称为计算机辅助审计；另一类计算机审计通常是指对被审计单位计算机信息系统保护资产的安全性、数据的完整性及系统的有效性和效率性进行审查、评价并发表审计意见，也称为信息系统审计。

随着近年来数据库技术、网络技术、存储技术的发展，以及标准接口的规范，审计人员可以在审计系统中通过电子数据交换导入存有被审计单位数据的文件，被审计单位信息系统中的数据可以直接传输至审计业务系统。虽然在实际操作中还存在数据类型不匹配之类的问题，但审计人员通过掌握一些简单的检索操作技能，可以充分利用被审计单位的原始数据。

国家机关、企事业单位广泛运用计算机、数据库、网络等现代信息技术进行管理，改变了过去以查账为主的审计环境。审计对象的信息化，客观上要求审计取证技术方式必须及时做出相应的调整，在运用传统审计方法的基础上，结合信息技术对被审计单位的信息系统进行检查，或结合业务数据对被审计单位的经济活动进行全面检查，唯有如此，方能发挥审计监督的应有作用。

值得指出的是，在理论界和实务界，有一种观点认为开展计算机辅助审计和信息系统审计是完全无关的。实际上，这是一种以偏概全的观点。即便是在运用计算机进行辅助审计时，审计人员也应当关注并开展信息系统审计。信息系统可能由于设计失误或人为原因等导致自身的安全性和准确性出现问题，或者由于被审计单位管理和内部控制制度不能有效发挥作用，使得有效的信息系统被人为篡改，导致信息系统在数据处理过程中出现失误或舞弊。所以，理论上，只要打算利用信息系统的数据及其处理结果，就应当对信息系统自身的安全性和准确性进行检查评价，在此基础上方可进行计算机辅助审计。

二、应用信息技术的方式

审计作为一种独立的经济监督检查活动，其审计对象是被审计单位经济活动的真实性、合法性和效益性。信息技术的应用虽然改变了经济活动记录反映的方法和流程手段，但没有改变被审计单位经济活动的实质内容，更没有改变审计存在的基础条件。因此，无论被审计单位是通过手工操作还是利用信息系统记录和反映经济活动，审计的动机和目标都不会改变。

审计人员通常采用传统审计方法与信息技术相结合的方式开展绩效审计。传统审计方法是通过手工操作而不利用计算机进行审计的方法，其审查对象为书面的财务、非财务文件资料，如审阅法、观察法。信息技术在绩效审计中的应用技术包括数据分析挖掘技术、集成测试技术、实时处理技术等。审计人员应当充分利用这些技术节省审计成本，提高审计效率。由于信息系统的特殊性，针对某些问题的审计必须借助计算机。比如，对大量业务和财务数据进行分析时，可利用相关软件建立模型或进行模拟运算，通过比较分析发现审计线索。由于信息系统没有完全脱离人的干预，并且人为原因造成的差错和舞弊仍然存在，计算机软硬件也容易遭到破坏，因此，采用传统审计方法进行审计是非常必要的，也是非常有效的。所以，计算机审计采用的是传统审计方法与信息技术相结合的方式。

信息技术在绩效审计中主要用于联网适时审计、审计证据获取、被审计单位的绩效评价等。在计算机审计中，被审计单位的业务数据、财务数据、管理数据等信息一般以数据库的方式存在。审计人员要完成审计任务，一般需要对被审计单位的数据进行采集、转换，即先打开被审计单位数据库，然后将被审计单位的数据导入到审计人员的计算机中并转换为审计人员可阅读的数据格式。在对相关数据信息进行真实性、完整性检查的基础上，审计人员可以进一步对电子数据进行审查以获取审计证据。

信息技术在绩效审计中的另一个重要应用就是绩效评价。当被审计单位信息以数据库形式存在时，审计人员可以使用具有查询分析功能的通用软件或审计软件查询、分析数据，并在此基础上完成对被审计单位绩效的评价。随着信息化水平的提升以及现代管理面临的复杂多变的环境，适时审计、持续审计等方式日益受到管理者、决策者的重视，因此对审计人员的技能提出了更高的要求。比如，在持续审计方式下，审计人员需要搭建临时局域网来完成数据的实时通信。

●第二节　绩效审计中的数据采集、分析和结果显示

一、绩效审计中的数据采集与分析

在计算机辅助审计过程中，审计人员将被审计单位的数据采集到自己的计算机上，并转换为审计软件识别的格式，在此基础上对相关数据信息进行查证。因此，计算机辅助审计的技术包括用于完成审计准备的数据采集转换技术和用于审计取证的数据分析技术。数据的采集、分析是绩效审计的基础性工作。绩效审计工作是否成功，审计人员能否出具高质量的审计报告，很大程度上取决于其在现场所取得的数据和分析结果能否对审计结论和审计建议提供强有力的支持。

（一）审计数据采集

数据采集与转换，是运用计算机技术对被审计单位的财务数据和业务数据（均为电子数据）进行采集，并转换成审计人员可运用和操作控制的数据。

1.数据采集方式分类

（1）通用数据采集，指的是数据访问。将被审计单位需要审计的电子数据事先转换成文本文件、Excel、数据库文件格式（可支持SQL Server、Oracle、Sybase等数据库格式）中的任意一种格式，系统从这些文件格式中直接进行数据采集。通过这种方式，系统几乎可以对国内市场上所有财务软件进行数据采集与转换。

（2）专用数据采集，是针对具体的财务或业务软件系统专门制作接口进行采集。前提是已知对象系统数据字典与系统结构。专用数据采集工具能够根据审计工作的具体要求，先确定需要采集对方财务业务信息系统中的哪些数据，然后通过专门的数据采集程序将这些数据采集下来。

2.数据采集方法

（1）从被审计单位的数据库下载数据。

审计人员在运用信息技术进行绩效审计时，通常需要将绩效分析和评价所需要的大量业务数据（如管理制度、开支趋势、员工统计信息、各种业务处理记录等）从被审计单位的计算机系统下载到审计软件中，以便随时进行数据分析，提高审查和分析工作的效率，同时减少对被审计单位正常运营的打扰。

下载数据的主要步骤有：第一，全面地了解被审计单位的数据库及其支持系统，确定审计需要的数据；第二，与被审计单位达成下载数据的安全协议；第三，确定需要下载的有关数据文件、字段和记录范围，并与被审计单位达成一致；第四，确定数据传送的方法和格式，并与被审计单位达成一致；第五，完成数据传送后，应该进行校验，判断数据是否正确，是否在传送过程中遭到破坏。如何进行数据传送也是下载数据工作中需要重点考虑的问题，包括两部分内容：一是传送数据的媒介；二是数据格式。

传送数据方式的选择取决于要传送的文件大小。对于数据量小的文件，可以利用光盘或闪存盘传送。对于数据量较大的文件，有以下两种方法可供选择：①网络传送和直接线缆连接。一些IT帮助平台能够为这种数据传送提供专业帮助。②大型主机的文件可以通过磁盘传送。把数据下载到磁盘是一项专业工作，应该由专家操作完成。审计人员提出要求，并与专家讨论数据传送计划，同时与被审计单位计算机部门进行沟通。

传送数据最好采用Excel、Access、Lotus 1-2-3、DaBase等标准格式。传送大文件的最佳格式是文本文件。文本可以是定长格式或者不定长格式。定长格式比较容易传输，但是要占用较大的磁盘空间；不定长格式不如定长格式那样容易传送，但是能有效地利用磁盘空间。

完成数据传送后应该进行数据确认工作。所有传送完成的数据都应该经过检验，检验工作需要考虑三个方面的问题：首先，应该向被审计单位了解清楚数据保密的要求，特别需要关注敏感数据，尤其是法律明确做出保密要求的数据，必须经过计算机安全员的检查；其次，所有光盘或闪存盘必须经过病毒检查；最后，对字段进行检查，寻找由于字段溢余或缺少引导导致的错误，对所有数据进行符合性和连续性检查，以确定是否存在错误或异常情况。

在数据下载过程中要注意以下事项：①减少数据传送过程中出现的错误。出错的原因有很多，可能是数据不够规范或数据过时，也可能是在传送过程中文件遭到破坏。审计人员应该通过仔细计划、规范格式和寻求适当的技术支持降低这种风险。②数据传送和收集阶段必须进行数据清理，检查数据的完整性和可靠性。

（2）通过抽样取得数据。

审计抽样技术是指审计人员从审计对象总体中选取一定数量的样本进行测试，并根据测试结果推断总体特征的审计方法。

审计抽样包括统计抽样和非统计抽样。统计抽样是应用概率论和数理统计方法确定样本量，按照随机原则选取样本，并对样本结果进行统计评价的方法。非统计抽样也称为判断抽样，是指审计人员根据专业判断确定样本量进而选取样本的方法。从国外审计实践看，由于统计抽样要求太严格、操作太复杂，审计人员主要采用判断抽样，必要时采用统计抽样。

抽样工作的要点包括：①准备充分。审计组必须在准备阶段综合考虑所需要的审计证据和抽样结果的可靠程度。②寻求专家帮助。审计组在使用抽样技术时，必须利用统计技术验证抽样方法的适当性、数据评价的恰当性，在复杂的情况下应当考虑由专家负责抽样。③确定总体。总体可以是机关、公共机构、员工或者受益人。如果总体的数据被保存在被审计单位信息系统中，审计人员可以直接从中选择样本。在大多数情况下，审计人员应当先根据审计目的进行初始分析，确定所需要的专用数据或一定范围内的少量数据，将其作为总体，再进行抽样。④选择抽样方法。在绩效审计中，审计人员应当根据审计目的来选择审计抽样方法，如简单随机抽样、等距抽样、整群抽样、比例抽样等。在某些情况下，比如需要小样本或者随机抽样无法实现时，也可以采取非统计抽样的方法，但是需要注意的是，凭经验抽取的样本未必能正确推断总体特征。⑤利用软件。在绩效审计中，能够帮助审计人员进行样本选取和分析的软件有IDEA、SPSS、Excel等。其中，IDEA能运用上述各种抽样方法选取样本，SPSS和Excel比较适用于简单随机抽样和等距抽样。⑥解释抽样结果。解释抽样结果时允许存在一定的不确定性，这是因为当运用抽样结果计算总体的最佳估计值时，该结果有时会受样本错误的影响。⑦确定所需的精确度。精确度要求越高，置信区间就越窄。置信区间是指由样本统计量所构造的总体参数的估计区间。⑧确定样本规模。样本规模受精确度和总体数据规模的影响。一般情况下，精确度越高，总体数据规模越大，所需要的样本量就越大。样本量至少为30个。

使用抽样方法应该注意以下事项：①预期值和置信区间的计算会受到抽样方法的影响。简单随机抽样的预期值和抽样误差清楚易懂，并且能用Excel、SPSS、SNAP等软件计算；其他抽样方法的预期值的计算则比较复杂，通常需要专家的帮助。②从总体中按比例抽取的样本，在被用来推断总体之前应该进行调整。例如，不能根据样本情况直接得出调查结论，而是必须对抽样结果进行调整以反映真实情况。

（3）通过调查获得数据。

审计人员可以自行组织调查，也可以委托市场调查机构进行调查，以获得绩效审计所需要的定性和定量数据。英国审计署在绩效审计中就广泛使用调查方法，除一些小型调查工作由内部机构执行外，审计组通常委托市场调查机构进行大型调查工作。设计调查和分析调查结果的主要软件是SNAP。受托机构使用SNAP收集数据，并可以将数据传送到审计组的SNAP软件以供分析使用。

英国审计署于1991年出版的《调查的设计和执行操作手册》和1995年出版的《调查的设计、委托和分析操作手册》为实施审计调查提供了建议，要点如下：

①在调查过程中，即便是审计人员自行组织调查，也需要寻求专家的帮助。大型调查通常由市场调查机构执行，所以应该首先确认这些机构是否具有正规的数据处理程序和质量控制措施。②主要调查方法有问卷法、面谈法和电话访谈法等。问卷法是一种成本相对低廉的调查法，适用于对分布范围较大的人群进行调查。在调查时，如果是规模较小的调查，则主要是邮寄、回收问卷，通常由内部机构执行。这种方法的缺陷在于问卷答复率很低。为克服这种缺陷，在使用问卷法时，通常需要将问卷设计得清楚并具有吸引力。面谈法的优点是被访问者能够在工作人员的指导下，回答较为困难或复杂的问题。电话访谈法是一种快速接触大量听众的方法，特别适用于商业调查。电话访谈法的缺陷是很难控制和进行验证，并且只能询问简单的问题。③准备调查。在调查之前，审计人员应当开展定性研究，有针对性地深入了解，获取信息是调查的基础，也有助于设计问卷。④验证结果。在调查完成后，与被调查者举行会议座谈，可以验证调查结果，也可以获取其他信息。验证调查取得的数据非常重要，应该保证有充足的时间对数据进行检查。

（二）审计数据转换

被审计单位信息系统的多样性导致被审计单位数据库格式多样化，审计人员在利用计算机进行审计时，需要将采集的数据转换成审计软件可以识别的格式。

数据转换是指将数据变换成能被其他系统识别的格式。数据转换工具可以分为通用的数据转换和专用的数据转换。通用的数据转换能够完成数据转换中的简单变换（如类型变换、日期时间格式变换、代码变换和值域变换）以及一部分数据清洗工作。这类工具类似于数据仓库中的数据抽取工具，它更加符合计算机审计的实际需要。专用的数据转换是指将对象系统中采集到的数据转换为后续数据分析处理工具要求的格式或审计人员易于理解的、符合一定标准的格式。例如，将财务系统中的数据转换为账册的形式、报表的形式等。对于不同的数据来源，审计人员要尽可能采用相对统一的向导界面，完成数据采集和转换工作。

实际工作中具体采用的数据转换技术，主要依据审计目标、被审计单位的数据结构和格式、审计软件对输入数据的处理需要等因素决定。可以使用的工具和方法主要有数据库管理系统自带的转换工具、审计软件和程序编码。

1.数据库管理系统自带的转换工具

较多的数据库管理系统都自带数据转换工具。微软的SQL Server自带的数据抽取和转换工具操作方便、功能强大，支持多种形式的转换。

2.审计软件

数据转换是衡量审计软件功能的一项重要指标。审计软件所具备的数据转换功能，往往只能对特定格式的数据进行转换。通过审计软件转换数据，一般是在使用审计软件采集数据后进行，数据转换后要进行数据的完整性、安全性验证。

3.程序编码

程序编码一般运用在对复杂的数据文件中的数据进行转换时。程序编码要求审计人员根据被审计单位信息系统的具体情况编写特定的数据转换程序，因此，对审计人员的计算机水平要求比较高。

在数据转换过程中，被审计单位信息系统的加密措施给数据转换带来一定的困难。同时，审计目的的不同决定了对审计数据的要求不同，要根据审计目的、被审计单位信息系统等确定数据转换的具体方式。

（三）审计数据分析

审计数据分析技术是通过分析财务数据之间及财务数据和非财务数据之间的关系取得审计证据的技术，也称为分析性复核、分析程序、比较审计等。审计数据分析技术范围较广，从简单的比较分析到相对复杂的数据仓库技术，从查询型分析、验证型分析到挖掘性分析等，可以借助专门的软件进行分析。绩效审计数据分析需要运用一系列定量方法，主要有初始数据分析、指数分析、关联分析、时间序列分析、模型分析等。

1.初始数据分析（initial data analysis）

数据分析，首先应当从检查数据的偏差、异常、极端值、信息丢失以及合理性开始，然后集中剖析数据信息所蕴含的模式、趋势和联系。初始数据分析一般应用简单的数据分析技术。

常用的数据分析技术包括：①数据比较（collating data groups），即在不同的数据组之间进行比较，揭示数量的量级，按数值进行排序，列明最大值和最小值；②确定数据值域（determining the spread of data），即确定数据最大值和最小值的差及数据的分布情况；③数据归类（ranking data），即按价值、地理分布或者其他相关重要因素将数据进行归类；④确定发生频率（determining frequency），即确定事件、特定值的发生次数；⑤列联表（cross tabulating data），即用多种方法反映和记录数据的不同特征，适用于反映两种或两种以上不同分类的结果；⑥简单时间序列（plotting simple time series）；⑦计算简单平均数；⑧测量可能的数据变化，即通过计算标准确定与平均数有关的特定差异，例如，如果认为用平均数来描述一组数据是最合适的，就必须用标准差来说明数据中可能存在的变化等。

在应用这些简单的数据分析方法时，可以借助Excel、SPSS等软件。如测定特定数据的变化的差异性，可以使用SPSS的方差检验。

在进行初始数据分析时应注意以下事项：(1）为了避免由于方法不当或者数据不准确引起的时间浪费，在数据初始分析时应采取简单的技术，而不是复杂的技术，往往最简单的方法最有效。(2）必须检查极端值，确保不是由错误产生的，必要时予以剔除。重视极端值的原因是它们对统计结果（如平均数、标准差、相关系数等）都会产生重要影响，不管是重大背离还是错误都会歪曲所传递的信息。通常情况下，极端值可以根据平均数的一定倍数、异常值等来确定。(3）通常所说的平均数是指算术平均数，如果要用其他形式的平均数，比如中值，就要对其做出详细的说明和解释。(4）某些术语，比如标准差，除了统计人员外，外行很难理解，因此，需要用通俗的语言进行解释。

2.指数分析（index number and performance measures）

指数分析是指选定一个基期（一般是某年）的价值，将随后期间的所有价值与基期价值进行比较。指数分析的最大优点是基期以来的百分比变化一目了然，表达数据的方式直观、容易理解，一般在审计报告中用于说明价值的变化、一段时间内商品价格的变化等。

在绩效审计中，审计人员需要用到一系列指数。编制指数的方法很多，常用的是简单价格指数，用来揭示随时间推移，价格和成本出现的变化。在指数编制中，一个重要概念是权重。合成指数由一系列项目组成，需要根据它们的重要性程度给予一定的权重。

利用指数法时要注意，虽然指数分析是很有用的工具，但是其运用效果受到仔细程度、基期的确定、项目的选择、权重的安排和计算方法的选用等多方面影响。采用复合指数时，指数的剧烈变动并不一定代表价格或数量发生了变化，指数的成分发生变化（即减少或增加项目）也可能造成这一结果。

3.关联分析（association between two variables）

在绩效审计中，审计人员需要考虑不同数据之间存在的一致性关系，可以通过对变量之间的关联分析实现，比如工作人员的数量和他们的工作负荷之间的关系、符合条件的社会福利受益人的数量和他们领到的社会福利之间的关系。因为这种方法有助于评估在资源一定的条件下所达到的效率和效果，所以对绩效审计工作来说非常有用。

使用关联分析主要考虑的是变量之间的关联强度。例如，如果一个警察局处理犯罪的警员数量和案件清理率的关联程度低，就预示着需要增加警力或者需要更好地配置警力。

检查两个变量之间的关联程度的方法主要有以下两种：

（1）散点图分析（scatter diagrams）。在散点图中，每个坐标显示一个变量，变量的数值在图表中用点表示。制作散点图的软件有Excel、SPSS、SNAP。例如，当研究处理申请的效率和人力资源的关系时，如果这些点形成了直线或曲线，表明有清晰的关系，就可以用相关系数进行检验。

（2）卡方检验（chi-squared test）。卡方检验常常被用来确定一对问题的答案之间的关联程度。例如，有两个问题，第一个是你年龄多大（16~24，25~34等），第二个是近3年参观博物馆的次数（0次，1次，2~3次，4次以上）。卡方检验能够确定两组答案之间是否存在统计关联，从而判断年龄对参观次数是否存在潜在的影响。

使用关联分析时应注意以下事项：（1）散点图可能无法在审计报告中用文字表述清楚，特别是在待分析数据量很大或者数据之间内在联系不规律的情况下；（2）卡方检验只能用于检验事件的次数，而不能用于检验百分比；（3）应用卡方检验方法检查和评估结果时，有时需要专家的帮助。

4.时间序列分析（time series）

使用范围较广的趋势分析方法有两种，即简单趋势分析和时间序列分析。简单趋势分析着眼于发现一段时间内数据变化的趋势和模式，因此有助于估计和评价发展过程，是更先进的模拟和预测技术的基础。在一段时间内，各种因素都会对趋势产生影响，有些因素既不是长期存在的，也不是特别重要的，这就会增加发现的难度，此时需要运用时间序列分析。运用基于移动平均数和其他方法的时间序列分析能够达到与平滑图形相同的目的。时间序列分析也可以根据发展趋势预测将来，预测模型相对复杂，需要加大近期数据的权重，以增加影响程度。

5.模型分析（modeling techniques）

模型分析经常被用来理解系统程序、预测未来、检测变化对结果的影响，以及确定需要进一步检查的异常事件。运用模型分析的前提条件是分析的项目之间存在关联。因为模型分析要处理一系列条件和结果，工作比较复杂，所以通常需要利用软件。在运用模型分析时要注意，这一过程应当尽量在专家的指导下进行。在开展模型分析之前，要全面掌握资料，必须能够清晰地说明模型得出的结论，突出注意事项。如果被审计单位使用这项技术，要对审计人员是否具有评价应用过程和最终结果的相关知识进行评估。例如，在运用回归技术时，如果忽略了相关变量，或忽略了应有的检验，可能造成伪回归等问题。

模型分析主要有以下类别：

（1）回归分析（regression analysis）。这是最普通的模型分析，从简单的线性回归模型到复杂的多元回归模型。回归分析可以用来检查两个或者多个变量之间的关系，预测可能的结果，还可以用来测试各种各样的投入所产生的影响。

（2）多元分析（multivariate analysis）。这种方法吸收了一系列统计技术方法，包括因素分析、聚类分析、对数线性分析、判别分析等，用来检验变量之间的关系。

（3）决策理论（decision theory）。这种方法用来从许多选项中确定最佳选择。使用这种方法必须保证针对所有的选项按照统一的标准进行评估。每个选项都是依据预期和以往经验主观确定的，或者根据客观经验数据确定相应的成本和概率，通过计算确定最佳选择。这种方法在设备采购、资本方案决策时使用。在绩效审计中运用决策理论，审计组可以重新评估被审计单位的方案，判断其选择是否最佳，也可以在规划绩效审计项目时决定对哪些项目进行进一步检查。

（4）网状分析（network analysis）。这种方法通过分解工作任务，确定效率最高的工作顺序，从而最佳地利用时间和资源。在绩效审计中，审计组可以利用网状分析评价大型设备采购项目、研究项目和基建项目是否管理良好，是否恰当地利用了时间和资源。如果工程严重超出预算或者长期拖延，这种方法有助于确定效率低下的主要原因。同时，这种方法还能被用来规划比较复杂的绩效审计项目。

（5）模拟（simulation）。模拟方法可以用来解决“如果存在问题会怎么样”。这种方法需要在多种因素的基础上建立模型，这些因素中有些是常量，有些是变量。各种假设会被应用到模拟程序中，从而得到一系列可能的结果。在绩效审计中，这种方法能够被用来揭示由于程序和工程中的主要因素发生变化而可能产生的潜在影响。如果初始的证据显示工程的分包合同无法按时完成，或者占成本重要部分的工程设计必须做出变更，那么应用这种方法进行绩效分析就很重要。如果审计组已发现工程管理存在重大的薄弱环节导致工程超期，应用模拟技术也可以揭示，如果管理得当，工程将取得何种结果。

（6）线性规划（linear programming）。这是一种用数据寻找最佳资源分配方案的方法。在绩效审计中，当审计组评估被审计单位分配资源的可靠性时，他们可能需要检查不同资源分配方案下的结果，而这种方法将非常有效。

（7）等候理论（queuing theory）。这种方法可以用来模拟处理退税的等候时间和回答公众来信所需的时间，模拟反映预计的需求、处理需求所需的时间和可以利用的资源。在绩效审计中，审计组可以利用等候理论模拟不同工作效率产生的影响，或者改进工作效率所需要的资源等。

值得指出的是，尽管模型分析是一种有效的分析技术，但要求审计人员具有相应的判断能力和统计专业知识，审计人员应当在专家的帮助下开展这项工作。同时，审计人员需要全面了解资料，有可靠的数据和充分的时间进行模型测试，模型建立的假设基础要清晰明了，必须清楚地说明模型得出的结论。

二、数据分析结果演示

对于收集整理的数据，在进行分析的基础上予以充分反映，清晰地显示数据与审计结论和建议之间的关系，以及数据分析对审计结论和建议的支持程度，是数据分析工作的重要组成部分。反映数据分析结果的方式有表格、曲线图等，表达方式的选择取决于数据的类型和想要传达的信息。大多数计算机软件提供了反映数据分析结果的多种方法。

（一）饼形图（pie charts）

饼形图是为了清楚地表示整体的各个组成部分，把整体切成几块的圆形图，每一个切块表示每个部分占总体的比例或者数量。一般情况下，饼形图最多切成8块，否则就会显得太拥挤。必要时，可以把2个或者3个饼形图进行比较，以显示随时间推移出现的变化或者相互之间的不同。切块的排列要具有一定的逻辑顺序，例如按照切块的大小或者按照重要程度进行排列。

利用饼形图来反映数据要注意以下几点：（1）三维的饼形图既不会提供额外的信息，又容易产生误导，应避免使用。（2）正常情况下，应当使用圆形，只有在需要显示一个切块不同点的时候，才根据需要对饼形图进行拉伸或作其他形式的变形。（3）如果需要使用一组饼形图进行比较，必须保证这些饼形图大小一致、排列顺序一致。

（二）简单条形图（simple bar chart）

条形图由一组垂直的实心条组成。如果需要空间进行标记，也可以是水平条。条的宽度一定，长度和所反映的数量成比例。简单条形图经常用于总数之间、不同数据之间、前期和后期数据之间，以及一项内容各组成部分之间的比较。

柱状图是简单条形图的一种，主要用于反映事件的发生频率，是频率表现的图形反映方式。如果频率分布的形态对于传达信息很重要，比如在频率分布很偏的情况下，就应当使用柱状图。

使用简单条形图应该注意以下事项：（1）带阴影或者深色的条形图可能会产生误导，应尽量避免使用。（2）三维的条形图必须在确保不会产生误导的前提下才能使用。（3）条与条之间、条与数轴之间应该具有清晰的比较效果，以产生明确的视觉信息。如果有必要，也可以在条的上端标记实际数量，以清晰地传递信息。

（三）组合条形图（component bar chart）

组合条形图比简单条形图复杂一些，该方法通过组合条的比较来传递信息，经常用来反映事物随时间推移产生的成分变化，或者对相互联系的事物进行比较。

应用组合条形图来反映数据时，应注意以下事项：（1）组合条形图会随着组合条内数量的增加而越来越不清晰，因此，理想的组合条形图的组合条不超过4条。（2）在实际数量不重要的场合，尽量只使用比例条。（3）组合条中，条的排列顺序需要仔细斟酌，应该按照自然顺序或者按照第一个组合条的排列顺序排列。（4）如果对条的排列顺序没有特殊要求，为了更加容易理解，一般按照易变在前、稳定在后的原则排列。

（四）高低点图（high-low charts）

高低点图经常用于比较各组数据的分布情况，在每一组数据内通过最大值、最小值和中间值来反映数据的分布范围。处理过程所需的最短时间、最长时间和平均时间可以用高低点图比较典型地反映出来，比如用来反映各个时期处理相关申请的情况。

应用高低点图来反映数据时，应当注意以下事项：（1）为了有助于理解高低点图所传达的信息，高低点图上的数据必须清晰标注，并做出必要的说明。（2）高低点图只有两个端点都清楚才有意义。

（五）趋势图（graphs showing trends）

趋势图适用于描述一段时间内数据的变化情况，比如几年内某只股票的持有数量、几个月来工作量的变化。在比较相关数据的发展趋势时，把一组数据的趋势用线条来表示，另一组数据用条形图来表示，这种混合的趋势图反映数据的效果会更好。

应用趋势图来反映数据时，应注意以下事项：（1）趋势图上的趋势线最多不能超过5条，否则图形就会显得很混乱。（2）每条趋势线必须通过颜色、形状或者清晰的标注做出明确区分。（3）趋势图的不同趋势线应尽量使用相同的计量单位，避免误导。如果必须使用不同的计量单位，就必须保证每一个数轴都有零点且在数据的最大值处截止，每一个数轴都要明确标注。为了解决计量单位不一致的问题，也可以把两组数据都转换为指数，这样就能进行统一计量。

（六）散点图（scatter charts）

散点图是将两个变量的数值反映在坐标图上，从而提示两者之间相互关系的方法，如反映工作成绩和工作人员数量之间的关系。

应用散点图来反映数据时，应注意以下事项：（1）如果散点图上只有少量几个点，就应在散点图上对点进行直接标注。（2）散点图一般仅在现场工作时使用。只有在散点之间的数据内在规律清晰明了，并且能够直观反映重要信息的情况下，才在审计报告中使用散点图。

（七）表格（tables）

表格一般用来反映实际数据和数字变化。表格能显示统计汇总、时间序列和发生频率。

应用表格反映数据时，应注意以下事项：（1）表格内数字必须四舍五入，一般保留两位小数。（2）表格内数据的排列必须有一定的逻辑顺序，比如按照地理分布、项目的重要程度排序。

（八）组织结构图（diagrams and organization charts）

用图表法描绘重要信息既简单又直接，组织结构图能够有效地反映组织的内部结构和工作程序。

应用组织结构图反映数据时，应考虑以下两点：（1）图形能清楚地反映重要信息。（2）图表更加具有逻辑性且容易理解。

复习思考题

1.信息技术在绩效审计中有哪些用途？

2.运用信息技术进行绩效审计时，数据采集、分析和结果显示分别有哪些用途？

第三篇

应用篇

本篇介绍了综合性绩效审计案例和政策绩效评价。综合性绩效审计案例包括农垦总局热带作物项目绩效审计案例、医疗设备采购及大型医疗设备使用和管理情况的绩效审计、淘汰燃煤锅炉绩效审计、三峡库区移民资金审计案例。政策绩效评价的主要内容包括政策绩效评价概述、政策绩效评价方法。

第十一章

绩效审计案例

主要知识点

本章介绍了我国审计机关在21世纪初积极探索绩效审计的一些经典案例，主要内容包括：农垦总局热带作物项目绩效审计案例；医疗设备采购及大型医疗设备使用和管理情况的绩效审计；淘汰燃煤锅炉绩效审计；三峡库区移民资金审计案例。这些案例比较有代表性地反映了绩效审计在探索期的做法，如独立型绩效审计的项目选择、审计实施过程、绩效评价标准的确定以及审计技术方法的创新等，有助于我们加深对绩效审计的深刻认识。

关键概念

独立型绩效审计；衡工量值审计

●第一节　农垦总局热带作物项目绩效审计案例

一、案例背景

1992年9月4日，中国政府与亚洲开发银行（以下简称亚行）签署了某省热带作物发展项目（以下简称热作项目）的贷款协议。同年12月4日，中国人民银行转贷给该省农垦总局。热作项目开始实施的时间是1992年10月，贷款总额为5 500万美元，贷款期限为25年。项目计划投资总额为人民币59 919.24万元，其中，亚行贷款5 500万美元（按签订贷款协议时的汇率折合人民币30 041.55万元），项目实际完成投资额为人民币89 386.6万元，其中，亚行贷款5 500万美元（按资金到位时的汇率折合人民币47 015.5万元）。热作项目按计划于1997年12月完成。

根据可行性研究报告，热作项目的基本任务包括更新种植橡胶、剑麻等农作物35 400公顷，建设一批与相关农作物配套的加工厂和生产线，采购一批物资设备和车辆。

截止到2005年12月，该省农垦总局应付热作项目亚行贷款本息和承诺费共4 673.57万美元（折合人民币37 388.62万元），已付1 542.49万美元（折合人民币12 339.95万元），欠交3 131.08万美元（折合人民币25 048.67万元）。

二、案例介绍

（一）审计过程

2006年7月17日至2006年9月30日，某特派办派出审计调查组共8人，对该省农垦总局利用亚行贷款热作项目的效益情况进行了专项审计调查。调查的重点和主要内容有：审查项目目标完成情况，评价项目是否达到预期效果、是否具有可持续发展能力，重点关注建设中存在的严重违法、违规问题，如弄虚作假骗取挪用项目资金、倒卖设备物资等行为；审查项目执行单位项目运营管理情况，查看项目完成后是否按照项目目标正常运营，是否存在项目倒闭、毁损、荒废和效益低下等问题，重点关注是否存在管理不善、严重损失浪费和损害农民切身利益的问题。

在审计调查中，审计组除了对该省农垦总局项目办进行审计调查外，还延伸审计调查了市农垦局项目办、省广前糖业发展有限公司、广丰工业公司、省粤垦外经实业发展总公司、中国机械设备进出口总公司等十多家公司和单位。审计组除了运用传统的检查、观察、计算、分析性复核等审计方法外，还对审计风险进行了评估，并运用因素分析法、座谈会、问卷调查等多种审计方法，对该项目立项决策、实施、运营进行了审计，评价了项目的效益。

（二）审计技术方法创新

1.尝试基于项目风险管理的绩效审计

在此次审计中，针对农业项目容易受到自然灾害、市场等风险影响，审计组通过识别、评估和分析项目建设的事前、事中和事后三个阶段的重大风险因素，并将风险管理的结果与项目预期效益进行比较，对项目资金使用的经济性、效率性和效果性进行评价。

（1）事前风险管理。审计组主要针对可行性研究开展审计。具体工作是根据客观情况实事求是地对工程项目进行技术论证、技术方案比选，特别是对国家正式颁布的有关工程技术经济方面的技术规范、技术标准、定额及项目前期评价的技术参数和指标认真把握与选用，确保项目前期决策绩效审计的严肃性、客观性、真实性、科学性和可靠性，并对可行性研究的效果性进行评价。通过上述工作得到的结论是，由于缺乏对风险的评估，该项目的可行性研究报告对许多数据的预测都过度乐观，严重地降低了项目数据的可信程度，导致了项目的盲目开展，而在开展的过程中，又缺乏对风险因素的充分重视，没有采取足够的风险应对措施来降低风险的损害，因此，该项目的可行性研究报告是低效的，它并没有对项目的效益性做出科学合理的评价。

（2）事中风险管理。审计组主要针对工程投资和建设进度及达产期两部分内容进行了分析，并重点对项目阻燃模压木制品项目进行了剖析。通过对该项目投资概算、盈亏平衡点产量、经营安全率等指标的分析，认为阻燃模压木制品项目对项目在建期间风险的认识十分不足，不但过分地扩大了固定投资，而且严重地延长了建设期，加上生产技术、产品质量滞后，项目本身对市场的表现明显不适应，大大提高了项目经营的风险，最终导致了该项目的彻底失败。

（3）事后风险管理。审计组主要对项目建成后面临的市场需求、市场价格和管理风险等因素进行分析，并对两个糖厂的生产进行深入剖析，最终认为项目在生产的效率性和效果性上表现上佳，能够达到甚至超出设计的产能，且产出高质量的蔗糖，但在经济性上的表现并不能令人满意，对风险控制的效果也不明显，产品总体成本较高，价格风险依然很高。

通过对上述三个阶段的综合分析，审计人员认为该项目的失败很大程度上是由于缺乏风险管理意识，对风险因素（包括可行性研究、自然灾害、工程投资、建设进度以及市场价格）的识别和评价不足，也没有有效的措施应对风险，造成可行性研究过于乐观，工程投资和建设进度严重超标，自然灾害破坏惨重，产品收益过低，项目整体的经济性、效率性和效果性的表现较差，资金大量浪费，还贷能力低下。

2.以物资流和资金流为主线

热作项目利用亚行贷款主要分为两个部分：一部分为亚行拨付到项目办的农作物扶管劳务费，此部分为实际的资金流入；另一部分为利用亚行贷款采购的化肥、车辆等设备，此部分资金由亚行直接拨付到设备中标商而不经项目办，项目办负责接收由中标商发来的设备物资。

针对项目的这种特点，审计组经过分析，确定了分别从物资流和资金流进行详细跟踪的思路。审计组从物资流出发，对设备物资验收情况、入库情况、下拨情况、下属单位接收情况、固定资产入账情况以及其他辅助资料层层核查，发现该局项目办在化肥、机械等部分设备物资采购中弄虚作假，与中标商串通，通过编制虚假经济内容的合同、收货证明等方式，骗取亚行资金上亿元的情况；从资金流出发，根据项目办的银行日记账和银行对账单等资料，核实项目办资金的收入、拨付情况，同时延伸至资金单位，核实拨付资金的真实性以及使用情况，发现该局项目办存在截留、挪用项目资金的情况。

3.运用计算机辅助审计方法

在对物资流和资金流的审计过程中，亚行资金和骗取的资金流入项目办后，项目办居然有三套不同的账来反映这些资金。资金一方面被拨入下属农垦分局以及分局下属农场，另一方面流入十多家省农垦总局一级子公司和二级子公司，且这些单位和公司之间资金往来频繁，十分复杂。在这样的情况下，审计组理清思路，积极运用计算机技术，根据各公司的不同情况，编制了十多张资金流量图，最后又对这些图进行综合分析汇总，形成最终的总资金流量明细图，对每笔相关的资金流入、流出以箭头图标的形式表现出来，一目了然，非常清晰地反映了亚行资金的实际到位和使用情况。

第二节 医疗设备采购及大型医疗设备使用和管理情况的绩效审计①

一、案例背景

1992年深圳取得经济特区立法权。从建立特区以来，深圳经济坚持市场化发展，不断加大对教育、环保和基础设施等方面的投入，政府职能向公共型转变，已逐步构建起公共财政的框架。至2002年，拥有500万常住人口的深圳市，已实现GDP2 239亿元，人均GDP达到4.6万元，地方性财政收入304亿元，当年可支配财力达600多亿元。综合各种可比、不可比因素，测算深圳的经济总量和人均国内生产总值，约相当于香港地区的1/3，各项社会经济指标基本达到中等收入国家水平，为深圳率先开展政府绩效审计提供了较为有利的经济、政治和社会环境。

2001年，《深圳经济特区审计监督条例》公布实施。该条例不仅对绩效审计的概念做出了明确界定，而且提出了绩效审计的基本方法。该条例要求审计机关对政府各部门履行职责所用的财政资金进行绩效审计，并于每年第四季度向本级政府提出绩效审计报告，同时，审计机关接受政府委托，向人大常委会报告绩效审计工作情况。该条例的颁布和实施为开展政府绩效审计提供了法律依据。

为了更好地学习发达国家和地区的绩效审计先进经验，2002年以来，深圳市审计局多次组织绩效审计考察团赴丹麦国家审计署、澳大利亚国家审计署进行考察和培训。2002年4月，审计局会同计划预算委员会到香港地区考察，访问了中国香港审计署和政府账目委员会，就香港地区绩效审计——衡工量值审计——进行了学习和交流。此外，深圳市审计局还非常重视审计人员素质和技能的提高。2002年8月，审计局和内部审计协会举办了绩效审计培训班，聘请香港中文大学教授前来讲授绩效审计理论和实务。深圳市审计局还经常召开业务会议，围绕绩效审计进行专题研讨。这些都为政府绩效审计的开展奠定了基础。

二、案例详情

（一）项目选择

2002年，深圳市审计局积极筹备开展政府绩效审计。审计局在了解信息的基础上，初步提出交通、环保、城管、医疗和农业等5个绩效审计备选项目以供筛选。审计局还进一步了解到，2002年年初的深圳市第三届人民代表大会第三次会议上，某医院购置价值4 000万元的核磁共振设备的预算投资项目引起了人大代表的热议，代表们普遍认为，综合全市各医院同类设备的配置情况来看，应该完全可以满足市民看病需要，暂时不需要添置该类设备，因而暂缓该项预算安排。这一决议引起审计局的重视，审计局初步决定将市属医院医疗项目的采购和使用管理情况作为绩效审计项目的试点。考虑到医疗设备购置牵涉到民生问题，也是广大民众关

① 陈志刚. 深圳市政府绩效审计的探索与实践［J］. 广东审计，2004（4）.

注的焦点，负责绩效审计项目选择的审计人员首先进行了初步摸底的审前调查，走访了市卫生局下属所有医院，认为该医疗设备的采购和使用管理情况在增值性等方面较优于其他4个备选项目，而主管部门卫生局也愿意积极配合，综合各方面因素，审计局确定立项。

2002年下半年，深圳市审计局选择市卫生局所属的深圳市人民医院、北京大学深圳医院等12所市属医院医疗设备的采购资金的投入情况及大型医疗设备的使用管理情况作为首个绩效审计项目，这也是我国政府审计制度恢复以来真正意义上的绩效审计。审计局一方面积极收集所有背景资料，另一方面安排审计局财政处牵头，组织精兵强将，积极开展该项绩效审计准备工作，在与主管部门积极商讨的情况下，建立考核指标，制订审计方案。

（二）实施审计

2002年8月1日至11月15日，根据深审财通〔2002〕41号审计通知书，深圳市审计局指派4名审计人员组成审计组，对市人民医院等12家市属医院医疗设备采购及使用管理情况进行了绩效审计。审计组在审前调查的基础上，首先，根据制度测试发现的问题，对事先设定的考核指标进行修正，进一步完善审计方案；其次，在审计过程中，设计了包括大型医疗设备效益考核表等取证表格采集数据，发放调查问卷收集意见，审核账簿和有关记录，并通过查阅档案、现场观察设备等手段进行审计和取证；最后，汇总分析审计证据，针对财政资金分配、设备采购招标过程中存在的问题、医疗主管部门存在的问题以及各医院在设备使用管理中对效益的影响等方面提出审计建议，在广泛听取被审计单位和专家的意见后形成初步审计结论。

（三）审计结论

1.基本评价

根据审计获得的数据，截至2002年6月，深圳市卫生局下属的12家市属医院共配置1 428台医疗设备，价值103 472万元。其中，100万元以上医疗设备278台，价值42 089万元；100万元以下医疗设备1 150台，价值61 383万元。从使用情况来看，总体良好，特别是综合医院的常规检测设备使用效率较高，卫生系统从省到市各级医疗主管部门的设备管理制度较为完善。但审计人员也发现，无论是医疗主管部门还是各医院，在管理运作中都还存在一些问题。

2.主要问题

（1）在财政资金分配、设备采购招标过程中存在各所医院各自申报、各自为政的现象；在集中招标、计划管理、计划变更过程中还存在效率不高等问题。

（2）医疗主管部门方面存在未能建立深圳医疗设备配备基础数据库、对设备的总体情况未能全面准确掌握、未能建立统一的考核指标并执行有效的管理制度、对设备使用效益关注不够等问题。

（3）各医院在设备使用管理方面存在购置设备的可行性研究比较随意、部分设备未能充分及时利用、部分设备超期使用、设备资料的档案管理及会计核算不规范等问题。

3.审计建议

（1）建立区域内医疗设备和装备的合理配置标准，设立专家组进行评审。对医疗设备的财政资金投入形成统一的医疗设备申购制度和配置规划。

（2）简化医疗设备采购招标程序，提高招标部门的专业水平。

（3）建立医疗设备配备基础数据库，建立统一的管理制度和考核指标，严格执行设备使用管理的各项制度，加强对设备使用效益的考核。

（4）对制度的执行情况和设备使用管理情况进行定期检查。

4.被审计单位反馈意见

医疗主管部门——市卫生局——对本次绩效审计非常关注。对审计提出的问题，市卫生局已经着手进行深圳市医疗设备信息管理系统的研究，已经开始对全市包括区镇属医院医疗设备配备情况有关数据进行收集，建立市医疗设备数据库，并研究制定设备管理有关制度。

（四）审计影响

深圳市审计局将该项目审计结论与其他绩效审计项目审计结论放在一起，编制《深圳市2002年度绩效审计工作报告》，向深圳市政府报告，在市政府同意后，提交市人大常委会计划预算委员会审议，随后计划预算委员会向人大常委会提交初审报告。初审报告充分肯定了2002年审计局的绩效审计工作，认为这是深圳市乃至全国政府审计系统的一项创新工作，通过对财政资金使用绩效的科学评价，对转变使用观念、提高使用效益、改善行业管理水平有着积极意义。报告责成市政府及有关部门认真研究绩效审计工作报告中提到的各项问题和建议，制定切实可行的措施进行整改。计划预算委员会进一步提出意见，要求大力提倡树立绩效意识、完善绩效审计工作制度、建立绩效审计的责任追究机制，该意见得到人大常委会的一致通过。代表们普遍认为，应进一步加大绩效审计力度，重点关注人民群众关心和财政资金投入大的政府部门及投资项目的经济性、效率性和效果性。绩效审计报告和人大常委会的审议结果被媒体广泛报道后，也得到社会民众的广泛好评，认为绩效审计不仅能对审计发现问题进行监督，而且关注内部管理，提出审计建议，能够积极发挥建设性作用，开辟了审计监督的新局面。

2003年，深圳市审计局进一步加大了政府绩效审计力度，对深圳市海上田园风光旅游区、污水处理厂等4个项目进行了绩效审计，深圳市人大常委会计划预算委员会2003年度绩效审计情况的初审报告建议“依法追究责任单位和责任人行政、法律责任”“坚决防止‘可批性’报告，强化项目评审，努力提高决策水平”。随即，深圳市监察局依据市委、市政府指示立即介入该4个项目相关问题的调查，深圳各新闻媒体也迅速跟进，一时间，对于绩效审计的报道与评论成为深圳市所有报纸的头版内容，媒体称“审计风暴”又一次在深圳刮起。

第三节　淘汰燃煤锅炉绩效审计

一、案例背景

1998年，国家环境保护总局发布的《环境质量状况公报》中，1998年全国空气污染最严重的十大城市中，某市名列第八。为此，该市政府决定加大对空气环境质量治理的力度，成立了由副市长任总指挥、有关部门参加的淘汰燃煤锅炉指挥部，下发有关文件，要求到2002年，淘汰所有4吨/小时以下（含4吨/小时）和使用年限8年以上10吨/小时以下的燃煤锅炉，采用油、气、电等能源或实施集中供热，并提出到2000年创建国家环境保护模范城市的目标。为进一步推动淘汰燃煤锅炉工作的开展，市政府自1999年至2002年连续4年将淘汰燃煤锅炉工作列为城乡建设和改善人民生活重点办好的12件实事之一，自1999年至2002年对128个单位共投入财政资金5 892万元，其中，对52个行政事业单位财政拨款4 659万元，对69个单位发放环保贷款1 108万元（后已减免），对7个单位发放环保补助125万元。

二、案例详情

（一）项目选择

2002年以来，绩效审计刚刚开展，选好项目非常关键。按照先易后难、由简到繁的思路，审计组在把握政府和社会比较关注、财政投资金额不太大、实施审计相对简单、效果便于评价的基础上筛选项目。为此，审计组在前期调查的基础上，对各个项目的基本情况、可采用的审计标准、实施过程中可能遇到的困难及可能产生的结果等情况进行了详细的分析，最终确定了淘汰燃煤锅炉这个项目。2003年9月至12月，绩效审计小组首次将绩效审计作为独立的审计类型，对该市淘汰燃煤锅炉财政资金的使用效益情况进行了审计。

（二）实施审计

1.编制切实可行的实施方案

项目立项之初，审计组对如何着手开展绩效审计工作并没有清晰的思路。因此，审计组根据前期调查情况反复讨论，首先，确立审计目标，即通过对淘汰燃煤锅炉财政资金的审计，反映财政资金的使用效益情况，并就使用财政资金过程中的薄弱环节和出现的问题提出针对性的建议，并立足于今后如何加强对财政资金的管理、如何完善有关政策法规、如何进一步推动治理大气环境等方面提出宏观建议；其次，基本确定审计的重点内容，即以财政资金的拨付、使用、管理为基础，把握从项目立项、资金使用、后续管理等环节着手进行审计，不仅反映该项资金本身的经济性、效率性和效果性，而且反映该项目的社会效果，分析财政资金在淘汰燃煤锅炉中所起的作用。根据绩效审计重在评价的特点，审计组依据了解到的情况，基本确定了与此项资金有关的环境效益评价标准，并初步考虑结合财务审计的方法，更多地运用绩效审计的方法开展审计。

2.环环相扣，紧紧围绕重点实施审计

在审计实施过程中，审计组着重分析了该项目的特点和绩效审计的特点，讨论了各项工作的突破点，研究了工作创新的方法，建立起审计小组内部每周碰头会制度。为防范审计风险，保证审计建议的建设性和可接受性，也建立起审前、审中和审后的充分听取环保等部门意见的外部沟通机制。

第一步，与被审计单位深入交谈，全面了解相关资料。审计组到环保部门了解了淘汰燃煤锅炉项目前后有关大气环境指标的情况，到市发展计划委员会获取了拨款计划，到财政部门了解了实际拨款情况和资金管理情况，到政府采购中心掌握了实行政府采购锅炉资金的收支情况。

第二步，紧紧围绕着经济性、效率性和效果性，根据目标确定审计范围。审计过程中，审计组以财政资金为主线，围绕着该项目是否做到了经济性、效率性和效果性展开，考虑到此项目的特点，审计组对该项目的环境性和社会效益也进行了评价。审计组对接受财政拨款的单位进行了重点审计，选择3个使用燃油锅炉、3个实行集中供热的单位进行审计；对使用环保贷款和补助的单位，考虑到审计局以前进行过审计，抽查了2个单位进行审计。

第三步，确定合理的审计标准。审计组翻阅并研究了环保标准，听取了环保专家的介绍，大气环境指标中90%以上的二氧化硫、60%以上的二氧化氮、40%以上的总悬浮颗粒物来源于燃煤，酸雨频率与二氧化硫有密切关系，最终确定了以上4项指标，克服了绩效审计评价难的问题。

第四步，围绕审计目标，确定审计方法。审计过程中，审计组结合运用财务审计中的审阅、计算、核对、分析性复核等方法的同时，运用了大量的绩效审计中的访谈、实地观察、调查问卷、借助专家力量、统计分析等方法。举例如下：（1）对财政资金的支出采取核对法，将市财政局、市环保局与使用资金单位的财政资金进行核对。（2）对使用资金的具体单位采取分层抽样的方法，按照淘汰燃煤锅炉的形式（是改为燃油、集中供热，还是采取其他形式）进行分层，并考虑资金金额的大小、财政资金的支付形式（如拨款、贷款）等因素，有重点地进行审计。（3）运用分析性复核、控制制度检查、分析比较方法对具体项目的资金监督管理、社会效益与经济效益进行评价。（4）对淘汰燃煤锅炉整体效果的评价，采取查看有关资料、与相关人员座谈的方式，并充分运用调查问卷的方式开展评价。在全面分析的基础上，审计组设计了调查问卷，主要包括5个部分共计35个小问题，发放问卷127份，收回率90%以上。所填内容基本真实完整，节省了审计时间，提高了审计效率，达到了预期目的。（5）为提升审计报告质量，审计组就发现的问题进行了研究讨论，分析原因，探讨改进措施，并召开了由有关专家和负责人参与的座谈会，听取他们的意见，确保审计组提出的建议更加客观公正。

第五步，撰写审计报告。在审计报告阶段，审计组研究了国外审计报告的格式和内容，结合国内的语言习惯和审计实际情况，确定了报告的具体格式。报告初次成稿以后，经审计组多次讨论、数次修改，逐步完善。为更直观地对比淘汰燃煤锅炉项目前后的效果性，审计组在报告中采取图示法，展示出项目取得了较好的效果。

3.审计建议及意见反馈

（1）审计建议。针对在淘汰燃煤锅炉工作中存在的问题，审计组建议采取以下措施：对闲置锅炉采取公开拍卖变现或调剂使用；对尚未竣工决算的单位进行决算审计；对沉淀的财政资金确认后及时收回；对尚未入账的固定资产纳入账内核算；尽快收缴处理锅炉的残值收入；加快拆除烟囱进度，彻底美化城市景观；科学规划、合理布局、理顺关系，进一步巩固和改善该市大气质量；整合供热资源，发展较大规模的热源点；建立供热市场竞争机制，使隶属城市管理行政执法局的供热企业与政府彻底脱钩。

（2）根据意见反馈，建议被采纳。从跟踪审计情况看，该市日报2004年7月29日公布的2004—2008年拉近城市南北差距建设项目中，该市某供热站未被列入集中供热项目；审计组提出的加快该市发电厂供热建设的建议被采纳，该市发电厂供热建设项目已被列入相关规划；供热市场管理关系已逐步得到理顺。

第四节　三峡库区移民资金审计案例

一、案例背景

“三峡工程”全称为“长江三峡水利枢纽工程”，整个工程包括一座重力式混凝土大坝、泄水闸、一座堤后式水电站、一座永久性通航船闸和一架升船机。工程建筑由大坝、水电站厂房和通航建筑物三大部分组成。三峡工程分三期，总工期18年。一期为1992—1997年，主要工程包括准备工程、一期围堰填筑、导流明渠开挖、修筑混凝土纵向围堰以及修建左岸临时船闸，并开始左岸永久特级船闸、升船机及左岸部分石坝段的施工；二期为1998—2003年，工程主要修筑二期围堰、左岸大坝的电站设施建设及机组安装，同时，继续进行并完成永久特级船闸、升船机的施工；三期为2003—2009年，工程主要进行右岸大坝和水电站的施工，并继续完成全部机组安装。长江三峡水利枢纽工程，是当时世界上最大的水利枢纽工程，在1994年6月由美国发展理事会（WDC）主持、在西班牙第二大城市巴塞罗那召开的全球超级工程会议上被列为全球超级工程之一。正因为三峡是一个巨大的水资源宝库，其开发对国家的建设具有重要的战略意义，所以，为了兴建三峡工程，从20世纪20年代至今，几代科技人员进行了长期的研究，倾注了大量的心血；也因为三峡工程涉及面广，规模浩大，又有许多复杂的技术问题，因而引起了社会各界的广泛关注。

（一）制定政策法规

1992年4月3日，第七届全国人民代表大会第五次会议以67%的赞成票通过了《关于兴建长江三峡工程的决议》，这标志着建设三峡工程已获得法律上的许可。1993年1月3日，国务院三峡工程建设委员会成立，成为三峡工程的最高决策机构。1993年8月19日，国务院颁布《长江三峡工程建设移民条例》（2001年1月15日修订）。1994年，国务院三峡工程建设委员会审批通过了《长江三峡工程水库淹没处理及移民安置规划大纲》，明确了国家关于三峡移民的基本政策，主要包括：实行移民资金和移民任务“双包干”政策；移民资金实行静态控制、动态管理；针对被淹没的基础设施和文物古迹，复建补偿资金数额按照原规模、原标准或者为恢复原功能所需投资核定（简称“三原”标准）；国家对三峡移民采取前期补偿、补助与后期生产扶持相结合的方针。1997年3月14日，第八届全国人民代表大会第五次会议批准设立重庆直辖市的决定，承担整个三峡工程85%的移民人数。

（二）建立管理体制

根据移民条例，三峡移民实行“统一领导，分省（直辖市）负责，以县为基础的管理体制”。各级移民管理机构的职责与权限分别为：国务院三峡工程建设委员会是三峡移民的领导决策机构；国务院三峡工程建设委员会办公室具体负责年度各大类移民迁建项目；重庆市人民政府负责本市三峡移民工作；该市移民局负责该库区年度具体项目投资计划下达及资金拨付。

（三）资金投向情况

该库区规划包干投资共3 168 510.24万元（静态，按1993年5月不变价格计算）。其中，农村移民安置费546 035.98万元，城市、县城迁建费969 998.18万元，集镇迁建费198 129.14万元，工矿企业迁建费646 425.92万元，专项设施复建费352 292.66万元，环境保护费24 859万元，移民培训费14 304万元，其他费用191 155.52万元，耕地占用税75 809.84万元，中央预备费149 500万元。

1993年初至2005年底，国务院三峡工程建设委员会办公室累计下达该市移民投资计划资金4 152 725.71万元，折合静态资金2 862 332.68万元；该市移民局累计下达该市移民投资计划资金4 142 682.77万元，折合静态资金2 855 029.62万元。

2004年初至2005年底，国务院三峡工程建设委员会办公室下达该市移民投资计划资金874 406.36万元，该市移民局合计下达该市移民投资计划资金864 363.42万元。

（四）移民搬迁整体状况

根据该市人民政府批准的《长江三峡工程库区重庆市淹没处理及移民安置规划报告》，三峡工程该库区迁建人口总规模为103.8万人，复建各类房屋3 133.66万平方米，搬迁调整工矿企业1 397户，复建公路669.46公里，复建城市、县城港口8座、集镇码头71座、停靠点79处，其他工作包括电力设施等大批专业设施复建、文物古迹保护、汛后淹没影响处理、库底清理等。静态移民安置补偿投资为315.55亿元。

围绕国家制定的“搬得出，稳得住”的目标，截止到2005年底，累计搬迁安置移民94.35万人，占规划总数的90.9%、清理人数的82.91%，搬迁调整工矿企业1 371户，占规划总数的98.14%，标志着该库区百万移民搬迁安置的主体任务已经完成。但是，部分移民安置质量不高，后安置农村移民耕地面积少，非农安置农村移民无稳定收入来源，占地移民难以就业，城镇纯居民收入下降，关闭破产淹没企业下岗职工再就业困难，并且库区经济发展不平衡，移民参与产业发展能力低，移民稳定也成为库区的突出问题。据不完全统计，2004年、2005年全市移民系统共发生信访6 315件，涉及3.2万人次。移民反映没有收入来源、生活困难，要求政府解决生存问题的信访时有发生。

二、案例详情

（一）项目选择

围绕国家对三峡移民搬迁提出的“搬得出，稳得住，逐步能致富”的目标，审查2004年初至2005年底该市移民局三峡移民资金计划管理、资金分配、任务完成与资金使用情况，在此基础上对国家有关三峡移民政策制定、政策执行及资金使用的效益进行审计评价，分析影响移民“稳得住”的突出问题，提出对策建议，促进移民工作顺利进行。

（二）实施审计

根据《中华人民共和国审计法》第二十二条的规定和审计署《2006年度统一组织审计项目计划》（审办发〔2006〕7号）的安排，审计署某特派办自2006年4月6日至7月31日对2004年、2005年三峡库区移民资金该市本级的投资计划下达、资金拨付和管理使用情况进行了就地审计。对该库区移民搬迁安置总体情况，影响移民工作和库区经济社会发展的突出问题，从政策、体制、机制和效果（效益）方面进行了审计调查，对移民培训费、该市本级行管费等重要事项在时间上作了必要的延伸和追溯，并延伸审计了长江上游水文水资源勘探局，以及西南合成制药有限公司等部分该市直属移民迁建单位。在审计中，根据三峡移民工作的整体进度和工作中心，以移民“稳得住”为核心，准确界定“稳得住”的基本内涵，并在此基础上构建“稳得住”的评价指标体系。

（三）审计结果

总体上看，三峡移民政策制定和执行、资金分配情况及资金使用效果较好，但也存在一些问题，在一定程度上影响了三峡移民政策目标的实现。

第一，后期扶持政策、库区产业发展基金政策和移民培训政策不完善，在一定程度上影响了城镇移民稳定、库区落后区县的产业发展、移民就业安置和收入增长。后期扶持范围为大中型水库的农村移民，同时，要求将农村移民后期扶持资金尽量发放到移民个人，但由于三峡库区移民城镇化比例高，占应搬迁安置人口总数的56.99%，相对于农村移民而言，由于库区淹没企业大量关闭破产，城镇移民就业率低，生活更加困难，而且极有可能使城镇移民也要求将扶持资金直补到个人，从而引发不稳定因素；库区产业发展基金审批程序复杂，未就促进库区落后区县建设支柱产业做出规划，并且未形成移民分享发展利益的政策机制，不利于有效地促进库区产业发展和移民就业安置；移民培训缺乏统一规划，资金使用分散，多头管理，在一定程度上影响培训效果和移民就业安置。

第二，部分移民资金在投向上不合规、不合理，管理使用不当，导致资金使用效益不高。审计发现移民资金投向和使用管理方面存在挤占挪用移民培训费、将移民生产安置资金调剂用于移民生活安置、地方预备费被大量用于城市迁建项目导致直接用于农村移民安置比例过低、产业发展基金总体安排与各区县淹没损失比例不匹配、下达市本级行管费投资计划比重过高导致行管费超支并挤占移民资金等一些不合规的问题，不利于促进移民安稳致富和库区经济发展，没有充分发挥政策效果，影响了资金使用效益。

第三，个别项目投资规划调整不合理，一些项目计划调整存在随意性大的问题，个别单位的资金财务管理和建设项目管理存在不合规、不严格的问题。例如，该市移民局自行重复安排直属事业单位资助25名职工购房投资计划291.84万元等。

（四）处理处罚决定

第一，根据《财政违法行为处罚处分条例》第十四条的规定，责成该市移民局收回西南合成制药有限公司挪用的2 924万元移民资金。

第二，根据《长江三峡库区移民工程建设项目管理办法》第二十九条的规定，建议该市移民局对贪污、挪用、侵占浪费移民资金等违法违纪行为以及因失职、渎职而造成严重经济损失或工程质量事故的单位和个人进一步彻查后追究责任。

第三，根据《建设项目审计处理暂行规定》第六条的规定，被挤占的移民资金250.4万元由该市移民局筹措符合规定的资金予以归垫。

第四，根据《中华人民共和国招标投标法》第四十九条的规定，由该市移民局责成西南合成制药有限公司对必须招标而不招标的行为限期改正。

（五）审计建议及意见反馈

1.审计建议

第一，完善有关政策，促进库区产业发展和移民安稳致富。

第二，进一步加强移民资金计划实施管理，促进提高资金使用效益。

第三，进一步加强移民资金管理。该市政府及有关部门要加强移民资金监管，规范迁建单位移民资金的使用管理。

2.意见反馈

相关单位接受审计决定。2006年9月，该市移民局发布了《关于退回批复三个中心安排资助职工购房款291.84万元的通知》，决定用该局经济适用房建房款归还三个直属事业单位资助职工购房款291.84万元，对上述291.84万元的问题进行了整改。

复习思考题

1.如何进行独立型绩效审计项目的选择？

2.绩效审计评价标准确定的依据包括哪些？

3.试分析本章四个审计案例做法上的优缺点。

4.相比于早期的案例，绩效审计目前在做法上有了怎样的发展？

第十二章

政策绩效评价

主要知识点

本章介绍了政策绩效评价，主要内容包括：政策绩效评价概述；政策绩效评价方法。

关键概念

政策绩效；政策绩效评价；政策绩效评价方法

●第一节　政策绩效评价概述

一、政策绩效评价定义

政府公共政策绩效评价是一个全新的领域。政策绩效评价是政策实施过程的一个重要环节，是政策分析的重要内容，也是公共部门绩效管理过程中的重要手段。政策绩效评价既是检验政策效果的基本途径，又可作为决定政策未来走向的主要依据，同时会给政策制定者和执行者带来压力，敦促政府决策更加科学化、民主化。

关于公共政策绩效评价的研究在西方国家的发展已经较为成熟，不同学者从不同角度给出了不同解释。

Dunn认为，公共政策绩效是指该政策行为对目标群体需要、价值与机会的满足程度。

Howlett和Ramesh从学习的角度来解析公共政策评价及需求，他们认为，从学习的角度来看，公共政策评价被认为是政策行动主体对于政策问题的性质及解决方案的动态学习的重复过程。

Jones在政策运行的“七阶段理论”中指出，政策评价是政策运行中的一个阶段，在政策评价阶段，政策经政府执行后，必须加以说明、检查、批评、量度与分析，从而认定政策正确与否；在政策终结阶段，政策经评价后，原来的问题已经解决或已经发生变化，原来的政策必须终结，这是政策问题解决或变更的阶段。

Wholey等指出，政策评价既可以衡量某个政策的执行效果，还可以评价某几个相关联的政策在多大程度上实现了共同目标。

Zhu和Zhi指出，政策绩效评价是公众对满足其需求或期望程度的认可或评价，是公众觉察到的政策绩效。公众往往通过政策绩效来获取更多关于政策的信息。

严强认为，政策评价除可以检验政策运行效果外，还可以作为“判断该项政策是应该继续执行、需要调整，还是应该终结”的依据。

郑方辉在其论著中指出，公共政策绩效评价与整体绩效评价、部门绩效评价以及公共项目绩效评价一并构成政府绩效评价的整体，是公共领域绩效评价的重要组成部分。

陈振民认为，政策评价是依据一定的标准和程序，对政策的效益、效率及价值进行判断的一种评价行为，目的在于取得有关这些方面的信息，作为决定政策变化、政策改进和制定新政策的依据。他还认为，政策评价应该融入价值判断，作为改进政策的依据。

张金马认为，政策评价是对政策效果进行研究。

林水波和张世贤认为，政策评价是系统地应用各种社会研究程序，收集有关咨询，用以判断政策概念与设计是否周全完整，知悉政策实际执行情形以及在执行过程中所遭遇的困难，有无偏离既定政策方向的情况，指明社会干预政策的效用。

贾改凤认为，政策绩效评价，是指根据一定的评价指标和标准，按照一定的程序，通过定性、定量对比分析，对评价对象一定时期内的业绩做出客观、准确、公正的综合评价的过程。

总的来说，政策绩效评价就是根据一定的评估标准和程序，采用一定的方法对政策的效益、效果或价值进行评价，从而为决定政策变革、改进和终结提供依据。

二、政策绩效评价方法发展历程

从发展历程上看，政策评估方法最早可以追溯至20世纪30年代，美国社会学家史蒂芬用实验设计方法对罗斯福的“新社会计划”进行评估，从而使得政策评估开始步入较大规模的系统科学范畴。第二次世界大战后，政策评估进一步朝着精细化、务实化发展，并逐渐成为政策制定过程中的重要环节。自从美国学者拉斯韦尔于1951年提出政策科学的概念以来，学术界、政界对政策研究的重视程度与日俱增，政策研究的范畴也从决策前的政策分析逐渐扩展到政策制定、执行、绩效评估等各个方面。政策评估作为整个政策过程中的重要一环，已成为世界各国特别是发达国家政策研究的发展趋势和热点问题。

Guba Lincoln基于发展历程对政策绩效评价方法的阶段划分得到大家的一致认可，他指出，20世纪初以来，政策评价方法经历了四个阶段的变迁。第一阶段是第二次世界大战以前，政策评价研究以测量为主，评价者扮演技术人员的角色，通过实验测量公共政策的效率与效果。第二阶段是第二次世界大战后至20世纪60年代，政策评价技术主要针对已执行的政策方案，根据预期的特定目标描述结果优劣，其主要方式是在现实生活环境中进行调查，调查多为实地进行。相较于第一代评价，评价研究没有太明显的进展，仅修正了第一代评价的部分缺失，但是仍没有脱离实验的本质，只是场所从实验室移到实地。第三阶段是20世纪70年代中期，评价技术为第三代“社会实验”式。在此阶段，评价模式不只偏重测量与叙述，评价者本身的判断也是不可或缺的。第三代“社会实验”式的评价焦点在于评价公共政策能否有效解决社会问题，试图冲破过分注重科学、强调价值中立的行为主义评价模式。总体来说，前三代评价倾向于方法论上的实证，偏重定量研究，如测量评价、目标取向评价、决策导向模式、实验模式和执行评价理论等。20世纪70年代中期以后，政策评价技术进入第四阶段，开始注重定性研究，突出评价者的中立角色，肯定社会中存在的多元价值观。

三、我国政策绩效评价方法研究综述

肖泽忱等（2009）基于我国林业政策绩效评价体系的思考，利用指标体系法把我国林业政策的绩效评价体系划分为生态效益评价指标、社会效益评价指标、经济效益评价指标和成本效益评价指标四个方面并进行了研究。

陆静超（2008）认为，循环经济政策的产出收益评价，亦即循环经济建设的效果评价，是循环经济政策绩效评定的重要组成部分，对其进行科学客观的评价十分重要。评定循环经济政策的绩效，关键要看地区循环经济的建设和发展情况。循环经济发展的评价指标体系的确立，主要反映环境、经济与社会协调发展的综合性原则，核心指标分为资源静态储量、资源效率与环境影响指标，外围指标分为经济增长与社会发展，并进一步细化为1级和2级指标。

樊胜岳等（2008）通过对农户的经济行为分析，构建了基于农户生态治理政策绩效评价的指标体系，采用层次分析法计算各个指标因子的权重，利用典型区域的农户调查数据验证了该评价方法的可行性。

朱建军等（2008）通过专家调查法和信息熵相结合的方法确定我国政府节能政策绩效评价指标体系并对其进行了评价。

刘希宋等（2005）以全面建设小康社会的战略目标为基点，首先从四个维度分别建立了产业政策体系中各项产业政策实施效果的评价指标，然后利用层次分析法对各评价指标赋予了相应的权重，在此基础上确定了全面小康社会时期各项指标所能达到的目标值，以此作为评价的基准，对我国当前产业政策的实施效果进行了量化研究。

张仕廉等（2008）以建筑企业作为政策有效性评价的基本单位，通过建立一系列的有效性评价指标并运用数据包络分析法与层次分析法相结合的二次相对效益评价模型对建筑安全经济激励政策的有效性进行评价。

邢鸿飞等（2010）认为，规制政策绩效评价中普遍采用的方法有效率评价和收入分配分析。针对规制和无规制下两对企业或市场样本进行比较，如果两对样本之间的差异仅仅源自规制约束的性质不同，则可以认为规制是引起企业行为或市场绩效差异的因素。当一些特定产业中的所有企业都受到普遍规制或者没有从规制环境发展到无规制环境的时间序列资料时，可以采用在规制强度上存在差异的样本，即比较不同规制强度下的企业行为或市场绩效，尤其需要重视规制过程的性质和经济环境的变化，以及由此引发的规制政策的变化。

周钧（2008）利用多因素综合评价法和实证分析法评价了苏州高新区征地补偿安置政策的绩效。

郑方辉（2007）构建了环保绩效评价体系，对我国生态环保政策实施的绩效做出初步评价，进一步探究各利益主体的博弈关系。

程乙洋（2010）为了有力地说明经济政策的作用，首先专门构建了一个指标体系，然后利用此指标体系合成政策变量，最后将此变量与劳动、投资和技术一起对经济增长作回归分析，判定经济政策的作用大小。

●第二节　政策绩效评价方法

一、层次分析法

层次分析法是目前国际上比较权威和通用的方法。这种方法的基本思想是，根据多目标决策问题的本质和总的目标，把问题本身按层次分解，构成一个由下而上的递阶层次结构。高层为解决问题的总目标，称为目标层；若干中间层为实现目标所涉及的中间措施准则，称为准则层；最底层为解决问题所选用的各种方案，称为方案层。相邻元素之间存在着特定的逻辑关系，将上层的每一个元素与同它有着逻辑关系的下层元素用直线连接起来，就构成了递阶层次结构模型。

张卉在《中国西部地区退耕还林政策绩效评价与制度创新》一文中采用了层次分析法。文章从政府和农户两个层面建立评价指标。首先，通过对相关部门统计数据的汇总、筛选和农户问卷调查，把退耕还林工作完成程度、退耕还林的生态治理效果、退耕还林的经济效益、退耕还林的社会效益、农户对退耕政策的满意程度、退耕农户对政府工作的评价等因子作为第一层次的评价指标，第二层次的评价指标则在第一层次指标的基础上根据指标选取的原则具体确定；其次，确定评价指标的权重，邀请15位相关领域的专家组成专家系统，按照标度说明第一层次指标，填写判断矩阵表，得到15份判断矩阵表；再次，计算评价指标的权重并进行一致性检验；最后，用同样的方法计算其他专家的判断矩阵和其他层次指标的权重，用算术平均法计算相同层次的权重。

二、数据包络分析法

数据包络分析法（DEA）源于20世纪70年代末80年代初的数据分析方法。在评价多输入、多输出的若干具有同质投入产出生产部门的相对效率时，具有明显的优势。数据包络分析法的根本特点是用各决策单元（DMU）的输入或输出观察数据组成的生产可能集所形成的生产有效前沿面来衡量每个决策单元距离此前沿面的远近，进而确定决策单元是否有效。

数据包络分析的基本方法是：首先考查各个决策单元，然后选取其中一些主要投入指标作为输入，选取一些主要产出指标作为输出，最后应用规划模型求各决策单元的最优解。从技术有效和规模有效的角度看，它们构成了投入产出效率最高的一类决策单元。由于各决策单元投入产出的效率高低总是相对的，我们可以将数据包络分析有效的决策单元剔除，再对余下的单元进行数据包络评价，以确定在余下的决策单元中哪一个投入产出效率最高，且构成一个类别。经过有限多轮的数据包络评价，我们就可以将被评价对象自然而客观地分成不同的类别。

谭术魁等（2010）基于数量保护的视角，采用数据包络分析法评价我国2000—2007年的耕地保护政策绩效，根据输入指标（input indicators）与输出指标（output indicators）之比，评价多个决策单元的相对有效性。考量的政策主要为耕地总量动态平衡、土地用途管制、耕地执法监管。研究目的在于探讨我国以数量保护为主的耕地保护政策成效，以期为耕地的永续利用和可持续发展提供参考。他们将2000—2007年的8个年度视为不同的决策单元，通过输入资源与输出成果之间的逻辑关系评价各单元耕地保护政策的有效性。评价指标有单位耕地面积人员投入（x_1）、单位耕地面积资金投入（x_2）、耕地总量动态平衡率（y_1）、建设占用耕地面积（y_2）、土地违法查处数（y_3），原始数据主要来源于国土资源统计年鉴、国土资源统计公报、全国土地利用变更调查报告等。其中，x_1、x_2、y_1经过了计算整理，指标变量的偏相关显示，除x_1和y_2之间相关性不太显著外，x_1和y_1、y_3以及x_2和y_1、y_2、y_3之间的相关性都很强，说明数据包络分析模型中输入和输出指标的选取较为合理。采用Lingo软件，根据C^2R模型的输出导向模式判定评价单元的总体效率、规模效率、纯技术效率以及2个输入指标和3个输出指标的松弛变量。

三、综合评价法

综合评价法的特点表现为：（1）评价过程不是逐个指标顺次完成的，而是通过一些特殊方法同时完成多个指标的评价；（2）在综合评价过程中，一般要根据指标的重要性进行加权处理；（3）评价结果不再是具有具体含义的统计指标，而是以指数或分值表示参评单位“综合状况”的排序。

郭峰（2005）采用综合评价法和多目标综合评估法对产业政策进行了评估。他探讨的是产业政策绩效评价问题，通过对产业政策制定、实施、效果评价的相关研究，初步提出了产业政策评价的指标体系，就指标体系的指标构成、相对权重的选取、综合评价的测算方法等提出了自己的观点，并以水利产业政策为例进行了具体的评价操作，最后对水利产业政策的改进提出了一些相关建议。

四、成本-收益分析法

成本-收益分析法的概念首次出现在19世纪法国经济学家朱乐斯·帕特的著作中，被定义为“社会的改良”。其后，这一概念被意大利经济学家帕累托重新界定。到1940年，美国经济学家尼古拉斯·卡尔德和约翰·希克斯对前人的理论加以提炼，形成了成本-收益分析的理论基础。成本-收益分析法是对规制影响进行评价的最直接、最重要的经济学方法，可用于对规制活动进行系统性定量评价。其分析原则是一项规制要能够带来社会剩余的最大化，即卡尔多-希克斯标准，具体来说，只有当赢家的所得能够完全抵消输家的损失并使情况更好时，一项政策才能被采纳。

成本-收益分析法中的成本指人们为了避免发生他们所不希望的结果而愿意支付的最大价值的总和，实际上包括了风险的衡量；收益是人们为了获得他们认为值得的东西而愿意支付的最大价值的总和。因此，从经济效率的立场看，成本-收益分析原则极具诱惑力。理论上，规制选择的要求是使收益和成本之间的差额最大化，即净收益最大化。通常情况下，规制成本将以一个递增的比率增加，而规制收益将以一个递减的比率增加，规制的最好水平是使收益曲线与成本曲线之间的距离最大。当规制所产生的成本的增长速度等于其带来的收益的增长速度时，规制达到最优水平。

2009年3月，美国国会预算办公室发表了国会证词《总量管制与交易项目中减排时间上的灵活性》。该证词主要是关于减少温室气体排放和削减碳贸易总额及贸易成本的。此证词回顾了温室气体减排的优缺点，而成本的减少主要依靠公司在时间上灵活把握。政策制定者对于节约成本、减少温室气体排放的措施很感兴趣。减少温室气体排放，增加新能源的使用，将会在许多方面带来重要的变化。一些分析家认为，大多数成本-收益分析法在能源使用上会追求低成本，温室气体减排也要从成本上加以考虑，因此，碳排放必须有一个合理的价格。而政府必须鼓励家庭和公司低成本地减少温室气体排放。减排的灵活性将会进一步降低碳排放的价格。政策制定者在最后决定是否制定碳排放政策时，就利用了碳排放的成本和可能带来的收益的比较。

五、成本-效能分析法

成本-效能分析法是根据方案或项目预期结果的成本与效能来评估每个方案或项目的效果。许多公共政策是有成本的，这些成本通常可以计算得到，但收益往往无法计算，比如非经济因素。文化、教育的成本和收益不能用货币衡量。此外，未来的成本和收益往往有着不确定性，难以估计。无法进行成本-收益分析，也就无法以效率作为衡量绩效的标准。此时，需要采用成本-效能分析法来衡量方案达成目标的有效性。

2009年5月，美国国会预算办公室发表了国会证词《来自二氧化碳减排的总量管制与交易项目中的税收的分配》。该证词认为，在减排中，消费者最终承担大部分减排的成本，而二氧化碳减排计划将对能源密集型产业带来重大影响，因此，政策制定者在配额发放上有很大的选择余地，如拍卖、免费发放、出售等，要在计划中保护一定地区和部分收入群体的利益。如果政策制定者要保护低收入群体的利益，就必须有相应的政策工具。总量管制与交易（cap-and-trade）项目自1995年起开始在联邦层面上实施，该项目比政府强制减排效果要好。

六、聚类分析法

聚类分析法是研究“物以类聚”的多指标统计分析方法，主要用于对事物类别的面貌尚不清楚甚至连总共几类都不能确定的情形下分类问题的研究。进行聚类分析时，事先不必知道分类对象的结构，只需要根据事物本身的数据特征，按事物之间某种近似程度进行分类。该方法实用性强，特别在依据多指标数据对观察对象进行分类时效果颇佳。聚类分析法是直接比较样本中各指标（或样本）之间的性质，将性质相近的归为一类，将性质差别较大的归为不同类。常用的聚类分析法有系统聚类法、动态聚类法（逐步聚类法）、有序样本聚类法、模糊聚类法、图论聚类法等。

林筱文等（2010）根据国家发展和改革委员会编制主体功能区的要求，结合福建省海西发展战略，按照海西的资源环境承载能力、现有开发密度和发展潜力等因素，设计各因素有关评价指标体系和评价数量标准，最后应用聚类分析法，对福建省以县为单元的主体功能区进行判定，并划分为优化、重点、限制和禁止开发区，在此基础上提出各个主体功能区的发展战略和政策措施。

七、综合指标法

综合指标法是指运用各种综合统计指标，从具体数量方面对现实社会经济总体的规模及特征进行概括和分析的方法。在大量观察和分组基础上计算的综合指标，基本排除了总体中个别因素、偶然因素的影响，反映出普遍的、决定性因素的作用结果。

贾改风（2010）提出，耕地保护政策绩效评价是一项系统工程，涉及因素繁多，按照“压力-状态-响应”的概念框架，结合耕地保护政策体系，建立了综合反映新疆耕地保护政策绩效水平的评价指标体系。该指标体系设置了评价目标、评价对象、评价因子和具体评价指标4个层次，根据新疆区域特点和数据的可获取性选取了14个指标。在多指标决策问题中，各指标因子由于在指标体系中的作用不同，对系统的影响程度也不同，因此需要确定各指标的权重。他选用的确定权重的依据是各指标重复信息的多少。某个评价指标与其他指标信息重复越多，说明该指标越能用其他指标的变化来解释，因此，该指标在综合评价中所起的作用就越少，应该赋予较小的权重；反之，应赋予较大的权重。该研究运用单指标评价和综合评价两种方法对新疆耕地保护政策绩效进行评价，通过评分数值来表示某一土地政策效果的状况，以便从总体上概括地评价出土地政策效果的好坏。

八、专家意见法

专家意见法也称德尔菲法，这种决策方法依据系统的程序，采用匿名发表意见的方式，即专家之间不得互相讨论，不发生横向联系，只能与调查人员联系，通过多轮次调查专家对问卷所提问题的看法，经过反复征询、归纳、修改，最后汇总成专家基本一致的看法，作为预测结果。这种方法可以集结问卷填写人员的共识及收集各方意见，用来构造团队沟通流程，是应对复杂任务的管理技术，具有代表性，较为可靠。

崔江涛在《我国建筑节能政策绩效评价研究》一文中提出，我国建筑节能绩效评价是一个比较复杂的问题，对其涉及的影响因子难以完全进行定量分析，而且需要综合众多专家的意见，德尔菲法非常适用于这种情况。文章通过设计专家调查问卷，征求我国建筑节能方面专家的意见，得出我国建筑节能政策评价指标体系中各指标的权重。该文还对江苏省被列入“千家重点耗能企业”的67家企业发放“我国节能政策（措施）绩效评价指标体系”调查问卷，向专家详细说明每一指标的具体含义，避免对指标产生误解，并保证专家评分不受他人影响，请他们根据自己的学识和经验，填写“‘我国节能政策（措施）绩效评价指标体系’专家调查表”，判定各级指标的重要性程度，分值分别为5、4、3、2、1，分值越大，表示越重要，然后对得分求算术平均值，并进行权重可信度检验。

九、灰色关联分析法

灰色关联分析法是一种对含有不确定因素的系统进行预测的方法。灰色关联分析法通过鉴别灰色系统中各因素之间发展趋势的相异程度并对原始数据进行处理来寻找系统变动的规律，用等时距观测到的反映预测对象特征的一系列数量值构造数据序列，然后建立相应的微分方程模型，从而预测未来某一时刻的特征量或达到某一特征量的时间。

黎涛运用灰色关联分析法对我国节能政策绩效进行了评价，将1998年至2005年我国节能政策（措施）综合绩效值作为灰色关联分析的基准指标，研究节能政策绩效水平高峰低谷的同步与滞后关系，对我国历年节能政策绩效水平进行了评价，并预测了未来5年的节能政策绩效水平。研究发现，节能政策绩效存在明显的周期性波动，周期大约为4年。预测结果表明，虽然节能政策综合绩效值在未来5年呈逐年上升的趋势，但单位GDP能耗指标要想完成“十一五”目标还存在很大的压力。

十、专家判断法

专家判断法是指组织专家审定各项关于政策的记录，观察政策的执行，对政策对象和以前的政策参与者进行调查，与执行人员及工作人员交换意见，最后撰写评估报告，鉴定政策的成效。这个方法的优点是，由于专家的知识专业性较强，能比较科学地分析政策。同时，由于专家相对于政策制定者、执行者和政策对象来说属于局外人，因此能站在客观、公正的立场上进行评估。

2008年5月，美国审计署发表了《气候变化：专家对于经济政策对气候变化影响的观点》（GAO-08-60）。在此项评估中，美国审计署设计了许多问卷，让参与评估的专家来打分。由于温室气体排放导致气候变化、海平面上升、洪水暴发等，因此必须采取措施减少温室气体排放，适应气候变化的影响。美国审计署听取了专家的以下意见：国会应该制定议案来应对气候变化，议案要考虑潜在的利益、成本以及议案的不确定性，要考虑气候变化政策的优缺点。美国审计署和美国国家科学院一起邀请专家为应对气候变化制定相关的政策而出谋划策。有18位专家针对这两个问题提出了自己的建议。美国审计署发现，所有的专家都要求国会考虑以市场机制为主来制定温室气体排放的价格。大多数专家建议开展总量管制与交易项目或制定碳税，或者采用两者结合的政策。碳税是设定一个每吨碳排放的固定价格；总量管制与交易项目是规定碳排放总量，形成碳交易市场，并且在这种机制下，由市场来决定碳排放价格；混合政策则有所不同，政府可以规定碳排放总量，同时可以出售一定量的碳排放指标。许多专家认为，总量管制与交易项目的实施将会对有效抑制温室气体排放起到积极的作用，这是因为该项目与碳税的不同之处在于限制了碳排放的总量；有些专家却认为碳税比总量管制与交易项目更具有成本效益，因为它不会造成市场波动；有8位专家提出把两种方案结合使用。专家一致认为，不管其他国家怎么做，美国都应该制定相应的政策减少温室气体排放，而且利用市场机制可以使政府增加税收。美国审计署接受了专家的意见。

十一、卧底测试法

政策执行人员或政府审计人员对政策的影响及达成预定政策目标的进展情况进行评估，有时会通过扮演特定人物角色，作为政策的直接受益者参与到各个项目中，以收集相关证据材料。

2010年，美国审计署在调查15所营利性高校是否存在欺诈性的营销行为和可疑的就业推介行为时，让调查人员假扮申请入学的学生，重点对联邦教育部门罗列的一些联邦学生援助资金占学校收入89%以上的高校进行摸底调查。调查人员发现，15所营利性高校中有4所高校存在欺诈行为，即帮助学生造假骗取联邦资金援助；15所高校都不同程度地向该调查人员进行了虚假陈述和介绍，鼓励该调查人员捏造虚假信息骗取联邦资金援助；部分高校还存在向该调查人员夸大毕业后就业薪酬金额的情况，并且未根据联邦规定如实提供关于高校课程的时间、成本、毕业率等必要信息。通过卧底测试法，调查人员掌握了大量充分的证据，并据此提出了评估意见。

十二、博弈论方法

运用博弈论进行政策分析包括四个步骤：第一步，根据发现的政策问题，明确政策目标和变量；第二步，分析政策实施对象作为博弈参与者的特点，给出不同政策对象在特定政策环境条件下的行为空间、策略空间和效用函数；第三步，根据政策对象的效用函数求博弈的均衡状态，这一均衡可以作为对政策后果的一种预测；第四步，通过均衡解与政策目标的比较优化政策质量，直到达到一个满意的结果，或者因找到满意的结果而否定一项政策措施。

郑晓艳在《湖北省粮食补贴政策绩效评价研究》一文中运用博弈论来研究粮食补贴政策绩效。她认为，博弈论是研究决策主体之间的行为发生直接相互作用时的决策以及这种决策的均衡问题。农业政策就是在一定的经济环境中参与博弈各方即N个主体的相互作用的结果。中国加入世贸组织前，农业补贴政策的演化是由政府主导的强制性制度变迁，政府与农民在补贴及其他福利上的博弈是一次性的，二者处于一种两难困境，农民只是被动接受政府的政策，其决策行为构成了劣势策略，趋向于一种零和博弈或变和博弈。湖北省粮食补贴制度在2004年从粮食间接补贴变为粮食直接补贴，此时政府与农民在农业补贴上构成了一种多次重复的动态博弈机制，双方在这个规则下采取各自的行动策略。因此，补贴政策就是政府与农民共同选择的结果。她把粮食补贴看作公共产品分配问题，运用博弈论来探讨两大博弈方是如何进行分配的。由于只考虑了两个主体的利益博弈，因此将政府和农民之间的收益分别设为x和y。如果政府提出分配方案（x，y）且x+y=C（C>0），农民接受，则政府得到x，农民得到y=C-x；如果农民不支持补贴政策，则分配方案C=0，政府和农民的收益均为0。政府的博弈策略就是希望获得政策支持率最大化，因而照顾农民的福利，否则农民就会反对政策。

复习思考题

1.政策绩效评价的发展经过了哪些阶段？各有什么特点？

2.政策绩效评价方法有哪些？